笠井昭次

# 三十年一日

百花誰が為に開く

三十年一日　百花誰が為に開く……目次

## Ⅲ　講義で共に育つ



## Ⅳ　ゼミで自己を知る

## V　研究を生きる



## VI　ものを書く・本になる

## IX　慶應義塾大学を修了する

# 三十年一日

## 百花誰が為に開く

# はじめに

慶應義塾大学商学部に助手として奉職したのは一九七二年四月のことであるから、慶應義塾大学における私の研究・教育人生も、既に三一年の余にわたっているわけである。そして、二〇〇四年三月で慶應義塾大学を退職する。ずっと遠い先のことと思っていたのに、何時の間にか、慶應義塾大学における研究・教育生活の終焉を迎える時期になっていたのである。

この三〇年余の研究・教育生活は、私にとりいったい何だったのか。何年か前に、商学部の同僚牧厚志教授と一献傾けたときに、私は、「自分の人生を成功か不成功かと問われれば、不成功だと答えざるを得ないが、しかし、もし満足か不満足かという問い掛けであれば、満足だと言える」といった趣旨のことを話したことがある。しかし、即座に、牧さんから、「笠井さん、満足だと思ってしまったら、人間には、もう進歩はありませんよ」と叱られてしまった。いかにも、研究にひたむきな牧さんらしい議論であり、たしかに、そのとおりであろう。生涯、研究者であり続けたいと念願してきた、そして今も尚、そう念願している私にとり、牧さんのこの発言の意味は、重い。

では、何と言ったらよいのか。私には適切な表現が見出せないでいるので、とりあえず、「仕合せだった」とでも言うより仕方ない。つまり、「自分の人生を総括すれば、成功かどうかという視点からは、間違いなく不成功であったが、仕合せかどうかという視点からは、確実に仕合せであった」とでもいったことになるであろうか。

そして、そうした仕合せだったという感情を静かに思い巡らせば、おのずと慶應義塾大学大学院において、指導教授として故山桝忠恕先生にお会いできたという事実に辿り着く。私は、本当に良き師に恵まれたものである。三〇年余という研究・教育生活を振り返って、つくづくと、山桝忠恕先生に巡り会えたことの仕合せを感じざるを得ない。

ここに、良き師というのは、次のふたつの意味においてである。ひとつは、人間の生き方として、山桝先生の生き方を自分の範としたいと心から思えたことである。私は、もともと、公認会計士として生きるつもりであった。しかし、多少とも理論的な発言もできる会計士を目指して、大学院に戻ったのであった。したがって、当初は、修士課程だけの予定であった。しかし、研究・教育に文字通り愚直に打ち込む山桝先生の生き方に接し、私は、驚愕した。これほどまでに人生と真剣に立ち向かう方をそれまでに私は知らなかったからである（今に至るも私は知らない）。そこで、そうした生き方をもう少し自分の目で確認しておきたいという思いだけで、博士課程に進んだのであった。したがって、その時にも研究者になるつもりは毛頭なく、修了後は、あくまで監査に従事するつもりであったのだ。しかし、不思議なえにしで、研究者の道を辿ることになったのであるが、その三〇年余の研究・教育生活の規範は、常に山桝先生の生き方であった。

そして、もうひとつは、私の研究上の基礎は、山桝先生が提唱された企業資本等式というシェーマにあるが、その妥当性を心から信じられたことである。企業資本等式の妥当性に対する確信は、けっして、単に指導教授の唱えた学説だからというのではない。他の諸学説との比較検討をとおして、みずから確かめたことの結果なのである。自分の心に問い掛けてみてその妥当性を確信できるような基本的シェーマに従って研究できることほど、研究者にとって仕合せなことはない。

この三〇年というもの、人間としての生き方および研究の在り方のいずれの面においても、私は、常に恩師を念頭において生活し研究してきたと言えるかもしれない。本当に良き師に巡り会えたものである。

私は、講義においても、折にふれ、山桝先生のことを話している。講義の最後には受講者に感想文を書いてもらうことにしているが、何年か前の通信教育の夏季スクーリングにおいて、次のような感想を述べた学生がいた。

「先生、先生の書かれた文献を紹介して欲しい。先生の師の文献もお願いします。授業は、あと数日で終りですが、読んでみたくなった。お話を聞いていると、先生は、大変素晴らしい師に出会えたようで、本当にうらやましい限りです。師の話をしているときの先生は、とてもうれしそうな、幸せそうな顔をしていた。」

この感想文を読んで、私はびっくりしてしまった。意識のうえでは、客観的事実あるいはエピソードとして淡々と話していたつもりだったからである。しかし、どうやら、私の内面的真実は、そうした意識をみごとに欺いていたらしい。

ただし、研究・教育・社会的貢献のどの面をとっても、恩師に遠く及ばない自己を認めざるを得ない。自分の人生は、不成功だったと考えざるを得ないゆえんである。そのような自分の不甲斐なさに自責の念にかられつつも、しかし、山桝忠恕先生に巡り会えたことの仕合せを感じないわけにはゆかない。

＊　＊　＊

私個人の実感からこの三〇年余の研究人生を振返ると、「いつも眠かったナー」という思いと、「実によく書いたもんだナー」という思いとが交錯する。このうち前者は、リタイアした後に、少しずつ取り戻し償却できるのを楽しみにしている。後者については、雑文の類いに至るまで、本当によく書いたものである。ドイツに留学したさい、私が毎日毎日何かしら書いているので、下宿した家の主人から、いささか呆れ顔で、「あんたは、書き死んでしまいますよ」（"Sie schreiben sich tot."）と言われたことが、つい昨日のことのように懐かしく思い出される。

ゼミの会報が年二回発行されていたので、書かれたものはおのずと活字化される。したがって、ご迷惑をも顧みず、折にふれその会報を差し上げることともなる。しかし、論文とまったく同様に、きわめて少数ではあるが、大変丁寧にお読みくださる方がいて、かねてから、それらを一冊の単行本として出版することを勧められていた。しかし、当面の研究課題に追われ、そうした時間を捻出できないままに、今日にまで至ってしまったのであるが、慶應義塾大学の退職という大きな転機にあたり、思い切って、それらの一部を出版することにしたしだいである。

タイトルを『三十年一日』にした理由は、ふたつある。ひとつは、恩師山桝忠恕先生の来塾十五年を記念して編まれた先生の随想集の書名が、『随想　十五年一日』だったことである。山桝先生の生き方に惹かれてこの研究・教育人生を選択したいじょう、先生のミニチュアにしかすぎないものであっても何とか随想に関する書物も上梓したい、というのが私の慶應義塾大学に奉職した当初からの念願であったのだ。そして、分量的には、それが可能になった頃から、上梓するとしたら、このタイトルにあやかるしかないと思い定めていたのである。

そして、もうひとつは、「三十年一日」という表現のもつ含蓄の深さにあった。もちろんいろいろな解釈があろうが、「三十年といっても、結局は一日一日の積み重ねにすぎず、その一日一日が勝負だ」というように私は理解している。本書に収録した随想は、拙いものではあるが、いずれも、そうした意味での一日一日における私の心象風景をそのままに書き綴ったものにほかならないのである。

またサブタイトルの「百花誰が為に開く」は、私が出席させていただいている金龍禅院（金沢八景の古刹）の日曜坐禅会で、楓崖和尚からお聞きしたものである。和尚は、門前脇に小さな黒板を立て、そこに日曜日ごとに、「今日の禅語」を書いておられる。他方、毎日曜日に坐禅会も主催されており、坐禅後の茶礼において掲示されたその禅語につきお話しされるので、私も、その時にお聞きしたのである。

人里離れた深山に楚々と咲く花々は、一体誰のために咲いているのか。そうした問い掛けに、私はショックを受けた。肥大化さらには尊大化した近代的知性では、何とも答えられないことに愕然としたのである。人間の小さな計らいでは解釈できない世界、あるいは人間の小さな目的意識では測れない世界が、現に存在するわけである。そうした視点からすれば、論文執筆にしても、それが認められるとか認められないとかということに拘泥するのは、ひとつのよこしまであり、自分が真に得心したことを書き尽くしたと確信がもてれば、それはそれでよいのではないか、というようにも思えてくるのであった。

それはともかく、この表現の出典は、『碧巌録』だそうであるが、楓崖和尚からは、「今日の禅語」を通して、そうした玄妙な世界を垣間見させていただいている。

なお、この序文およびⅠ「慶應義塾大学商学部と自由闊達な研究雰囲気」だけは、本書の出版のために書き下ろしたものである。また、慶應義塾大学出版会株式会社の木内鉄也氏から、親身なアドバイスをいただいた。今日、こうして出版できるのも、ひとえに同氏のお蔭である。ここに記して、感謝申し上げる。

＊　＊　＊

最後に、姉小峰鈴子・甥小峰健、妹川上幸江・姪川上智子について語らなくてはならない。母そのは、一九九五年三月三一日に永眠した。九一歳であった。晩年の一〇年ほどは床についていることが多く、不十分な世話しかしてあげられなかったにもかかわらず、その死に顔は、眠っているると見まがうような安らかなものであった。それというのも、姉および妹の両家族が、三時間を越す道のりにもかかわらず、定期的にまた事あるごとに、拙宅を訪れては、母をなにくれとなく看護してくれたからであろう。彼等が来たときの母の嬉しそうな表情（そして帰るときの哀しげな表情）が、今でも瞼に焼き付いている。日常的には不十分な世話しかしてもらえずいろいろ不便はあったであろうが（もちろん、そうしたことを不満に思ったりあるいは口にしたりするような人ではなかったが）、彼等のそうした真情と献身とに囲まれて、母は、気持のうえでは充ち足りていたのではないか。

私にしても、彼等のお蔭で、その間も、研究論文を書き綴ることができたのであった。そうした研究の継続があったので、私は、自由闊達な研究をゆるしてくれた慶應義塾大学に対する責務と思いなしていた、会計全体をカヴァーする体系書『会計の論理』の公刊（二〇〇〇年一一月）が、退職前に可能になったのである。彼等の母に対する真情と献身とがなかったら、私は、そうした体系書の上梓どころか、研究そのものの断念を迫られていたであろう。

とにもかくにも、こうして研究者として慶應義塾大学を退職できるのは、ひとえに彼等のお蔭である。深く感謝したい。

二〇〇三年一一月　　葉山海岸の穏やかな波の打ち返しを聴きつつ

# I　慶應義塾大学から学ぶ

# 慶應義塾大学商学部と自由闊達な研究雰囲気

二〇〇四年三月に、三一年にわたる慶應義塾大学における私の研究・教育人生も終焉を迎え、慶應義塾大学を退職する。

この三〇年間というもの、慶應義塾大学商学部において自分の好きな研究に打ち込めたことは、私にとりまことに仕合せであった。もし来世というものがあり、そしてもしそこにおいても私の希望を言うことができるのであれば、およそ権威主義とは無縁で、自由闊達な研究雰囲気の横溢していた私の奉職当時の商学部で、再び研究・教育生活を送りたいと思う。そこで、慶應義塾大学商学部のその当時の自由闊達な研究雰囲気について私が抱いている印象にふれておこう。

私は、一九八一年七月から二年、西ドイツのフランクフルト大学に留学した。留学先の選定に迷っていた私は、小島三郎学部長に相談にのっていただいた。小島先生をお尋ねしたとき、のっけに、「君は、ドイツに遊びにゆくのかい、それとも勉強にゆくのかい」と聞かれ、びっくりしてしまった。もっとも、私の専門とする会計構造論（勘定理論）の場合、その研究に専念するつもりであれば、ケルン大学を措いて、他にはない。しかし、そうした自己の研究テーマのためだけに留学することに疑問を感じ、先生にご相談したのであるから、私は、一も二もなく、「遊びにゆくつもりです」と答えていた。先生は、それなら親切な教授のほうがよいだろうと言われて、交通論という私の専攻とはまったく別の分野を研究している、フランクフルト大学のR教授を紹介してくださったのであった。私の留学先は、このようにして定まったのである。

こうして、個人的心情的には学部長のいわばお墨付きを得たと勝手に思いなした私は、留学とは学を留めることだ、とこれまた勝手に定義し、フランクフルトでは、会計学の勉強は、本当にまったくしなかった。ひたすら、ドイツ（人）を観察し、その感想を日本文で書き綴った。そして、それをドイツ語文に翻訳しては、日本文化（日本語）に関心をもつドイツ人大学生に添削してもらった。そうした生活で、二年間は、アッという間に過ぎてしまったのである。ドイツ語文献による会計学の研究なら、日本でも十分できるわけであるから、私としては、ドイツ語の表現の仕方の特徴、ひいてはドイツ人の考え方の特質を、その一端なりとも自分のものにしたかった。そのために、私なりに前記のような方法を思いついたわけである。もっとも語学の才能がまったく欠如している私には限界があったにはせよ、日本語とドイツ語とにおける表現の仕方の相違、ひいては日本人とドイツ人との考え方の相違とでもいったものにつき、留学以前に比べれば、はるかに認識を深めることができたように思う。そのことは、帰国後における外国語文献を読むさいに、どれほど役に立ったか分からない。

もっとも、その分だけ、会計学そのものの研究は、停滞さらには退歩したわけであるから、帰国後に研究報告の声がかかりそうになってから、いささかあわてふためき、ワルプの原典にかじりつく始末となった。しかし、留学前に比べ、ドイツ語の感覚がそれなりに分かったので、意外に早く、その会計的内容を消化することができた。そのワルプ理論批判と留学前に行なっていたケーファー理論批判とを纏めたのが、一九八六年に公刊した第一書『会計構造論の研究——ケーファー理論とワルプ理論との比較・分析——』である。ドイツから帰国したのは一九八三年七月のことであるから、その以後に始めた研究を僅か三年ぐらいで仕上げたことになる。私の仕事の遅さに加えて、母の入院、二度の引越しなどを勘案すれば、こんな短時日に第一書が完成したことは、現在でも信じられないぐらいである。

この第一書は、前記のように、ケーファー理論とワルプ理論というふたつの対蹠的な会計構造論を比較検討したものであるが、そこでの考察を契機として、諸会計構造論を整理する枠組が、にわかに見えてきて、三年後の一九八九年に、『会計的統合の系譜』という第二書を上梓できたのであった（ちなみに、この論文によって、商学博士号を慶應義塾大学よりいただいたのである）。

ドイツでガツガツと会計学の勉強をしていたら、このようにスムーズに、整理の大枠を形成し、日独米の諸会計構造学説を体系化することなど、おそらく不可能であったろう。むしろ、回り道・寄り道をしていたことのお蔭であると私は確信している。その点、私のそうした回り道・寄り道を何も言わずに見守ってくださった（しかし、蔭では、いろいろご配慮してくださった）小島先生に、心より感謝しなければならない。さらに、そうした回り道・寄り道にも、目くじらを立てることなく認めてくれた当時の商学部の、今日一般に否定されつつあるかにみえるおおらかなアカデミズム、あるいは懐の深さといったものにも、感嘆せざるを得ない。

それはともかく、留学後に第一書・第二書を上梓した頃は、私は、ものが見え始めた喜びで、一番勉強に乗っていた。そのために、実によく書いた。書きに書きまくったと言ってもけっして過言ではないだろう。

その頃のことである。当時の学部長であった清水龍瑩先生から、お会いするたびに、「笠井君、君は、この頃、少し書き過ぎだよ」という忠告を受けた。それは、いい気になって書きまくっていた私にとり、正に頂門の一針であった。もっとも、私自身も、インプットよりアウトプットのほうが、多くなっていることに気付いてはいたのである。恩師山桝先生がご存命であったなら、きっと同じことを言われていたにちがいない。それだけに、こうした耳の痛いことを言ってくださる清水先生に、心から感謝したものである。

それにしても、いかに言葉の綾とはいえ、学部長自らが、「遊びのために、留学にゆくのか」とか「論文を書き過ぎるな」とかといった趣旨のことをあえて問い掛ける当時の商学部は、きわめて面白い学部であったと言ってよいのではないだろうか。私には、当時の商学部の、研究に関する自由闊達さが滲み出ているように思われてならないのである。もちろん、そこには、研究者が勉強し論文を書くのはごく当然のことという前提が、陰伏している。あくまでそのことを大前提にしたうえで、両先生の真意は、当座の役に立つだけのような小さな枠組に安住して、チマチマとした論文を書くなということであろう。広い視野からヨリ大きな枠組を構想する気宇と精神的余裕とをもて、ということだったのではないかと私は推察している。当時の商学部には、より深い理解、より根本的な解決を志向する自由闊達な研究雰囲気がみなぎっていたと言ってよいであろう。私は、当時の講義において、「小さな解決より、大きな疑問」といったことをたえず口走っていた記憶があるが、それも、そうした学部の雰囲気に影響されたのであろう。

そうした雰囲気が醸成されたのは、前記の両学部長が、研究者としても傑出していたことに一因があるのかもしれない。周知のように、小島先生は、日本を代表する批判的合理主義の研究者であったし、清水先生も、実証経営学の第一人者であった。しかしながら、そうしたのびのびとした研究を育成しようという発想は、学部自体にも広く浸透していたように思われる。そのことは、例えば商学会（商学部の研究組織）における出版助成方針などにも窺えよう。これは、当時の商学会委員長であった唐木圀和教授のもとで纏められたものであるが、市場性がなく民間の出版社では引き受けてくれないような研究の刊行を支援しようとするものであった。そこには、当面の役立ちとは無関係な研究、したがって出版しても採算のとれそうにもない研究をあえて奨励しよう、というおおらかさが窺えるのである。その助成によって多くの研究が活字化されたのであるが、前記した私の第二書『会計的統合の系譜』も、その助成のお蔭で刊行されたものなのである。なにせ、この書は、本文だけで七一一ページにわたる大部なものであるから、当時の私では、商学会の助成がなければ、公刊できなかったであろう。これを出版した後、多くの他大学の研究者から、「こんな売れそうもない研究書を助成するとは、さすがに慶應義塾大学はすごいね」という賛辞をいただいたものである。拙著の内容というより、在庫の山となることが必定であるようなこうした研究書を支援しようという商学会の姿勢に、反響があったのである。その点から推察すれば、そうした研究支援方針が、慶應義塾大学のアカデミズムに対する声価を高めていたようにも私は思うのである。こうした研究助成は、大学における研究水準の向上を企図するかぎり、単なる経済性だけで片付けてはならないものであろう。

いずれにしても、当時の商学部には、自由闊達な研究雰囲気が横溢していたように私には思われるのである。

＊　＊　＊

そして、この自由闊達さと表裏の関係において、慶應義塾大学商学部では、権威主義ということも、いたって稀薄であった。この点についても、両学部長にご登場いただかなければならない。まず小島先生については、次のようなエピソードが、私に強烈な印象を残している。それは、私が入試委員をしていた頃のことである。入試委員が入試事務を行なっていると、折にふれてねぎらいにこられた小島先生は、「私が仕事のお手伝いをすると、かえって、君たちの邪魔になってしまうから」と言われつつ、みずからお茶を淹れては、我々に配ってくださったのである。前記のように、批判的合理主義に関する世界的研究者が、そんなお茶汲みをごく自然にしてくださったのである。そこには、権威主義とはおよそ縁遠い、謙虚な本当の研究者の姿があった。自分では必ずしも意識したわけではないが、現時点で考えてみると、そうした先生の姿勢が、先生とさして近しい関係にあったわけではない私などにも、きわめて大きな影響を与えたようである。その後の学会で、学閥に君臨する研究者の権威主義的な振舞（そして、その権威者に阿諛追従する卑屈さ）をいやというほど体験することになるが、それに対して抱く私の嫌悪感なども、商学部に奉職した当時のこうした原体験に根差しているのかもしれない、と今にして思うのである。

また清水先生にも、忘れ難い思い出がある。それは、私が、会計の全体像を描いた『会計の論理』を上梓し、先生にも献呈させていただいたときのことである。その拙著の研究指針として、私は、「真理は全体である」・「比較することは理解することである」・「会計のことは会計に聞け」という三点を挙げておいた。先生は、お礼状のなかで、その三点の研究指針につき、激賞してくださったのである。すなわち、先生のなされている実証研究の場合、外国文献の横文字をそのまま縦《たて》に置き換えたような研究が多いが、それに対しては、木に竹をついだようなものと厳しく批判されたうえで、前記のみっつの研究指針は実証研究にピッタリ適合しており、今後の研究方向が見えてきた、とまで言ってくださったのである。

そこには、権威者の立場から見下ろして、後学のできばえを論評しようという高飛車な姿勢は、微塵も感じられない。清水先生と私とには、年齢的には師弟関係ほどの差があるにもかかわらず、そして清水先生は社会的には功成り名を遂げた地歩を占めておられるにもかかわらず、である。あくまで同じ研究者という目線で、つまり取り入れるべきは取り入れようという発想で、拙著を見てくださったのである。私には、自己の権威などとは無関係に、研究そのものを見据えた自由闊達な精神が、躍動しているように思われたことであった。その後、学会の討論会などに参加して、いわゆる有名大学に属する研究者が、その権威を笠に着て、自己の学説に問題点があり得る可能性など思いも至らず、なにがなんでも正当化しようとする権威主義的な姿勢を見ることになるが、そのたびに、清水先生の対応を想起しては、その相違の大きさにびっくりしたものである。

もちろん、権威主義から解き放たれた自由闊達な研究精神が慶應義塾大学商学部の専売特許だなどと思っているわけではない。それは、本質的には研究者個々人の内面的な価値観の問題であるいじょう、もちろん、所属大学とは関係なく、自由闊達な研究者も世に少なくない。さしずめ、私が書評を書かせていただいた石川純治教授（現駒澤大学、ただし当時は大阪市立大学）も、その一人である。同教授のものされた『時価会計の基本問題――金融・証券経済の会計――』は、いわゆる時価評価に関して公刊された我が国の著作のうちでもっとも優れた業績であるが、その総括的な特色のひとつとして、私は、次のように書いた（『会計』第一五九巻第一号、一六六ページ）。

「第二は、石川が自らの頭で考えたことが、主張されている点を指摘したい。今日、FASBとかIASCとかにおぶさった見解、あるいはその引用文献により直ちにその出身校が判明するような見解（つまり学閥のドグマを鵜呑みにした見解）が、瀰漫している。その場合にも、知識という点からすれば、社会的に貢献することも、あり得よう。そうした営みは、言ってみれば、『知識としての科学』とでも表現できるであろうか。

しかしながら、西欧近代にあっては、科学という営為は、まずもって自我形成にかかわっていたとも思われるのである。つまり、近代的自我は、啓蒙思想によって育まれたのであるが、その啓蒙思想を支えたのが、デカルトの合理主義などと並んで、近代科学（経験主義）

であった。市民社会は、そうした近代的自我の存立を前提として、その延長線上に観念されたのである。そうであれば、近代科学の精神は、（社会に有用であるという意味での）『知識としての科学』である以前に、『自我形成の契機としての科学』ということになろう。

その点、日本の近代化は、周知のように、近代的自我の形成を素通りして、近代社会の建設に向かったという特殊性をもつ。そこでは、科学は、『自我形成の契機としての科学』というより、『知識としての科学』として出発した。つまり、自らの頭で考え出すというより、舶来の知識で間に合わせたわけであるが、そうした受容の在り方が、今日に至るまで揺曳しているとみることもできよう。外圧としての世界の潮流とか学閥のドグマとかに追随するという雰囲気の中では、自由闊達な構想は生まれにくい。それに対して、ハイブリッド構造という石川の構想には、ただ自己の思考を恃みにして展開したことによる伸びやかさを、評者は感得するのである。」

逆に、慶應義塾大学商学部で研究したとしても、慶應義塾大学を傍観者として利用しただけの研究者の眼には、前記したような研究雰囲気は、自由闊達さの躍動というより、むしろ不勉強さの瀰漫と映じるのかもしれない。たしかに、研究者各自の意志を尊重するそうした研究雰囲気は、反面、不勉強にも寛容である、という負の側面も含んでいる。現に、院生時代の輝かしい才能を、論文を書かないままに徒らに朽ち果てさせてしまう事例を私も見聞きしている。しかし、本質的にみれば、学閥の権威に汲々とした研究をよしとする者には、そうした自由闊達さは、ついに理解できないものなのであろう。そのことは、そうした研究者の業績なるものを瞥見しただけで、直ちに納得できる。例えば学閥に君臨する複数の権威者の必ずしも調和しない見解を引用しては共にほめそやすことに追われ、みずからの主張が支離滅裂になってしまっている無残さは、研究の自由闊達さとは程遠い。学閥の権威者に迎合しようとするその卑屈さには、私などは、息苦しさを覚えてしまう。しかし、それでも、そうした阿諛追従により、将来トップの地位を獲得し、メジャーな学閥の権威者として振舞うことができれば、当人にとっては、それで満足なのであろう。自由闊達な研究ということなど、もともと念頭にないようである。

それはともかく、今思い出しても懐かしさに堪えないが、当時の慶應義塾大学商学部には、前記したような権威主義から解放された自由闊達な雰囲気がみなぎっていたのである。

＊　＊　＊

私の主たる研究領域は、会計構造論であるが、これは、当座の役には立たないが、しかし会計学にとっての基礎理論だと私は考えている。今日、あまり顧みられることのないそうした基礎研究に、二〇年という私の研究人生の過半を費やしたわけであるが、それが可能であったのも、そうした商学部の自由闊達さに負っていると言ってよいであろう。そして、そうした当座の役には立たない基礎理論の研究を続けられたことの意義は、少なくとも私個人としては、きわめて大きい。というのは、現行会計の説明理論としては、その基底にこの会計構造論が据えられなければならない、というのが私の構想の核心だったからである。こうした構想に従って、私は、その後、会計のもうひとつの領域であり現在脚光を浴びている会計測定に関する研究に向い、私なりの会計の全体像を描いたのである。

拙論の全体を丹念にお読みくださっていた石川純治教授は、一九九九年に、「笠井理論の学説論的意義——有価証券の時価評価と保有損益の論拠を巡って——」という論考（『三田商学研究』第四二巻第四号）を寄稿されたが、そこでは、首尾一貫した理論の重要性および基礎理論の重要性が、きわめて的確に主張されている。すなわち、石川教授は、その冒頭において、拙論を次のように総括されている（前掲誌一六一—一六二ページ）。

「筆者は、まず笠井理論における論理の首尾一貫性に敬服する。今日の時価評価を巡る議論においてはさまざまな見解があるが、それらは必ずしも会計の全体系との係わりが議論されていなかったり（部分論）、かりに議論されてもそこでの理論の一貫性に問題がないわけではない（全体整合性）。ここで取り上げる笠井理論にあっては、今日の時価評価問題を笠井教授が構想する体系（企業資本等式モデル）のなかで、しかも首尾一貫した論理構成のもとで展開する。後述するようにいくつかの理論的課題がないわけではないが、少なくともこれほど一貫した理論展開は少ない。そこでの論理の一貫性は美的ですらある。」

いささか面映ゆいが、当面の問題は、笠井理論の全体にわたりそうした首尾一貫性が貫徹している理由である（前掲稿、一六四ページ、ただし傍点は笠井が付した）。

「笠井理論の意義は何といっても、冒頭で述べたように、全体…（中略）…との整合性ある論理展開…（中略）…にある。今日の有価証券の時価評価論議を部分論に終始させるのではなく、その全体との係わりにおいて再構成してみせるその構想力こそ見逃してはならない理論的魅力であるといえる。

では、こうした全体を見通した構想力はどこからでてくるか。筆者はそれを笠井教授の長年の会計構造論研究にあると見る。本稿で取り上げた有価証券の時価論議に関する理論も、この会計構造論がその理論的土台になっているのである。より具体的に言えば、いわゆる「企業資本等式説」（山桝・笠井理論）がそれである。一言で言えば、会計構造論（資産三分類論）を土台にした測定論（測定規約論）の展開に端的にみられるように、その学説の理論的継承とその現代的課題に対する新たな展開、これが笠井理論の学説論的意義にほかならない。」

当座の問題には直接的には役に立たない基礎理論の重要性を取り上げたことは、石川教授のひとつの見識にほかならない。しかも、拙論全体における会計構造論の位置づけについて、後にふれるように、正に私が企図したことが、その意図通りに理解されているのである。

石川教授のこの文章を読んだとき、私は、本当に嬉しかった。きちんと見ていてくれた研究者がいたのだということに、である。今日の会計理論の状況は、当面の役立ちという側面を殊のほか重視し、その反面、理論全体としての首尾一貫性という側面をあまりに疎かにしている。そのことが、基礎理論たる複式簿記の論理の看過さらには無視という今日の風潮に繋がっていると言ってよいであろう。会計理論の根底には、複式簿記の論理が据えられなければならず、その土台のもとに、首尾一貫した説明がなされ得ると考えている私には、このような会計理論の状況はとうてい納得し難い。そうした見通しのもとに、会計構造論の解明に取り組んだわけである。しかしながら、私のような発想は、圧倒的な有用性優位の現状のなかでは、学界で必ずしも認められないことも覚悟はしていたのである。しかし、いかに覚悟のうえとはいえ、本当に誰一人に理解されることなく立ち腐れてしまうとしたら、自分の研究人生とは一体何なのだろうかと、エンピツを握る指が萎えてしまいそうな時が、ないではなかったのである。それだけに、石川教授が、私の企図をそのあるがままに理解されたうえで、理論の首尾一貫性および基礎理論の重要性の視点から高く評価してくださったことは、望外の喜びであった。

そして、私の業績評価に関するそうした石川教授の見方の根底には、既にふれたような権威主義から解き放たれた自由闊達な精神活動として科学研究を理解しよう、という価値観があるように思われてならない。同教授は、私の最近著『会計の論理』の書評も書いてくださったが、その纏めにおいて、この拙著を、「山桝理論から山桝・笠井理論を経て、笠井独自の理論構築（笠井会計学）への道にある」と位置づけたうえで、次のように総括されているのである（『会計』第一六一巻第一号、一五四ページ）。

「そうした位置にある本書の「長い沈潜の過程」は、冒頭でも述べたように、評者がある意味でより関心をいだくところである。すなわち、著者が本書をして「自分が得心し得る説明を見出そうという、いわば筆者のもがきを叙述したものである」「本書の一切合切が、筆者が研究者として生きてきたことのいわば証しなのである」（以上、「初めに」八―九頁）というとき、評者はそこに終始一貫徹底して内的に問いかけ、全力で没入する「自己」確認の姿をみる思いがする。また、「筆者の『心の葛藤』、さらには『思いのたけ』を語ったものである」（同九ページ）というとき、そこにある種きわめて孤独で純度の高い独自の生を垣間見る思いがする。

そこには、あたかも画家が自己と格闘しながら自画像を描いていく画業の軌跡にも似た厳しい姿がある。その意味で、本書は著者笠井昭次の「思いのたけ」を描いた自画像的な作品といえる。」

石川教授が、以上のように、拙著『会計の論理』は私の「思いのたけ」を描いた自画像だと言われるとき、拙著の全体に、自分なりに考え尽くそうとする自由闊達さが流れていることを認めてくださったのではないだろうか。しかも、既に示唆したように、そのことを、山桝理論から山桝・笠井理論を経て笠井会計学に至る道程のなかに位置づけられているのである。その点、少なくとも私の立場からするかぎり、同教授の洞察の深さを感じないわけにはゆかない。

すなわち、拙著『会計の論理』の基盤には企業資本等式があるが、それは、私の恩師山桝忠恕先生が形成された会計構造に関するシェーマに他ならない。このたびの拙著において、私は、この企業資本等式を会計測定論に導入して、それに基づいた認識・測定規約を構築しようとしたのである。しかし、私がこの企業資本等式に依拠したのは、この等式を提唱されたのが、恩師山桝先生だったからではない。今の私の心境からすれば、そうした形で依拠することは、山桝先生ひいては科学研究に対する冒瀆のようにすら思われるのである。つまり、自分自身がその妥当性を得心できないままに、ただ恩師の主張であるという理由だけで、その主張に表面的に追随したとて、学閥のドグマとかの形成には役立つとしても、科学研究そのものの進展など、およそ期待できないであろう。

山桝先生の企業資本等式が、自分の心に問うてみて、現行会計の説明理論として得心がゆかないなら、それを放棄することもやむを得ないと私は思っていた。そのことを大前提としたうえで、企業資本等式の妥当性を客観的に判断しなければならないと考えていたのである。そのために、会計構造の研究に、二〇年という私の研究生活の過半を使ってしまったわけである。もちろん、直観的には、企業資本等式の妥当性を予感していたが、それだけで企業資本等式に依拠するのでは、独断論・独善論になってしまう。それを避けるためには、これまでに提唱されている主要な会計構造学説の内容を理解すること、かつ、それらを比較検討できる枠組を構築することが不可欠である。不敏な私には、そうした作業に、二〇年間という歳月が必要だったのである。その歳月を経て、ようやく企業資本等式の妥当性を自分なりに得心できたわけである。こうした他学説との組織的体系的な比較検討により、その理論的性格が明らかにされた企業資本等式説をもって、石川教授は、山桝・笠井理論と言われているのではないだろうか。

しかし、このたびの拙著『会計の論理』においては、その企業資本等式を会計測定の領域に導入し、それに基づく認識・測定規約を構築しようとしたのである。山桝先生が、そこまで想定されていたかどうかは不明である。それは、むしろ、会計においては統一的な勘定分類が採用されなければならないと考える統合的勘定分類観という私の構想した枠組のもとで、初めて可能になった試みとも言えるわけである。笠井会計学と言い得るとしたら、そうした意味においてであろう。石川教授は、こうした拙論の展開過程を実に的確に見抜いておられる。私は、自分の心の裡を見透かされたような気恥ずかしさすら覚えるのである。

それはともかく、企業資本等式を会計測定論に援用する試みは、二〇年間に及ぶ企業資本等式の妥当性の論証を経た後に、手を染めたわけである。したがって、それは、たかだかこの七—八年にしかすぎない。これからすべきことがあまりに多いことを考えるとき、会計構造の研究をもっと早く切り上げるべきだったのではないか、と思うこともないではない。それにもかかわらず、現在のところ、それはそれでよかったと私は考えている。そうした二〇年間の研究により、企業資本等式を、単に恩師の学説だからというのではなく、客観的に妥当なシェーマとして文字通り得心することができたからである。

私は、研究者としては、自分の思うように考え、その結果としてこうした得心を抱くことが、もっとも重要だと考えている。この三年間ほど、後期博士課程の田口聡志君が、この企業資本等式に依拠してもっとも新しい会計事象としてのデリバティブを説明しよう、という研究を行なっているが、田口君には、企業資本等式でデリバティブを説明できないと考えるようになった場合には、何時でも、企業資本等式から離れるように、と言っている。もっとも田口君の場合、私が指導教授になったので企業資本等式を採用したのではなく、企業資本等式の妥当性をある程度受入れたので、私を指導教授に選んだのである。そのかぎりでは、田口君からすれば、余計なお世話ということにもなろうが、それに、指導教授みずからが自分の依拠する学説を何時でも放棄してよいというのも、いささか奇異に聞こえるかもしれないが、しかし、日本における研究者の育成が、師弟関係といういわば属人的関係を基盤にした閉鎖的な大学のもとでなされているいじょう、私としては、田口君が自由闊達に研究できる道を常に開けておいてあげたいと思うのである。

いずれにしても、当時の商学部のおおらかさが、一人の凡庸な研究者に、二〇年間という歳月を与えて当面の問題にはさして役にたつとも思われない基礎理論の研究に専念させ、まがりなりにも、それに基づいた、現行会計の全体像に関する説明理論を構築させたわけである。

以上において、私が奉職した当時の商学部の研究雰囲気を回顧してきたが、そうした当時の商学部には、自由闊達な研究雰囲気が横溢していたと言ってよいのではないだろうか。

もっとも、想い出なるがゆえに、いささか理想化されすぎている面はあるかもしれない。しかし、これが、私の偽らざる実感なのである。ともあれ、こうしたのびのびとした研究雰囲気のなかで、自分の考えたいように考え、そして自分の納得したかぎりのことを論文用紙の枡目に埋めてゆけたこの三〇年余の研究人生を、私は本当に仕合せだったと感じている。

この点、慶應義塾大学商学部に、心から感謝しなければならない。

# Ⅱ　恩師・先学を憶う

# ある日の教室

その声はすっかり嗄れていた。しかし先生はやめない。喉を振り絞り振り絞りして、なお叱り続けられるのだ。声の掠れは鬼気にも似て、その凄まじさが私の心魂をゆさぶった。私は、何時しか小刻みに震えている自分に気付いた。

それは、一九七四年度の山桝ゼミでしばしば見られた光景である。山桝先生は、その前年の一二月に、深刻な病状の裡に喉頭癌の手術をされたが、四か月も経ずして教壇に戻られ、しかも、夙《つと》に厳しさで定評のあった山桝ゼミに、従前以上の厳しさで臨まれたのであった。そこには、文字通り自己の生命を削って立ち向かう教育者の姿があった。

教師は、常にはいかなる高邁な論も説ける。しかし、現実に死と背中合わせになったとき、それをよく実践し得る者がどれほどいるであろうか。山桝先生は正にその稀有のお方であった。常日頃学生に教え諭されていた、すべてに全力投球せよという持論を、死と直面しつつもなお、誠実に実践されたのである。

その山桝先生も、昨年の一一月についに不帰の客となられてしまった。私は、第六期生を迎えた私のゼミの運営にも自己の生き方にも、今なお思い惑うことが多い。山桝先生がしきりに思われる昨今である。

（『慶應義塾大学報』第一六二号、一九八五年六月）

# 山桝忠恕先生を偲んで

山桝先生の訃報に接したとき、私の心をよぎったものは、「まさか」という思いであった。あり得べからざることが現前した、という思いであった。

しかし、それと矛盾するようではあるが、他方で、「ついに」という思い、来るべきものが来たという思いも、たしかに存在した。咽喉部の悪性腫瘍を手術された一九七三年一二月から一〇年余の間、先生のお身体の変調は、筆舌に尽くし難いものがあったようである。先生は、よく「高値安定」と表現されていたが、二週間毎になされた定期検査において、血沈・白血球数等のあらゆるデータが、健康人のそれとは著しく懸け離れた数値を示していた。また、咽喉部への、人間の許容量のほぼ限界までのコバルト照射により味覚がほとんどなくなってしまったこと、朝起きたとき暫くは指が動かないままであったこと等の変調は、枚挙に暇がなかったようである。しかし、そうした状態であるにもかかわらず、また毎週その終了後には声がしばしば出なくなり、かつきまって発熱されることを承知されつつ、学部・大学院のゼミナール・講義に、従前と同様に、というよりむしろそれ以上の厳しさで臨まれたのであった。私の心の一隅に、たしかに、いつも最悪の事態への危惧と怖れとがあった。

しかし、それにかかわらず、「まさか」という思いにかられたのは、先生が、そうした状況および相次いで身に振りかかる危機をねじ伏せてゆかれるのを、目の当たりにしていたからに他ならない。もともと、手術後、数か月にして教壇に戻られるということ自体、常人のよくなし得る業ではないのに、先生は、ついに一日として休講されることなく貫徹されてしまったのである。先生には最悪の事態は生じ得ない、という確信を抱かせるほどに、先生は、危機的状況を克服されていった。それは、正にねじ伏せたとしか表現のしようがない。

先生がお亡くなりになった直後、先生に対して「温和な方だった」という評を何回か耳にしたが、そのたびに、私は戸惑いを感じた。私にとり、きわめて厳しいという印象が強かっただけに、その表現にある種の違和感を覚えたからである。しかし、よくよく考えてみると、そうしたふたつの印象の著しい隔たりのなかに、先生の生きざまの真骨頂がはしなくも顕《あらわ》れているようにも思えるのである。たしかに、先生は、一般的に当たりは柔らかであった。しかし、人々が近しくなるにつれ、しだいに厳しい姿勢をお見せになり、そしてもっとも厳しく対処されたのは、他ならぬ御自分自身に対してであった。しかも、不治の病に冒されたときにもなお、先生は、自己に対して、その仮借なき厳しさを保持されたのである。先生は、常々、ゼミナールで、「学問の厳しさに耐へ　炭をつぐ」という山口誓子の句を引用されては、学問の道における、自己に対する厳しさを諭されていたが、その姿勢を、凄絶な闘病生活の局面にも、(これまた先生が常々説かれていたように)「愚直」に実行されたのである。そのことが、前述のように、一方で病との真正面の対決、他方でゼミナール・講義の貫徹を可能にさせたのではないだろうか。それは、人々の感動をよばずにはおかなかった。

しかし、先生個人にとってみれば、この一〇年余の歳月をそうした闘病生活に割かざるを得なかったことは、歯噛みをする思いのことだったのではないだろうか。とりわけ、この時期には、山桝会計理論は、現代会計への展開、さらには会計学基礎論の拡充を視野に収めた体系化への道にさしかかっていたと思われるからである。御発病された一九七三年ころ、先生は、「現代会計学」についての構想がほぼ纏まり、執筆に取り掛かる寸前という状況にあったようである。もともと、先生は、長時間をかけてきわめて用意周到に構想を練り上げ、そのうえで一気呵成に草稿を仕上げるというタイプだったのではないか、と私は拝察している。構想がなるまでには、ある時は考えあぐねて立ち止まり、ある時は思案にくれて逆戻りしつつ考えに耽る、という営みを幾度となく繰返されたにちがいない。そのようにして得心のゆくまで思索に思索を重ね、既に自己の血肉の一部と言ってよいほどに咀嚼されたもの、すなわち正に自己の固有の知見に他ならないものを、先生は原稿用紙に埋められていったのではないだろうか。先生の御論稿の一特質をなす、引用の脚注がないことも、あるいはその辺の消息を物語っているとも思えるのである。いずれにせよ、先生が草稿をものされるまでには、熟柿が自然《じねん》に落ちるときのように、長い沈潜の過程が先行していたことだけは確かである。

しかし、先生の「現代会計学」は、ついに陽の目を見ることはなかった。そのように温め続けられ、原稿用紙の枡目に埋められるのを待っていた思念に、形姿を与えられないということは、研究に文字通り全人生を捧げてこられた先生にとりどれほど辛いことであったろうか。

そのようにして、一時は断念せざるを得ず、当面、闘病生活に専念せざるを得なかったにもかかわらず、その後、先生には、再び、会計学の基礎理論についての構想が醗酵されつつあったようである。もともと、先生は、会計学に関する書物の多くが、制度の改廃のたびに改訂を余儀なくされることを残念がっておられた。制度に関係なく、長期にわたり、理論的基礎として読むに耐えるような「原論」、ひいてはあるはずの会計理論すなわち「純粋会計理論」の構築は、先生の畢生の念願であったと思われる。このたびはそのどこまでを意図されたかは別にして、絶筆となった「会計学の対象と方法」と題する御論稿（『税経セミナー』一九八五年一月）は、「会計学の基礎をなす部分」に関する、先生の体系化の第一歩をなすものであり、長期にわたる連載が予定されていたのである。しかし、先生の突然の御他界により、その全貌を世に問う機会は、永遠に失われてしまった。それは、学界にとっても大きな損失であるとともに、先生にとり、どれほど無念のことであったろうか……。

先生は、自らの生きざまを通して、人間の生き方を示された。先生は慶應義塾を心から愛されていた。その慶應義塾に、研究者として真に貢献する道は、研究業績をあげることと固く信じ、そして現実に果たされた。優れた人材を育成することが、教育者として慶應義塾に真に報いる道であると信じ、とりわけゼミナールの学生を厳しく鍛えられ、商学部有数のゼミナールにまで育てられたのである。ゼミナールであのように心から叱ることができたのは、慶應義塾の学生に対し深い愛着があったからこそであろう。そして、学部発展への願いからであろう、学部の諸会議への出席を最優先とされたのであった。先生は、大学における研究者・教育者として、文字通り、全力投球されたのである。

先生の額には深い筋が刻まれ、時おり、脂気のない頭髪がザンバラに垂れかかっていた。私には、先生が、手術後、今日まで生きてこられたこと自体、ひとつの奇跡であるとすら思えるのであるが、先生のそうした御様子は、それがまことにすさまじい闘いであったことを示しているように私には思われたことであった。いずれにせよ、そのような奇跡を可能にしたのは、先生の自己に対する峻厳さ、日頃の自己の主張に殉じる誠実さにあったのではないだろうか。そのことが、先生を知る人々に感銘を与え続けたのである。先生は、存在されるという正にそのことによって、人々に影響を与えずにはおかない底の稀有の御方であった。

先生の大きな愛情に心からお礼を申し上げるとともに、先生の御冥福をお祈りする。


（「山桝忠恕先生の会計構造学説――追記」

『三田商学研究――故山桝忠恕教授追悼号』第二九巻特別号、一九八七年一月）

# 茂木虎雄先生のご退職によせて

筆者は、大学生のころ、高知の牧野植物館で、牧野富太郎の人となりにふれ、大きな感動を覚えたことがある。「花あればこそ我あり」と墨書された同植物館の掛軸に垣間見られる研究に徹し切った人生、夫人の名をとって「すえこ笹」と命名したというエピソードにはしなくも露《あらわ》れている研究対象への思い入れ……。自分も、何かに燃焼し尽すような生涯を送りたい、と思ったことであった。思いがけず研究者の道を歩むようになっても、そのことが心に残っていた。その後二〇年余の研究生活が過ぎ去ったが、朧《おぼろ》げにせよ自分なりの会計観が形姿をとるにつれ、研究の面白さ、論文執筆の充実感をそれなりに味得できるようになった。しかし、その反面、研究というものの果てしなさ、論文の重さをも覚えるようになり、途方に暮れることも少なくない。そんな時、思い浮かべる幾人かの先達がいる。

筆者が茂木先生の知己を得たのは、私の第一書『会計構造論の研究』をご送付した一九八六年の暮れのことであるから、ごく最近のことである。しかし、筆者には、既に、幾つかの忘れ得ぬ先生の像が焼きついている。一九八七年の夏、先生の研究室をお訪ねした時のことである。イギリス東インド会社に関する貴重なスライドを拝見したが、愛しむように説明される先生の、幾分前かがみの痩身が印象的であった。学問に対する先生の深い愛着が滲み出ていたのである。また、先生は、一九九一年六月、日本会計史学会において「イギリス東インド会社の会計帳簿」と題する研究報告をされたが、それは、「自分のこれまでの研究に間違いはなかっただろうか」、という自らへの問い掛けから始まった。そのとき司会の任にあった筆者は、ごく間近で拝聴したのであるが、先生の淡々とした語り口に、かえって真理に対する先生のひたむきさを感得させられたものである。そしてご退職前後にいただいたお葉書。そこには、繰返し、「イギリス東インド会社を何とか纏めたい」という意味のことが記されていた。(体言止め、連用中止法等の未完結文の混じった)飄々とした先生の文章には、その行間から、ひたぶるな研究への情熱が溢れ出ていた。

そうした茂木先生の像を想起しながら、筆者は、再び研究への意欲をかきたてるのである。最後まで研究者であり続けたい、研究論文を書き続けたいと念願している筆者は、心ひそかに、先生をもう一人の恩師と思っている。

先生のご壮健を心からお祈り申し上げる。

(「会計構造論の基本問題――追記」
『立教経済学研究――茂木虎雄教授記念号』第四六巻第二号、一九九二年一〇月)

# 茂木虎雄先生の人と学問

茂木先生の公開講演を始めさせていただきますが、それに先立ち、茂木先生を御紹介させていただきます。慣例的には、ごく短くすべきなのでしょうが、このたびは、先生の御了解を得て、やや詳しく御紹介させていただきたいと思います。

茂木先生は、一九二六年長野県にお生まれになり、立教大学経済学部を卒業されました。その研究生活の大部分を立教大学において過ごされましたが、一九九二年に定年退職され、以後、大東文化大学において、旺盛な研究活動を続けておられます。

茂木先生の研究には、資本主義と複式簿記との関係の解明という一貫した問題意識が流れているように思われます。換言すれば、会計史の背後には、経営史さらには経済史がなくてはならない、という見方です。つまり、一方、会計史というも、資本主義経済の発展のなかで展開されなければならない。他方、会計史を経済史一般のなかに解消させてしまうのならともかく、そうでないなら、会計史の固有性、つまり会計の固有性とは何か、ということが問題になります。茂木先生の場合、それは、おそらく、複式簿記ということになろうかと思います。このようにして、資本主義と複式簿記との関係の解明という問題意識のもと、茂木先生は、会計史および簿記理論の領域において、きわめて大きな貢献をなされています。

まず会計史の分野ですが、その代表作は、言うまでもなく、『近代会計成立史論』という不朽の名著です。周知のように、リトルトンは、一五世紀のイタリアの簿記から、一九世紀のイギリスの会計へというシェーマで会計史を捉えていますが、ここには、簿記から会計へという捉え方の問題、および一五世紀イタリアから一九世紀のイギリスへという二段階の捉え方という、大きなふたつの問題が潜んでいます。この両者は関連していますが、茂木先生は、後者の点について、一五世紀イタリアと一九世紀イギリスとの狭間に、一七世紀のオランダをおくことにより、三段階論として、会計の通史を完成させたわけです。こうした見方に到達するために、先生は、いろいろな道具立てを駆使されています。例えば木村和三郎先生の提唱された企業簿記概念と複式簿記概念との峻別の導入も、そのひとつです。さらには、前期的商業資本と産業資本との異質性・対立性の認識などです。これは、古くはヴェーヴァーとブレンターノとの間で交わされた資本主義の本質あるいはその担い手に関する論争の問題ですが、日本ではいわゆる大塚史学の核をなす中産的生産者層の概念の問題として結晶しました。ちなみに、茂木先生は、立教大学で学ばれていた頃、大塚先生の経済史を受講されています。それはともかく、前期的商業資本と産業資本とを峻別されたうえで、産業資本の成立をもって資本主義の成立と考えておられます。こうした概念用具を用いながら、ゾムバルト流の前期的商業資本と産業資本との連続性に傾きがちな見方、あるいはリトルトンの二段階論を克服されていったわけです。

次に複式簿記の領域ですが、この点でも、簿記技術論の根底には複式簿記本質論がなくてはならないという固い信念のもとに、きわめて大きな貢献をなされています。この分野での代表作は、『複式簿記の基礎理論』であろうかと思いますが、その後書きにおいて、先生は、次のように述べられています。

「複式簿記に関する著書は、まことに数多く出版され、簿記技術に関するかぎり若輩の私がつけ加えるべき何物もないというところまできている。しかし、簿記記帳技術の解説のみに簿記学の課題があると考えてよいのだろうか。この反省のうえに本書をつづってきた。最近、複式簿記本質論分析のなかから新しい簿記学を形成しようとする気運があらわれている。」

こうした複式簿記本質論の重視という見方は、以後の茂木先生の御研究に貫徹されています。この書が出版されましたのは一九六三年ですが、私がもっていますのは、一九七三年の第一〇刷りです。私事にわたり恐縮ですが、当時私は本学に助手として残り、会計構造の研究をし始めたころですが、茂木先生のこの御見解に、大きな影響を受け、以後の研究方向を規定されました。複式簿記のように、道具性として卓越した資質をもつものを研究対象とする場合、よほど堅固な複式簿記本質論という視点をもっていませんと、対象のもつそうした資質によって翻弄されかねません。その意味で、茂木先生の御見解は、きわめて卓見であり、今日においても簿記関係者に対する大きな警鐘であると思われます。

最後に、茂木先生のお人柄につきお話しさせていただきます。先生が立教大学を定年退職される前後、ライフワークである『イギリス東インド会社会計史論』を何とか纏めたい、という意味のお手紙を何回もいただきました。それが、昨年（一九九四年）刊行され、洛陽の紙価を高めていると仄聞《そくぶん》していますが、この完成によって、先生も、「もう勉強はやめた、あとは気楽な雑文を書く」と言われるのではないか、悠々自適の生活に入られるのではないか、などと考えておりました。しかるに、最近いただいたお手紙によると、『簿記学評論』というたぐいの著作をお纏めになることに意欲を燃やされているようです。先生は、本当に勉強がお好きなんだなぁ、と感激しました。先生は、お若いころから、こうであったようです。茂木先生の文章で私がもっとも好きな一節は、先生の代表作『近代会計成立史論』における次のようなくだりです。それは、学生時代にウルフの会計史を読んだ時の感激を吐露されたものですが、これは名文です。

「ウルフを手にしたときほどの感激は、その後はない。本当に嬉しかった。立教の図書館には古くからあったようであるが、まだ頁も切れていない状態であった。夜も枕元において寝、夜中に電気をパッとつけては読み進んだ。夜中に頁を切る『サク』『サク』という音に『俺は開拓者だなあ』と思ったこともある。」

私は、こういう人の心を打つのが名文だと思います。それはともかく、こうした先生のお姿を見ていますと、私は、カール・ポパーがその自伝小説に付したタイトル『果てしなき探求』ということを、いつも想起してしまいます。もちろん、論理実証主義者に対する厳しい批判者として登場した反証主義者カール・ポパーの『果てしなき探求』という表現には、方法論的な主張が込められており、ここで問題にしているような対象理論それ自体のあくなき追究とはいささかニュアンスが異なるとしても、茂木先生の研究姿勢あるいは生き方を評するにピッタリだと思います。

茂木先生のお人柄を語るとなると、さらに、先生が若手研究者の新しい研究に積極的に胸を貸されている、という点を指摘しないわけにはゆきません。御自分の息子さんといっていいような若手の方の業績を、その出身大学のいかんを問わず、真剣に読んでくださる。新しい研究を読むということは、やはり億劫なものです。分からないことは、難解だとか変な発想だとか一笑に付し、自分の枠組でなんだかだとものを言っているのが、一番楽です。しかし、茂木先生は、そうではありません。新しい研究を、文字通り真剣に読んでくださるのです。そのことは、書評、というよりむしろ学説研究に近いような、ヴォリュームのある書評を数多く書かれていることによって、明らかです。そうした書評が、若い研究者をどれほど勇気づけているか、計りしれません。

日本の簿記理論の指導的立場にある安平昭二先生ですら、阪神大震災のために幻となった安平先生の最終講義の資料を活字化された「私の『会計史』」という小冊子のなかで、茂木先生に関し、「最初の訳書の出版以来、簿記理論に関する著書を出すたびに、詳細にして懇切・丁寧な紹介・評価の文を書いてくださった。先生からの励ましが私の研究にどれ程大きな支えになったかは計り知れない」とものされています。安平先生のこの感想にうなずき、茂木先生は第二の恩師だ、と心のうちで思う方も、多いかと存じます。

大変長くなってしまいましたが、先生の今後の御壮健を心から祈念しつつ、御講演をお聞きしたいと思います。

(付記) 日本簿記学会第一一回全国大会(慶應義塾大学、一九九五年一〇月二八日)において茂木先生の公開講演会が行なわれたが、本稿は、そのさいの講師紹介の草稿である。

# あすなろに徹し切った研究者、山桝忠恕先生

山桝忠恕先生は、一九八四年一一月一三日に永眠された。絶筆となった御論稿「会計学の対象と方法」（『税経セミナー』第三〇巻第一号、一九八五年一月）は、会計学の基礎理論さらには現代会計への展開をも視野に収めた山桝会計学の体系化の第一歩をなすものであった。しかし、先生は、それを完成させることなく、不帰の客となられてしまった。享年六二歳。あまりにお若い逝去であった。

本年は、先生の一三回忌にあたる。先生を追慕して、慶應義塾大学商学部有志による編集委員会のもとで、現在、追悼記念論文集が編まれている（先生の研究業績の詳細は、同誌の序・学説研究を参照されたい）。

＊　＊　＊

先生は、簿記・会計・監査の諸領域にわたって卓越した業績をあげられたが、その三領域を孤立的に取扱うことはなかった。すなわち、一方、簿記における企業資本等式を会計の前提として据えつつ、他方、監査をもって会計のゴールと位置づけることによって、その三領域の統合を企

図され、ひとつの全一体としての「会計」像を構築されようとしたのである。ともすれば、その時々に生ずる個別的問題の当面の解決に追われがちな会計にあって、したがって諸領域の個別的な論理の寄木細工になりがちな会計理論にあって、会計学を一個の学問たらしめるべく、統合性を徹底的に追究されたのである。

先生は、前掲の論文において、一九六〇年代以降に種々のアプローチが提唱されたことの意味を、統合理論形成への意欲と解釈された。しかしながら、他方、そうした統合は、会計固有の方法でなされるべきことを強調されてやまなかった。つまり他の学問におけるアプローチで済むのなら、会計学は、不要であることを意味しかねない。そうであれば、「会計のことは会計に聞く」しかないであろう。そうした問題意識のもとに、先生は、伝統的な勘定理論の復権・再興を会計学の最優先課題と位置づけ、勘定理論的アプローチの重要性を高唱されたのである。

簿記論（会計構造論）の領域における先生の不朽の名著『複式簿記原理』で展開された企業資本等式は、正にそうした思考を先取りしたものであった。この企業資本等式が会計の基底をなしていることは、いわゆる財務会計論の領域における先生の代表作『近代会計理論』において、この等式がその基礎になっていることからも窺えよう。

さらに、この『近代会計理論』では、監査というものを、第三者的な会計士によって利害関係集団の視点から行なわれる会計として位置づけつつ、その重要性が強調されている。近代の会計監査を会計のフィニッシング・タッチとみる、監査論の領域における先生の主著『近代監査論』は、そうした発想を展開したものに他ならない。

＊　＊　＊

先生は、他方で群を抜いた水準の研究業績をあげられながらも、教育を疎《おろそ》かにすることは、まったくなかった。私は、博士課程在籍中に、学部の会計学の講義に出席させていただいたことがあるが、学生に話しかけるような口調でなされるその講義は、当時の最高水準の研究が織り込まれているにもかかわらず、実に平明であった。一度、先生に、そのことをお尋ねしたところ、元手のかけかたが違う、と笑われてしまった。講義内容をどのようにしたら学生諸君に分かってもらえるのか、一時期、毎週徹夜のリハーサルまでされたとのことであった。そのような万全の準備をして臨まれるからであろうか、先生は、常に、講義開始の一〇分以上も前に教室にこられ、開始のベルを今や遅しと待ち構えられているのであった。

先生の教育に対するこうした熱意を象徴するのは、一九六六年に公刊された『東も東　西も西』(同文舘）であろう。この書は、会計学者の著作としては今日においても比肩すべきものがない卓越した日英比較文化論であるが、それには、「師弟有情通信」という副題が付されていた。先生は、一年たらずの滞英中に、ゼミナールの学生に手紙を送り続けられたが、それは、原稿用紙にして、およそ三、六〇〇枚に達したという。そのごく一部が同書に収録されたのであるが、そこには、先生の教育に対する姿勢が、端的に露れている。

読売新聞に、かつて、日本の各界における代表的な人材を紹介した「日本の人脈」と題する記事が連載された。先生は、昭和四八年五月八日、その〈教育〉シリーズにおいて取り上げられたが、それは、「ここに一人の〝教育者〟がいる。山桝忠恕。会計学の権威であり、慶大の教授だが、教授というよりやはり〝教育者〟と呼んだほうがふさわしいような気がする」という書き出しから始まっていた。こうした見方は、たしかにひとつの見識であろう。先生にとり、研究と教育とは、一体のものであったからである。最高水準の研究を平明な講述方法で教育するという、大学教員にとってはごく当然の、しかしもっとも厳しい道を、先生は愚直に進まれたのである。

＊＊＊

あすなろという樹あるいは言葉がお好きであった先生は、ゼミナールの会報に、「『あすなろ』という樹がある。翌檜と書いてあすなろと読む。『明日は檜《ひのき》になろう』と絶えず努力しながらも、しょせん檜にはなれないという哀しい樹のことだそうである。しかし、私はこの樹が好きだ。『あすなろ』大いに結構。たとえ檜にはなれなくとも、その前向きの姿勢には『若さ』がある。そして、その若さこそを、何にも増して尊く思う」と述懐されている。ちなみに、この会報名は、『あすなろ』であった。人間には、ついに完成ということがない。あくまでそのことを前提としつつも、しかもなお、前向きに生きなければならない。そうした御自身の生き方を、先生は「あすなろ」という言葉に託されたのではないだろうか。

弟子というのは誰しも、自分の師匠を最高の研究者と考えるものである。そうした身贔屓《みびいき》があることを斟酌《しんしゃく》してもなお、先生は最高の頭脳の持ち主（の一人）であった、と私は確信している。しかしながら、先生のすごさは、そこにあったのではなく、そうした天賦の才能に安住することを極端に忌まれたことにあった。明日の檜（あるはずの自分）をめざして、この世に生まれついてから自らの力で何を身に付けたのか、そのことを、先生は人生の最大の問題と考えられていたようである。先生の生き方は、正に実存的であった。

先生の研究業績はとてつもなく大きいが、それを語るだけでは、とうてい先生を語ったことにはならない。先生にとり、研究・教育は、単なる知識にかかわる問題ではなく、人生そのものであった。研究、教育そして人生を一体化させた先生の生き方は、それ自体ひとつの統合理論であったと言えるのかもしれない。

（昭和の会計学者群像シリーズ）『企業会計』第四八巻第九号、一九九六年九月）

# 山桝忠恕先生の人と学問

一九八四年一一月一三日に六二歳で永眠された山桝忠恕先生が、本年、一三回忌を迎えられる。先生は、周知のように、戦後の会計学の発展にきわめて大きな足跡を残されたが、他方、慶應義塾大学商学部においても、その会計学分野の礎石を据えられた。先生は、一九五八年四月一日に、慶應義塾創立一〇〇年を記念して一九五七年に新設されたばかりの慶應義塾大学商学部に招かれた。而来《じらい》、不帰の客になられるまで約二七年間の永きにわたり、会計学分野の中心スタッフとして、その研究・教育の発展に心魂を傾けられたのである。当初から慶應義塾大学に骨を埋める覚悟でこられた先生は、心から慶應義塾を愛された。そのことは、先生の不朽の名著『近代会計理論』の序文における次のような一節からも、容易に推察されよう。

「わたくしは、会計学の講義のために、けさも三田の坂を登った。あの三田山上に立ち、天を仰ぐとき、わが胸に、いつもこみあげてくる熱いものは――、本塾会計学の祖父であり父である三辺・小高両博士への感謝の念と、遥かなる塾の子孫への誓いにも似た厳粛な使命感とである。」

先生の研究姿勢は、慶應義塾大学商学部の会計学研究者に語り継がれ受け継がれている。今日に至るも、山桝先生のお名前は絶えず話頭にのり、「この場合、山桝先生なら、どうなされるだろうか」といった会話が、折にふれて交わされているのである。そうした雰囲気のなかで、先生の御遺徳を偲び一三回忌追悼論文集を刊行するという機運が盛り上がり、昨年（一九九五年）一月に、商学部有志による編集委員会が結成された。関係する方々の真摯な御協力により、計画は順調に進展し、このたび公刊の運びに至った。僭越ながら、先生の研究・教育・生き方につき、Ⅰ・Ⅱ・Ⅲでふれさせていただくことにする。（Ⅰは省略）

## Ⅱ

「ここに一人の〝教育者〟がいる。山桝忠恕。会計学の権威であり、慶大の教授だが、教授というよりやはり〝教育者〟と呼んだほうがふさわしいような気がする。」

読売新聞に、かつて、「日本の人脈」と題するシリーズが長期にわたって連載された。それは、各界における代表的な人材を紹介したものであるが、先生は、一九七三年五月八日、〈教育〉シリーズにおいて取り上げられた。前記の文章は、その冒頭の一節である。

ここでは、会計学に関する卓越した研究者であることを認識しつつ、しかもなお、先生を、あえて教育者として規定しているのである。この記事を読んだ当初、直接的には教育というよりむしろ研究の場である大学院から先生の御指導を仰いだ私には、そして研究者としての先生の研究業績のすごさに常に圧倒され続けていた私には、何かしら違和感を覚えたことは、否めない。しかしながら、その最初の感情が過ぎ去り冷静さを取り戻してみれば、こうした見方にも得心がゆくことに、あらためて気付かされる。先生のように、すべてに全身全霊を打ち込まれた方は、接する角度あるいは観察する角度によって、さまざまな人間像となって顕現する、ということに思い至るのである。

先生は、たしかに教育者であった。一九六六年に公刊された『東も東　西も西』（同文舘）は、先生が英国に留学された折の見聞記であるが、それには、「師弟有情通信」という副題が付されていた。先生は、一年たらずの滞英中に、ゼミナールの学生に手紙を送り続けられたが、それは、原稿用紙にして、およそ三、六〇〇枚に達したという。そのごく一部が同書に収録されたのであるが、そこには、ゼミナールの学生に対する先生の深い愛情が、露れている。もっとも日本においては、愛情というと、ともすれば、甘えの許容ということになりがちであるが、先生の愛情は、それとはまったく異なり、山桝ゼミの厳しさは、つとに定評があった。ほぼ徹夜になってしまう三日三晩のディスカッションを含む五泊六日の夏合宿は、その象徴であろう。もちろん、先生も、学生とまったく同じ日程をこなされるのである。教育とは、学生の一〇年先、二〇年先を見据えて行なうものだという固い信念のもとに、若いうちに徹底的に鍛えようとされたのである。そうした厳しさを伴った深い愛情は、ゼミナリステンに感銘を与え、学部のＯＢ会である山桝会にあっては、現在でも、毎年、先生の誕生月である五月には総会が、そして先生の祥月《しょうつき》である一一月には偲ぶ会が開かれており、毎回八〇人以上の出席者があるという。この一事をもってしても、先生は、正に教育者であったと言えるのではないだろうか。

そうした先生の教育に対する情熱は、ゼミナールに留まることなく、一般の講義にもふり注がれていた。私も、博士課程在籍中に、学部の会計学の講義に出席させていただいたことがあるが、学生に話しかけるような口調でなされるその講義は、ある雑誌に、商学部の名物講義のひとつとして、「一聴もの」と評されたこともある。それはともかく、その当時の最高水準の研究が織込まれているにもかかわらず、その講義は、実に平明であった。一度、先生に、そのことをお尋ねしたところ、元手のかけかたが違う、と笑われてしまった。講義内容をどのようにしたら学生諸君に分かってもらえるのか、その講述方法をも含めて、一時期、毎週徹夜のリハーサルまでされたとのことであった。そのような万全の準備をして臨まれるからであろうか、先生は、常に、講義開始の一〇分ないし一五分も前に教室にこられ、開始のベルを今や遅しと待ち構えておられるのであった。講義の時間は、先生にとり、ある意味で愉悦のときであったのかもしれない。

先生は、他方で群を抜いた水準の研究業績を挙げられながらも、このように、教育を疎かにすることは、まったくなかった。大学が教育機関であるいじょう、その教員が教育に傾注するのは、先生にとりごく当たり前のことであったのかもしれない。他方、大学の教育が、自己の研究業績に基づいてなされるものであるいじょう、研究に専念することも、先生にとりきわめて当然のことだったのであろう。たしかに、大学の教員が教育を犠牲にするとき大学は荒廃するであろうし、研究を忘れたとき大学はそのレーゾン・デートルを喪失するであろう。研究という大義名分のもとに教育を看過することのなかった先生にとり、研究と教育とは、不二一如《ふじいちじょ》のものであった。

明治の日本は、研究と教育との分離により国民から真実を隠蔽するという誤りを犯した。すなわち、学問上の真実も、国民教育を阻害すると認定された場合には、教育の場から排除されてしまい、研究成果が、教育に反映されなかったのである。そのことが、周知のように、学問の進展さらには開かれた社会の形成を困難にしたのである。

研究と教育との一体化は、きわめて重要なことであるが、言うに易く行なうに難いことである。しかし、最高水準の研究を平明な講述方法で教育するという、大学教員にとってはごく当然のしかしもっとも厳しい道を、先生は愚直に進まれたのである。

## Ⅲ

最後に、先生が常に口にされていた言葉を通して、先生の生き方を探るよすがとしたい。先生は、「あすなろ」という樹あるいは言葉がお好きであった。このことにつき、先生は、ゼミナールの会報に次のように書かれている（先生著『随想　十五年一日』三八ページ）。

「「あすなろ」という樹がある。翌檜と書いてあすなろと読む。「明日は檜になろう」と絶えず努力しながらも、しょせん檜にはなれないという哀しい樹のことだそうである。しかし、私はこの樹が好きだ。「あすなろ」大いに結構。たとえ檜にはなれなくとも、その前向きの姿勢には「若さ」がある。そして、その若さこそを、何にも増して尊く思う。」

人間には、ついに完成ということがない。あくまでそのことを前提としつつも、しかもなお、前向きに生きなければならない。そうした御自身の生き方を、先生は、「あすなろ」という言葉に託されたのではないだろうか。

大学院の研究報告においても、報告者の研究テーマを自分のテーマに強引に引きずり込んで論議することを、先生は、好まれなかった。報告者の研究に即してその内容をまず吸収すべきだ、と考えられていたのではないだろうか。もちろん、会計学の研究にも完成ということはついにないとしても、自分の研究テーマの狭い枠組に安住することなく、むしろ、相手の土俵の中に踏み込むという前向きの姿勢を、先生は、何よりも重視されたのではないかと思う。前記の文章にもあるように、こうした姿勢を、先生は、「若さ」とも表現されている。いつも「若さがない、まるで若年寄だ」と叱られていたことが、昨日のことのように想起される。

「愚直」という言葉もまた、先生が絶えず説かれた言葉であった。この語につき、先生は、「新ゼミナリステン諸君に」という一文において、次のような解釈を提示されている（前掲書、五四ページ）。

「「一に愚直、二に愚直、三、四がなくて、五に愚直」をモットーに、この二年間を送りつづけてほしいものです。ちなみに愚直とは、時や所、相手や事柄のいかんによって、態度の使いわけや力の出し惜しみをしないことを意味します。使いわけをしたくなるのは、知らず識らずのうちに客体に左右されてしまっているなによりの証拠であり、そのようなことを主体性の確立ででもあるかのように考えるとすれば、それこそとんでもない錯覚である、と申すほかありません。」

先生は、「随処に主となる」という表現もよくお使いになったが、愚直とは、これにも通底しているようである。その言葉の真の意味での「自主」ということを、先生は、念願されていたのであろう。いずれにせよ、先生は、この愚直ということを、単に学生に諭されただけではなく、自ら実践されたのである。そのことが、先生をよく知る方々の感動をよんだのではないだろうか。

「山桝先生というお方を「これは！」と強く印象づけられたのは、あの学生運動が吹き荒れた昭和四〇年代でありました。甲論乙駁の延々三時間にも及んだ教授会で、山桝さん（以下「先生」ではなく「さん」と言わせていただきます）は、大体沈黙しておられましたが、最後にただ一つ、「一つだけ条件があります。それは警察を絶対大学に入れないこと」ときっぱりおっしゃいました。その言葉の静かにして力強かったこと！　大変な人が商学部にいる、と私はびっくりし、かつ頭が下がりました。当時暴れていたのはニセ左翼でしたが、それにしても、昭和初期に猛威をふるった特高警察の「悪」が再び若者を弾圧すべく蘇えることを誰よりも身を挺して防がなければという堅い決意からのご発言でした。私は思わず目頭が熱くなりました。」

これは、先生と御親交のあった藤井昇先生（元商学部教授）の、「愚直の人」と題する、先生に対する追悼文における述懐である（『三田商学研究――故山桝忠恕教授追悼号』第二九巻特別号、一八六ページ）。私にも同じような体験がある（『慶應義塾大学報』一九八五年六月一日号、「ある日の教室」）。

「その声はすっかり嗄れていた。しかし先生はやめない。喉を振り絞り振り絞りして、なお叱り続けられるのだ。声の掠れは鬼気にも似て、その凄まじさが私の心魂をゆさぶった。私は何時しか小刻みに震えている自分に気付いた。

それは一九七四年度の山桝ゼミでしばしば見られた光景である。山桝先生は、その前年の一二月、深刻な病状の裡に喉頭癌を手術されたが、四か月も経ずして教壇に戻られ、しかも、夙に厳しさで定評のあった山桝ゼミに、従前以上の厳しさで臨まれたのであった。そこには、文字通り自己の生命を削って立ち向かう教育者の姿があった。

教師は、常にはいかなる高邁な論も説ける。しかし、現実に死と背中合わせになったとき、それをよく実践しうる者がどれほどいるであろうか。山桝先生は、正にその稀有のお方であった。常日頃学生に教え諭されていた、すべてに全力投球せよという持論を、死と直面しつつもなお、愚直に実践されたのである。（後略）」

これは、先生のゼミナールに陪席させていただいた頃の実体験である。その翌日には大学院の授業があったが、そのさいに声がすっかりかすれてしまっていることも少なくなかった。あまりの痛々しさにすこし手控えられてはと進言しても、先生は、「今週こそは黙っていようと思うのですが、しかし、やはり、言うべきことは言っておかないといけませんからね」と言うばかりであった。前記の拙文の傍点部分は、原文では、「誠実に」となっていた。しかし、このたび読み直してみて、「誠実に」とか「信念に従って」といった言葉ではとうてい表現し切れないことを痛感した。どうしても「愚直に」でなければならない。先生は、本当に、「愚直の人」であった。

私のノートに記された山桝語録は、その他にもまだまだあるが、最後に、山口誓子の次の句をもって締め括ることとしたい。

「学問の寂しさに耐へ　炭をつぐ」

山桝先生の御冥福を、執筆者の皆様および先生を師と仰ぐすべての皆様と共に、心からお祈りしたい。

（『山桝忠恕先生一三回忌追悼論文集』（税務経理協会、一九九六年一〇月）序文（抜粋））

# 泉谷勝美先生の人と学問

それでは、このたびの全国大会の掉尾を飾る、泉谷勝美先生による特別講演を開催させていただきます。泉谷先生につきましては、いまさらご紹介するまでもないことですが、慣例に従って、若干、述べさせていただきます。

泉谷先生は、一九二九年に大阪の堺市でお生まれになりました。一九五三年に大阪商科大学をご卒業後、直ちに大阪経済大学に奉職され、以後、一貫して会計史の研究に従事されました。そして、経営学部長、学生部長、あるいは学校法人の理事、評議員としても活躍されたほか、税理士試験委員も歴任されておられます。

先生は、周知のように、簿記史の領域においてきわめて多くの業績をものされていますが、その代表的なものといえば、一九六四年の『中世イタリア簿記史論』、一九八〇年の『複式簿記生成史論』、そして一九九七年の『スンマへの径』の三作が挙げられると思います。先生の研究の出発点を仮に大阪商科大学入学の時点としますと、それは一九五〇年のことですから、第一作の公刊までに一四年、第二作までに一六年、そして第三作までに一七年の時間がかかっています。アバウトな言い方をしますと、おおよそ一五年毎に、それまでの研究を纏められているわけです。

しかも、それが、並みの業績ではありません。第一作目で博士号を取得され、第二作目が日本会計学会太田賞を、そして第三作目が日本会計史学会賞を受賞されているのです。つまり、洛陽の紙価を高からしめるような水準の業績を、一五年毎に世に問われているのです。これは、すごいことです。このこと自体に、先生の研究姿勢が、垣間見えるのではないでしょうか。

司会者としては、本来、この三部作について多少なりともご紹介すべきなのでしょうが、しかし、それは、とても、私のよくなしうるところではありません。そこで、ここでは、私が体験したひとつのエピソードを御紹介することによって、それに換えさせていただきたいと思います。

先生は、『スンマへの径』によって一九九八年に日本会計史学会賞を受賞されましたが、そのときの情景は、今でも目に焼き付いております。そのときの会計史学会の会長は、本大会の準備委員長をされています渡邉泉さんでした。日本語では、師弟関係というと、一般に、同じ大学において教えた者と教えられた者との関係を指すようですが、ここではヨリ広く理解し、形成された学問上の業績につき、敬服する者と敬服された者との関係をも含めますと、泉谷先生と渡邉さんとの間も、師弟関係といってよいのではないか、と私は推察しています。そうしますと、師である泉谷先生は、弟子である渡邉さんから、賞状を受け取ったわけです。なぜそのようなことが生じたのかと申しますと、先生が『スンマへの径』を世に問われたのが、実に六八歳であったからです。

研究者を志したいじょう、終生、論文を書き続けたいというのは、誰しも思うことです。机に向かって論文を書きながら一生涯を閉じる、などといったことを夢想された方も多いのではないでしょうか。私なども、若い頃は、朝になって、家人が、机の原稿用紙にうつぶせになって死んでいる私の姿を見出す、そんなシーンに憧れたものでした。しかし、私も、現実に老いというものに一歩踏み入った現在、論文を書くということがいかにしんどい営みであるか、ということを否応なしに実感させられるようになりました。先生のような水準のものは望むべくもないとしても、ソコソコの水準のものにしても、六八歳になったとき、自分は、本当に書けるのだろうか。自分の研究姿勢を反省せざるを得ませんでした。泉谷先生は、そうした意味で、そこにおられる、という正にそのことによって私たちに厳しい反省を迫る、そういうお方であろうかと思います。

その授賞式後の懇親会において泉谷先生からお聞きしたお話もまた、私にとり終生忘れられないものでした。私は、そのとき初めて、先生と個人的にお話しする機会を得たのですが、『スンマへの径』を纏められているとき、先生は、お母様の看護もしなければならない状況にあったというのです。しかし、そのことを、「私の研究は *bookkeeping* だが、家に帰ると *housekeeping* だ」などと、飄々とお話しされるのです。私の母も、一〇年ほど寝たきりの状態でしたので、看護ということの厳しさは分かっておりました。これは、看護した者でなければなかなか理解し得ないものですが、それを苦にするふうでもなく、淡々とお話しされる先生に、私は大変感銘を受けました。

そうした厳しい状況にもかかわらず、先生は、いつものように研究に励まれ、そしてそれが、『スンマへの径』に結実されたわけです。先生においては、研究というものは、いわば食事をし睡眠をとるのと同じように、日常生活それ自体になっているのではないか、と思わざるを得ませんでした。私は、いつしか、森鷗外の小品『寒山拾得』を想起していました。名利を捨て去り、ひたすら日常生活に徹し切った寒山や拾得といった清僧が、先生の姿と重なりあってきたわけです。

もっとも、このようなことを長々とお話ししていますと、先生に、「わしゃー、そんな七面倒くさいことは知らん」と叱られてしまいそうです。早速、先生に、ご講演いただきたいと思います。

（付記）これは、二〇〇〇年九月九日に開催された日本簿記学会第一六回全国大会（大阪経済大学）特別記念講演会のさいに書き留めておいた「泉谷先生のご紹介」の草稿に、若干の加筆修正を行なったものである。大会準備委員長の渡邉泉教授からの依頼に対し、泉谷先生の司会は、私にはあまりに任が重すぎると、再三お断りした。しかし、「笠井さんのような怠け者は、節季のときぐらいは、働かにゃ、いかんですよ」とは言われなかったものの、心の中ではそう思っているにちがいない渡邉教授に押し切られてしまった。

しかし、結果的には、お引き受けしてよかったと思っている。泉谷先生にとってはご迷惑であったろうが、司会者として、拙いものながら、前記のような泉谷先生のプロフィールを纏めることによって、晩年における、研究者としての自分の生き方に、大きな示唆を与えられたからである。そうした機会を与えていただいた渡邉教授に、心からお礼を述べたい。

思えば、日本簿記学会第一一回全国大会（慶應義塾大学）における茂木虎雄先生の公開講演会においても、そのときは、準備委員長として茂木先生のご紹介の役割を務めたが、日本の会計学者の中で心から尊敬し得る両碩学のご紹介をさせていただいたことは、簿記研究にかかわる身として、これにすぐる喜びはない。

両先生のご壮健を心からお祈りしたい。

# 黒川行治氏の義塾賞受賞によせて

黒川行治氏は、企業倒産等にかかわる実証分析を手がけられてきたが、近年は理論的研究にも大きな関心を寄せられていた。このたび、義塾賞を受賞された『合併会計選択論』は、氏の長年の研究成果を集大成したものであり、徹底的な実証分析により現行合併会計の問題点を剔出し、その理論的分析を試みたうえで、是正の方向までをも示唆した労作である。

その優れた業績（前著『連結会計』を含む）により、本年九月に博士（商学）号を慶應義塾大学より授与されたが、筆者は、その博士論文の主査を務めた。そのさい、副査としてこの領域に関する他大学の優れた研究者二人を依嘱し、本書につき彼らと徹底的に議論したが、そのうえで授与されたものである。さらに、この書の公刊を契機として、来年度に立教大学で開催される日本簿記学会の統一論題の報告者を依頼された。これらのことは、氏の受賞作の卓越性を如実に物語っている。

氏の学問に対する情熱はつとに知られているが、つい最近、筆者が実際に見聞したことをご紹介したい。昨年一〇月に開催された会計研究室主催の講演会の後に、講演者を交えた懇親会があったが、そのさい、会計に関する議論の華が咲き、談論風発といった雰囲気になった。その会合に同席した筆者の知人が、ある折に、つくづくと、「氏のように眼を輝かせて議論するという姿勢を自分は久しく忘れていた」と述懐したものである。また、学閥のなかで育てられている院生諸君に学閥という枠組を越えた議論の場を設けようと、本年八月に、全国大学院生簿記・会計研究報告大会なるものを開催した。氏にもコメンテーターを依頼したが、特別研究休暇中にもかかわらず、快くお引受けいただいた。そして、そこでも、九人の院生諸君の報告をすべて熱心に聞いてくれたばかりか、会計の基礎概念にまでふれる鋭い質問を提起し、議論を盛り上げてくれたのであった。

こうしたエピソードには、自らを「発展途上人」と称する氏の研究姿勢が、端的に発露している。このたびの受賞作も、氏のそうした学問に対する情熱のひとつの結実に他ならない。受賞を心からお祝いするとともに、黒川会計学の体系化および良質なテキストの執筆のために、氏の今後の精進に大いに期待したい。つまらない教科書が氾濫している昨今、そのことを願っているのは、ひとり筆者だけではないはずである。

(『塾内ニュース』第九八号、一九九九年一二月)

(付記) 黒川行治教授は、慶應義塾大学における故山桝忠恕先生の研究姿勢を受け継ぐ最後の研究者であり、その研究姿勢には、筆者もかねてから敬服している。年齢的には、私より一回り下であるが、研究あるいは研究姿勢という点については、先学・後学の区別はないので、この「Ⅱ　恩師・先学を憶う」の項に収録させていただいた。

# Ⅲ　講義で共に育つ

# 講義が楽しい

## （一）

講義が楽しくてしかたない。次週の講義の時間が待ち遠しくてたまらないのだ。どんな順序でどのように講義を進めようか、そのことを一週間いつも考えているうちに、アッという間に講義日になる。しかし九〇分は、実にあっけなく終わってしまうのだ。講義が、こんなにも楽しく感じられるようになったのは、この四、五年のことである。その原因はいろいろあろうが、何といっても、少数ではあるにせよ、きわめて熱心な受講生がいることであろう。

二週間に一度ぐらいの割合で、一〇分程度、感想文を書いてもらっている。最初の一か月くらいは、もっと実践的な知識（企業会計原則に即した具体的な知識）を教えてほしいといったネガティブな反応が多い。しかし、それらに対して、私の講義の意図を繰返し説明すると、五月から六月には、私の意図を素直に理解し、多大な関心を寄せる受講生が、そう多くはないが、必ず現われるのである。それ以後の、感想文を通しての彼らとの対話は、私には実に楽しい。

そうした受講生を念頭におきながら、彼らに、自分の考えをどのように説明しようか、どのように説明したら自分の考えを理解してもらえるだろうかと思い悩むことは、本当に楽しいものだ。

（二）

私の講義の狙いは、完成品としての知識を与えることではない。あくまで、どのように論理を組み立てたらよいのか、どのように理論を構築したらよいのかという、ものの考え方を理解させることにある。まがりなりにもひとつの知識として完成されるに至るまでのプロセス、つまり知識のいわば生産過程を伝えたい、というのが私の眼目なのである。

したがって、確かな知識体系の存在を前提にして学生に分かるだけの分量の情報を与える、といった驕慢なことは考えていない。自己の知識体系が確かであるという前提にたつなら、たしかに、そうした知識のなかから、基本の理解のために学生に必要な情報量を与えてやればよいということになろう。しかしながら、私にとって問題なのは、確かな知識体系と言われるものの実相である。確かな知識と一般に考えられているもの、あるいは確かな知識だと自分が考えているものが、いかに不確かなものであるか。すべては、そのことの認識から始まるのではないだろうか。

そうであれば、まずもって知識の不確かさをはっきり自覚することこそが、本当は、何にもまして重要なことのように思えるのである。私の講義の狙いは、この点にある。そして、そのうえで、ヨリ確からしい知識にするためにはどうしたらよいのか、つまり論理的に首尾一貫した知識をどう構築するか、というプロセスを伝えることがもうひとつの狙いなのである。

そうした私の企図からすれば、講義では、自分の体験を語るより仕方ない。既存の知識体系、つまりいわゆる通説と言われるものにたいして、そのどこに、どのような疑問を自分は感じたのか、そうした問題点が生じた原因はどこにあるのか、そしてそれを自分なりにどのように是正したのか。そうした道筋を、貧しいものながら自己の経験に照らして語るより仕方ない。ああでもないこうでもないと、もがき苦しんだ自己の思考の軌跡を語るより仕方ないのである。

したがって、通説と対比しながら、徹底的に自説を語らざるを得ない。あるいは、自分の研究史を語らざるを得ないのである。講義が楽しいことの一因は、このように、自説を自由に展開している、という点にあるのかもしれない。

（三）

以上のように、講義では、自説を徹底的に説いているが、しかし、そのことは、自説そのものにこだわっているということを意味しない。あるいは自説を受け入れることを学生に要求しているのでもない。むしろ逆である。私は、私の考えを鵜呑みにしないように、再三再四強調しているのである。

もちろん、私自身は、現在のところ自説が妥当であると考えているが、しかし、それは、自説が、自分の頭で考えた自分のいわば作品だからである。その点、受講生にとっては、私の学説も、通説あるいは別の学説とまったく同じように、世間に存在する単なるひとつの考え方にすぎない。したがって、受講生が、私の学説を無条件に受け入れなければならないという理由は、まったく存在しない。いずれの学説が妥当であるのかを判断するのは、言うまでもなく受講生本人なのである。

「私の考えに賛成してくれなくてもよい、しかしどうか理解してほしい」。これが、講義の冒頭に私が必ず述べる言葉である。もちろん、自説に賛成してくれれば、嬉しい。しかし、通説の是正に関する私の方途に反対であっても、通説に抱いた、その確からしさに対する私の疑義だけは、理解してほしい。そして、別の妥当な是正策を自分で考えてほしい。さらに、通説に抱いた私の疑義に反対だとしても、一般論としてそうした疑義を抱くことの重要性だけは理解してほしい。これが、私の希望である。この点を理解してもらえれば、私の講義は、それなりに意味があったと思うからである。

結局のところ、通説に問題があるのかどうか、問題があったとして私の是正の方途が妥当であるのかどうか、それを判断するのは、受講生自身なのである。受講生自らがその妥当性を決めなければならないという事実を受講生に突き付けること、そこに、私の講義の究極の狙いがあると言ってもよいのかもしれない。基本的には、自分の頭で考え自分が得心したもの、ただそれだけを受け入れるべきなのであるが、そのことを体得してほしいというのが、私の希望なのである。

(四)

本年度(一九九八年度)春学期の最後講義が終わった後、総括的な感想を書いてもらった。そのなかから、四人ほどを紹介しておこう。

「私は、専門学校で、大学とは別個に財務会計に関する知識を学んできました。そして、私は、そこで得た知識を、この講義を受ける前までは、『会計の正論』なのだと思っていました。しかし、この講義を受けてみて、いわゆる通説とは違った視点からも、説得力のある合理的な理論があることを知ることができました。
『常識』とは恐ろしいものだと思います。誰かに最初に教えられたものを『正論』とみなして疑いの目を向けない。私は、そうなりかけていました。最初に得た知識がすべてと思いかけていたのです。しかし、そうなってはいけないと思います。仮に、今、私が向かっている資格試験に合格したとしても、このことは忘れてはならないと思いました。」

「今まで深く会計学を学んできたわけでもないのに言うのも何だが、理論においていろいろな考え方があることに驚いた。この授業でこの話を聞かなければ通説とされているものに何の疑問ももたずうのみにしていた可能性が非常に高い。常日頃から、正しいとされているものにも違った見方ができないのか、と考える癖がつけられればいいと思う。この授業で一番為になったのは、そういう考え方を知ることができたことかもしれない。今までの勉強は何かと暗記、暗記で疑問などもったこともなかったので。」

「正直に言って、この授業が前半の講義で一番充実していたと思う。確かに先生の授業は、他の先生に比べれば理論面が多く、初めはとっつきにくいと思った。しかし、自分でもいろいろ本や新聞を読み、勉強してこの授業に臨んだ結果、とてもわかり易く、また大学の授業のあり方は、本当はこういうものだとも思うようになった。ただ実践を教えるだけであれば、専門学校に行けばよい。大学は実践や現実を前提に、それを批判し、正しい理論を身につける場所であって、実践は自分でやるべきだ。それを学校でやるというのは学生の甘えであるというように思ったのもこの授業であった。だから、内容以前に大学における学び方を教わったのもこの授業であると思うし、その点非常に感謝している。」

「全体的な感想としては、私はあまりに簿記やその他の会計の勉強で一般説をうのみにしていたことを思い知らされました。勉強の姿勢（いかに疑問、反論を頭に入れながら学ぶか）を教えてくれ、とてもその点で役に立ち、自分の生き方を考えるうえでの参考になりました。」

## (五)

受講生との、感想文を媒介とした対話は、私にとり本当に楽しい。そうした対話のなかで、彼らの知的成長が垣間見えることもあるし、さらには、彼らの人柄すらもほの見えてくるように思われるのである。

かなり積極的な性格だが、また自己を対象化して見つめる怜利さを具えているように思われる智里《ちさと》チャン、幾分論理性には欠けるがたぎるような熱情に溢れている智仁《としひと》クン、大雑把だが大きな流れをつかんでいるように思われる、多分無精ヒゲがよく似合うであろう精一郎クン、幾分神経質でかなり理屈っぽそうな、しかしその反面素直そうな大輔クン。さらに大樹クンと律子サン。このお二人は、昨年度における私の会計学の講義にも、一番前に着席して熱心にノートをとっていたものだ。大樹クンはまだ幼さを残してはいるが自分の信念をもっていそうだし、税務事務所を経営し私より人生経験の豊富な律子サンは、念願叶って学士入学したこの大学で論理の世界に没入しようという初々しさをもち続けている。

これは、感想文から推量した、私の勝手な憶測である。しかし、こうした憶測をたくましくしながら、どのような講義をしようかと考えることは、実に楽しい。こんなことを話したら、大輔クンはまたムキになって反論してくるだろうか、こんな論理で結論を導出したら、智里チャンの直観を納得させることができるのではないだろうか、などと思い悩んでいるうちに、またたく間に、一週間が過ぎ去っているのだ。

秋学期が、楽しみだ。

（『交差点』第二七号、一九九八年一二月）

# 共育を目指して

作家にとり、担当編集者の反応は、気になるものらしい。編集者は、最初の読者、しかも多くの場合きわめて優れた読者なのであろうから、彼らの感想に作家が関心を寄せたとしても、不思議ではない。優秀な編集者の存在が作家の成長に大きな影響を与える、と仮定してもけっして荒唐無稽なことではないだろう。

講義における大学教員と学生との関係も、作品を媒介にしたこうした作家と編集者との関係に似ているのではないだろうか。少なくとも私にとっては、そうである。いま、自分が研究することの意義は、と問われるならば、私は、即座に、聴講する学生に説得力のある講義をしたいから、と答えるであろう。これが、この五年間ぐらいの私の心境なのである。

考えてみれば、自己の理論体系の全体像を、一年間の長きにわたり話すことができるというのは、得難い機会である。もちろん、その講義には、この一年間の自己の研究成果が織り込まれる。そうした最新の知見は、多くの場合は特定領域の部分的な改善に留まるにしても、時には自己の体系の根幹にかかわることもある。そんな場合には、前年度の講義を想起して、冷や汗三斗の思いである。いずれにしても、私にとり、自己のもっとも新しい研究の最初の読者（聞き手）は、多くの場合、学生諸君なのである。もっとも、練達した編集者とは異なり、学生は、これからその講義内容を学ぼうとする初心者であるから、安易に、作家と編集者との関係を援用することはできない。しかし、そのことを承知しつつも、最初の読者である学生諸君の反応によって自己の研究を見つめ直す、ということはきわめて重要であると私は考えている。

そんな私にとって、講義とは、いわば絶対的に確かな知識を学生に判り易いように嚙み砕いて説明する場ではない。自己のもっている知識のなかから学生が知っておくべきだけの量を与える場でもない。現在一般に妥当とみなされている見解（いわゆる通説）に対して、自分がどのような疑問を覚え、そして自分なりにどのように是正しようとしたのか。講義とは、そうした自分の思考の道筋を、学生（さらには自己）に対して明らかにする場に他ならない。

そのことを通して、一方、知識（通説）に対して懐疑することの重要性、自分で考え自分なりの解決を模索することの重要性を、学生に理解してほしいというのが私の念願である。そこでの目的は、片々たる知識の伝授ではなく、どのように考えるべきか（学び方を学ぶ）を悟ってもらうことにある。他方、講義のつど、学生諸君に感想文を書いてもらい、翌週、私なりにコメントするのを常としているが、それは、学生諸君の反応を手掛かりとして、自己の辿ってきた思考の道筋の妥当性を再点検したいからである。さらには、自己の研究を前進あるいは深化させたいからである。

講義とは、私にとって、そうした意味で、学生と私とが共に育つ場、正に共育の場なのである。

出席している学生の数は、そう多くはないが、彼らの食い入るような目付き、刺すような真剣なまなざしに身を置くとき、快い緊張感が走る。舞台における役者の気持も、もしかしたらこのようなものなのではないか、などと想像してみたりする。こうした緊張感を味得できるのも、教員の醍醐味のひとつであろう。そんなことを考える昨今である。

（『日本簿記学会ニュース』第二七号、一九九九年六月）

# 二〇〇一年度「会計学」の講義を振返って

## はじめに

今年度（二〇〇一年度）で、私が慶應義塾大学の教壇に立って、既に三〇年近くたっている。その間、私なりの思いを込めた講義をしたいと、念願してきた。もっとも、その「思いを込めた」講義というものについては、私には、ひとつのイメージがあった。それは、助手になりたての頃、何かの本で読んだのであるが、文学関係の講義で、ある大学教授は、黒板に、例えば「吾はもや安見兒得たり皆人の得がてにすとふ安見兒得たり」（「吾は今まことに、美しい安見兒を娶《めと》った。世の人々の容易に得がたいとした、美しい安見兒を娶った」斎藤茂吉著『万葉秀歌（上巻）』七九ページ）といった和歌を書き付けては、感に堪えたように、「素晴らしいですなー」と言うばかりであったというのである。どのような本にどのような方が書かれたのかも、もうまったく覚えていない。前掲の鎌足の和歌にしても、筆者の好みに従って勝手に選んだにすぎない。しかし、そうした講義風景が語られたというのは、受講者が、よほど強い感銘を受けたからなのであろう。逆に言えば、その教授が、よほどの思いを込めて、その感嘆の一語を発せられたからであろう。日本の短詩型文学のような場合には、たしかに、究極的には、「素晴らしい」といった詠歎になってしまうのかもしれない。問題は、その一語に、それまでの人生経験をかけて、どれほどの思いを込められるのか、という点なのかもしれない。

社会科学に属する会計学の場合には、そうした講義形式は、およそ不可能であろうが、しかし、研究者にとってみれば、会計学を研究するという人生を生きてきたわけであるから、会計学を講義するということは、会計学を素材として自分の人生を語るということでもあり得るわけである。そうであれば、何らかの形で思いの込もった講義があっても、不思議ではないであろう。そうした講義をしたいというのが、私の年来の願いであった。しかし、その時々においては一所懸命に講義してきたつもりではあるが、「思いを込めて」というのとは、少し違っていた。自分なりに「思いを込めた」講義になったのではないか、と多少とも思えるようになったのは、やっとこの五年ぐらいであろうか。それは、どうやら、会計理論について自分なりの全体像が、朧げにではあれ、見え始めた時期と符合しているようである。

教壇に立った当初は、当然のことながら、会計学のどこといわず、何から何まで分からなかった。したがって、講義にも自信がもてなかった。そこで、毎週、言語や日本文化に関する新書を一冊読み、講義の最後の一〇分くらい、その感想を喋ることにしていた。それはそれで、受講者に好評のようであり、また私自身にしても背景知識の涵養に役立ったが、しかし、講義それ自体の立場からすれば、逃げていたと言われても仕方ないであろう。

私は、一〇年程前に、『会計的統合の系譜』（一九八九年）という研究書を出版したが、それは、私の専門とする会計構造に関するそれまでの研究を総括したものであり、それ以後、会計学を構成するもうひとつの領域である会計測定の研究に向かったのであった。会計構造を基底にした会計測定の研究を五年ほど続けているうちに、何やら、輪郭はいまだ定かではなく、濃霧のなかに見え隠れするようなものではあったにせよ、会計の全体像が、見えてきたのであった。その後の五年間ほどは、講義をしていて、やっと、「思いを込めた」という実感が湧いてきたのである。

そのためであろうか、講義は、私にとりきわめて楽しいものになった。講義が終わると、翌週の講義が待ち遠しく、その準備で一週間がアッという間に過ぎ去ってしまう、という按配であった。とりわけ今年度は、ひときわ熱心な受講生に恵まれたこともあって、きわめて楽しかった。しかも、前年度が、研究休暇であったこともあり、心身の疲れがすっかりとれたので、講義の準備に没入できた。そこで、今年度は、一切、資料・講義ノートに依存することなく、九〇分間を、すべてその時々の自分の言葉で喋ることにした。そのために、講義日の水曜日は、一時間早く起きることにした。例年は、五時半に起床し、途中のファミレスで食事をした後、一時間くらい予習してから、大学に九時に着くのを常としていた。しかし、今年は、四時半に起き、ファミレスで予習する時間を二時間にした。朝が早い分、高速道路がすいているので、その時間短縮もあり、ファミレスで十分な予習ができた。もっとも、いくら喋ることを準備しておいても、結局は、その場で、即興的に言葉を紡ぎ出さなくてはならないのであるから、常日頃、自分が思っていること、考えていることが、口を衝いて出ることになる。そのかぎりにおいて、自分の思いを込めた講義になっていたのではないか、と考えている。

私は、毎週、最後の一〇分間ほどで、受講生に感想文を書いてもらっている。それを参考にして翌週の講義計画を考え直すとともに、受講生の感想に対して私なりの寸評を加えるのである。そこで、この感想文を手掛かりにして、今年度の「会計学」の講義を振返ってみよう。

以上のように、講義において、自分の思いを語ることを目標にしており、しかも、それが、自分なりの理論の体系が見えてきた時期に実感されたのであるが、そのように言うと、おそらく、私の学説を一方的に述べ立てているといった印象を与えるかもしれない。しかし、けっしてそうではない。むしろ、まったく逆である。私の講義の方針は、受講生みずからに考えさせ、みずからの力で理論の是非を判断できるようにすることにある。つまり、通説とか一般にきわめて当然のこととみなされているいわゆる常識にも、すべて疑問を投げかけ、自分なりに再検討してみて、その結果、自分が妥当と考えたものだけを受入れるべきことを、理解させ実践させることにある。デカルト風に言えば、「自分が得心ゆくものだけを納得せよ」ということになろうか。

日本の社会では、一般に、知識というものは、記憶すべき対象と化しており、みずからが生み出すものとは考えられていないようである。したがって、学生には、一般に広く行き渡っている通説が、骨の髄まで刷り込まれている。それは、いわば信仰の域にまで達しており、その是非を問うという発想は、きわめて希薄である。極言すれば、通説をひたすら覚えるという作業が、勉強だとみなされているのではないだろうか。

そこで、受講者に刷り込まれている通説あるいは彼等の常識のひとつひとつを自分の頭で考え直し、その当否を自分で判断したうえで、自分なりの考えを自分で再構築する、ということの重要性を認識させる点に、講義の最大の狙いをおいている。

そのためには、まず第一段階として、刷り込まれている通説あるいは常識なるものの実相を、明らかにしなければならない。つまり体系内的にはいかに自己矛盾を含んだものであるか、そして説明対象との関連ではいかに合理的に説明していないか、ということを受講生に明らかにすることが、不可欠になるわけである。そのうえで、第二段階として、内的に論理的整合性を保持しつつ、説明対象を合理的に説明できるような理論体系の構築の必要性を力説することになる。しかし、その場合にも、重要なことは、本質的にはあるいは基本的にはみずからの頭で考えみずからの力でそうした理論体系を構築しなければならない、ということを受講生に自覚させることなのである。

ただし、言うまでもないことであるが、そのことを、初学者である受講生に要求することは、およそ不可能である。そこで、私の考えたことを述べる出番が回ってくるのである。つまり、いわば解決のひとつの例示として、私の学説を持ち出すわけである。

しかし、私の講義の狙いは、いわば模範解答としての私の学説を解説すること自体にあるのではない。あくまで通説あるいは常識のどこに疑念を覚え、その問題点を私なりにどのように是正しようとしたのか、という私なりの悩みのプロセスを、ひとつの例示として提起するにすぎない。そうした自分なりのひとつの例示をすることもできずに（つまり、自分なりの解決を自分の頭でひねり出すこともできずに）、受講生に、自分の頭で考えて解決せよ、というのはあまりに無責任であろう。したがって、自分なりに行きつ戻りつした試行錯誤のプロセスを、ひとつの考え方として提示したうえで、あとは自分の頭で判断しなさい、と突き放すわけである。

私の解決方向がひとつの例示にしかすぎないいじょう、そのさいに私が口を酸っぱくして言うことは、この解決方向の是非を判断するのは、受講生自体であり、けっして私の提示した解決方向を鵜呑みにしてはならない、という点である。私にはこの解決方向が得心がゆくのであるが、受講生にとって得心がゆくかどうかは、受講生一人一人が、みずからに問わなければならない。仮に得心がいった場合にも、暫定的に受け入れておくべきであり、最終的には他の学説とよく比較検討してから自分で決定すべきこと、もし得心がゆかなければ、積極的に他の学説を尋ねること、それでも得心がゆかない場合には自分で考え出さなくてはならないと覚悟すべきことを、私はくどいほどに念を押すのである。

私が、自分の悩んだプロセスそして解決方向を述べることは、研究者としての私の思いを語ることに他ならない。ひいては研究者としての私の人生を語ることに他ならない。しかし、ひとつの例示としてではあるが、そうした私の解決方向を語ることができるようになったのは、恥ずかしながら、微かにせよ会計の全体像が見えるようになった、たかだかこの五年ぐらいのものなのである。

思いを込めて講義できるようになった、ということの意味は、私にとり、以上のようなものなのである。こうした私の意図は、さいわいなことに、最終的には、受講生にきちんと理解されているようである。例えば二年前の受講生であるが、その最終講義の後に、次のような感想を述べている。

「笠井先生が日頃からおっしゃっているのは、「地図の読み方は教えてあげるから、あとは、他人が登るからというのではなく、自分の考えで登りたいルートを自分で決め、自分で登ればよい」、ということだと私は理解しています。」

私は、この感想文を読んだとき、私の狙いをきわめて適確に読み取ってくれたことが、本当に嬉しかった。そしてその比喩も巧みなので、以後、私の講義の意図を述べるにさいして、この表現を借用させてもらっている。

（二）

以上のように、講義の目的を、私の学説の解説・普及にではなく、受講生の思考力の涵養に絞ったことには、理由がないではない。私のささやかな学会活動における体験が、そのひとつの遠因をなしていると言ってよいであろう。もっとも学会活動といっても、私は、自分の研究領域にかかわる日本簿記学会が中心であったし、しかも、その当初は、もっぱら報告会場での議論に参加することに関心があった。懇親会に出席しだしたのは、記憶は定かではないが、教授になってからのことだろうか。したがって、学会の実態など、知る由もなかった。その辺につき多少とも分かるようになったのは、簿記学会の理事になってからのことである。理事になりたての頃、その懇親会の席で、たまたま隣り合わせたメジャーな学閥に属する或る理事が、談笑の合間にとんでもないことを言い出した。「笠井さん、私は、簿記などに、まったく関心がないんですよ」というのである。たしかに、この方の簿記に関する論文は、ついぞ読んだことがなかった。へべれけに酔っぱらっていたので、思わず本音を洩らしてしまったのであろうが、その同じ学閥の先輩で、簿記学会の要職を占めていた方も、やはり、とりたてて簿記に関心があるとは思われなかった。これらの方々にとって学会とは何なのか、その意義が私にはよく分からなかった。それは今でもよく分からないところであるが、あるいは、メジャーな学閥として、ポストを確保しておきたかったからなのであろうか。

いずれにしても、浅墓にも、学会というのは、その専門領域に関心をもつ研究者が参加しており、とりわけ理事などというのは、そのエキスパートばかりだと信じ切っていた私には、きわめてショックだった。そして、これでは学会の研究活動は活性化しないのではないか、という疑念が頭をもたげたものであった。

しかし、それは、ほんの序曲であった。関西で開催された大会で、理事会・懇親会ではひどく張り切っていた、やはり別のメジャーな学閥に属する或る理事が、「二次試験の採点があるので、これで失礼します」と言って、帰って行かれた。私は、一瞬、「二次試験の解答用紙をホテルに持参してよいのであろうか」などといった疑問が浮かび、びっくりしてしまった。というのは、私には、理事であるいじょう、当然、翌日の統一論題の議論に参加するはずだ、という思い込みがあったからである。しかし、どうやら、東京の自宅に帰ってしまったようなのである。理事会・懇親会と統一論題討論会との二者択一を迫られた場合、私なら、一も二もなく後者を選択するであろう。後者こそが、学会活動の本質部分であり、そこに積極的に関与することこそ、理事の本務であるように私には思われるからである。しかし、この方にとって、理論研究に関する議論を活性化させるためにではなく、理事会を切り回すことによって、自己あるいは自己がその頂点に立つ学閥の影響力あるいは発言力を確保することに関心があるのではないか、とすら思われたことであった。これで学会の研究活動が活性化するのか、という疑念はますますつのってきたものである。

簿記学会も、何年か前から、理事は選挙によって選出されるようになった。初めて選挙が行なわれた大会は、例年とは異なり、何やらザワついていた。期末試験期間中に、大学キャンパスにゆくと、我が大学には、こんなにも学生がいたのかと驚かされるが、その時とまったく同じ感じを受けたのである。それはともかく、その折、やはりメジャーな或る学閥の総師とも言える方から、六人の名前が記されたコピーを渡された。この方々に投票してほしいと言うのである。そこに記載された方々の多くは、当選されたようであるから、かなりの範囲にそのコピーは配られたのかもしれない。その御苦労のほどがしのばれたことであったが、しかし、それまで研究者として尊敬していた方だけに、失望を禁じ得なかった。当選された理事のなかには、複式簿記の研究に関する論文を書かれたことのない方もいるようである。つまり、その分だけ、メジャーな学閥には属さないが、複式簿記研究に真摯に打ち込み業績もあげている研究者が、理事から排除されたということになろう。学会とは、自分の弟子等に理事というポストを与えるための組織なのであろうか。これでは、学会の研究活動が活性化するとは思われない。一体、学会とは何なのであろうか、そんな思いに襲われたことであった。

以上のような私のきわめて限られた体験からも、学閥というものの存在の大きさに、気付かざるを得なかった。理事のポストにしても、当該学会の研究活動に相応しいという視点によって選ばれるのではなく、少なくとも結果的にはメジャーな学閥間の力学のなかで配分されているようであるし、他方、メジャーな学閥内においては、論功行賞的な意味合いをもっているのかもしれない。

こうした学閥というものが、現実的にこのような支配的な力をもっているとしたら、研究の側面にも影響を与えずにはおかないであろう。つまり、本来的に研究者自身の内発性に任せられるべき研究方向が、学閥の総師の研究枠組によって規定されかねない、というおそれがあるということである。この点につき、醍醐聰氏は、「傘下の若手研究者が、宗主への忠誠の証しを立てるかのように、宗主の文献を、取り立てて必要もない箇所で引用する様は、卑屈さを通り越して痛々しい」(醍醐聰稿「二一世紀の会計学のために」『企業会計』第五〇巻第六号、九一ページ)と指摘されているが、残念ながら、正鵠を射ていると言わざるを得ない。日本に独創的な研究が少ないというのも、学閥というしがらみの存在にも、その原因があるのではないかとすら思われるのである。

いずれにしても、日本では、成績とか偏差値とかによって輪切りにされて、たまたま帰属した学閥の総師の研究枠組によって、本来、自己の信念に従ってのみ選択されるべき研究方向が、終生、規定されかねないのである。しかし、私は、あくまで自分の考えるところに従って、自分の研究方向を決めたい。そうであれば、第三者にも、そうした自由を確保しておかなければならない。現在、大学院博士課程に在籍している田口聡志君は、デリバティブを、私の依拠する企業資本等式における派遣分概念によって説明しようと試みているが、彼にも、派遣分概念による説明が困難であると感じた時は何時でも、企業資本等式説を離れて自分の思う道を進むよう、くどいほど念を押している。教員の大学間の移動がごく限られている現在、各研究者が自己の信念だけに従って研究を行なうことは、言うに易く行なうに難いことなのである。もっとも田口君の場合には、私が指導教授になったので企業資本等式説を選択したのではなく、企業資本等式説の妥当性をある程度確認したので、私を指導教授にしたのである。したがって、田口君からすれば、余計なお節介ということになるのかもしれない。それに、指導教授自身が、自己の学説を何時でも放棄してよいと言うのも、ある意味では奇妙なことであろう。しかし、日本の研究者養成が、こうした学閥としての大学によってなされているいじょう、私としては、せめて、田口君が、常に自らの信念に従って研究できるような状況を作っておいてあげたいと思うわけである。

私の考えが以上のようなものであるかぎり、学部の講義においても、受講生諸君に、自分で自分の研究方向を決定する自由を留保しておかなければならない。そうであれば、私の学説を一方的に解説するという講義形態は、おのずと否定されざるを得ない。その結論の是非については受講生が決めなければならない、という大前提をあらかじめ設定しておかなければならない。そのうえで、私が通説に対してどのような疑念を抱き、私なりにどのように解決しようとしたのか、という私なりの結論に至るプロセスを明らかにすることが、つまり私の結論そのものではなく、私なりの解決の仕方を明らかにすることが、講義の目的になるわけである。そして、そのことが、同時に、私なりの研究人生を語ることにもなるわけであり、また思いを込めた講義になるのではないか、と私は考えるのである。

（二）

以上のように、「通説を鵜呑みにするのではなく」、「自分の頭で考え」、「自分が得心するものだけを納得する」という姿勢を、いわば会計学を素材として受講生に体得してもらうことに、講義の目的をおいているいじょう、まずもってすべき作業は、複式簿記等の講義により既に刷り込まれている受講生の知識が、いかに不確かなものであるか、その事実を受講生に徹底的に自覚させることである。部分的にはそれなりの説明はつくとしても、それら相互の関係を視野に入れれば、全体としては、自己矛盾を含んでしまっており破綻しているような知識が、会計には瀰漫している。そうした自己矛盾の存在をはっきりと意識させることによって、つまり自分たちのもっている知識の不確かさを認知させることによって、受講者の自信を喪失させる作業が、当面の課題となる。自分たちの持ち合わせの知識がいかに根拠のないものであるか、それをはっきり自覚・認知させることは、これまでの経験からすれば、受講者のその後の講義に対するスタンスに決定的に影響するのである。

商品を掛けで購入した場合、一般的には現金購入の場合より、その価格は高い。例えば現金購入の場合には一〇〇、掛け購入の場合には一一〇であったとすると、今日、一般的には、［商品一〇〇、現金一〇〇］［商品一一〇、買掛金一一〇］と仕訳される。支払いの仕方の相違（現金支払いか後払いか）によって、同一の商品に、異なった測定値が割り当てられているのである。そこで、このことをどう考えるか、受講生に問い掛けるわけである。通信教育部のサマースクーリングの講義であれば、必ず自分の意見を述べる受講生がいるが、四年制大学における講義の場合には、それは、まったく期待できない。私のほうも、誰かに答えさせることはしない。講義の場で応答することに慣れていない日本の学生に、この段階でそれをさせると、拒否反応が広がり、かえって、授業効果を損ねてしまうからである。ただそのような問い掛けをし、暫く考えさせることが、重要なのである。その効果は、最後に書かせる感想文に、てきめんに出てくる。きわめて多様な考え方が述べられているのである。そこで、それを手掛かりにして、翌週、そうした考え方の問題点を逐一批判してゆくのである。そうした批判のために、どのような問題点をどのように説明しようかと考えるなかで、その問題点が整理されたり、他の理論的問題点との繋がりが判明することもあり、私自身にとっても、有意味であることが多い。したがって、受講生の感想文における反応を知ることは、私にとりきわめて楽しい作業なのである。

こうした私の講義の方針そのものには、受講生は、賛同してくれているようである。若干の感想文を示そう。

「今日もそうなんですが、先生の講義には、何か聞いている私達学生の側との対話というようなものを感じます。私自身も、他の先生の講義よりも、その場で参加しているような意識を感じています。いわゆる通説的なものを理解するだけであれば、自分自身で本を読めば十分できます。しかし、このような対話というものは、講義でしかできないものであり、非常に有意義なものではないかと思います。先生もおっしゃっていましたが、こういった教師と学生の双方向の働きかけによって、お互い高めあっていけるのではないかと思い、これからも、積極的にこの場を利用させていただきます。」

「授業の最初に、先生が他の学生の感想文をきかせてくださいますが、これを聞いていると、他の学生の進歩がよくわかり、自分も負けられないと感じます。よく考えてみれば、先生が強調されている姿勢は、大学生なら当然もっていなくてはならないものですが、今の大学生のほとんどが、その姿勢を持っていないような気がします。実際、自分も当初はありませんでしたが、この授業を受けているうちに自然と身についてきている気がします。」

「毎回ながら思うのは、先生が他の学生の感想文を読むのを聞いていると、皆非常にこの授業の内容を深く考えていて、僕ももっと真剣にとりくまねばならないということです。その意味でも、先生が学生の感想文を読んでくださることは、自省につながり、非常に役立つと思います。」

このような参加意識をもたせることが、一年間の講義を有効に行なうための不可欠の条件であるが、今年度は、これが、例年に比べかなりうまくいったようであり、次のような感想文も見られ、私を元気づけてくれた。

「私が最も強く感じたのは授業のあり方が他の授業とはかなり違っている事である。四年の私は、今までに多くの授業を受けてきたが、先生の授業は、『考える授業』という特色を強く持っているのではないだろうか。就職活動を終えて、この授業に参加した時、私は、最初に授業ではなくゼミに参加しているような感じを受けた。」

今年度の講義は、冒頭に述べたように、とりわけ手応えを感じ、楽しいものであったが、それは、ゼミ意識に似たような参加意識を受講生が早期にもってくれたことに因るのであろう。この感想文を読んで、私は、いっそう張り切ったのであった。

いずれにしても、複式簿記の学習等で既に刷り込まれている会計のいわゆるルールが、必ずしも妥当ではないこと、したがってそのルールが妥当であるかどうかは、各自が考えなければならないことを認識させることの重要性を、日本の会計教育は、あまりにも疎かにしてきたのではないだろうか。この点を基点に据えないかぎり、妥当なルールの形成、つまり妥当な会計理論の構築など、夢のまた夢ということになりかねないであろう。今年度は、一方、伝統的な問題としては、売掛金・貸付金・割引債等の処理方法にきわめて論理的整合性が欠けていることを具体的に示し、首尾一貫した説明理論の構築の必要性を力説した。他方、最近の問題として、有価証券の時価評価とその損益の性質について、どれほど異なった根拠が主張されているかを示し、そのうちのどれが妥当なのかを自分の頭で考えなければならないことを強調したのであった。

しかし、ある意味で当然のことながら、私のこうした講義の在り方は、当初は、受講生にとり、きわめて違和感があり、さらには反発すらあったようである。そうした赤裸々な心境が、最終講義の後における最後の感想文において、次のように率直に吐露されていた。

「春学期の講義を聞いて、まずはじめの二ヶ月ほどは、相当反発していた。私の二回目の感想文が読まれたことがあるが、まさにその様に感じていた。しかし、徐々に、先生の様な考え方も存在するのかという驚きと興味にかわっていった。先生の考え方をただつきはなしているのでは、私の頭の中は旧来の会計学説から進歩しない。新しい考え、価値観を聞き、受入れ、そして吟味して、自分は進歩するのだと思えるようになった。」

「今回、この会計学の授業を通じて、自分の勉強に取り組む姿勢が変わったように思います。四月に授業を聞いた時、自分は別のところで会計学を勉強していた事もあり、先生の考えに反発し素直に授業を受ける事ができず、授業に出ない時期もありました。しかし、先生の授業を受けていくにつれ、段々と先生のおっしゃっている事が理解できるようになったと思います。通説などをうのみにするのではなく、常に自分の頭で考え納得する事、部分で考えるのではなく全体として物事・理論を捉え、自分なりに理論を構築・体系化する事。今となっては、意地を張って授業に出なかった事を後悔しています。未だ十分に会計学についての理解ができたとは言えませんが、これからも、先生の授業で得た事を自分の勉強に活かしていきたいと思います。」

「今日、最後に感想文（どうして論理的に首尾一貫している必要性があるのか、有用性があれば、論理的整合性がなくてもよいのではないか、という内容の感想文……笠井註）が読まれたが、それを聞いて、四月頃の自分を思い出した。その頃は、自分も、共に講義を受けている友人も、その人と似たようなことを考え、先生の考え方への疑問を言い合ったものである。しかし、四月、五月に先生の会計学プロパーとは言えないような説得的な論証により、凝り固まった頭がやわらいだものである。

ただ自分も役立ち絶対主義の考え方を捨てるのに、一月以上も要したことから見ても、いかに世の中にこの役立ちの視点というスリコミが幅をきかせているかがわかろうというものである。

単に少し会計に興味を持ったという事をきっかけに、このように貴重な経験を、社会に出る前に得られたことは、『自分は大学で学んだ』と胸を張って言える大切な出来事であった。先生には、是非とも来年以降も頑張っていただき、このように目から鱗が落ちる思いを多くの学生にさせていただきたいと思う。

一年間、本当にありがとうございました。この経験を無駄にしないよう、社会でも頑張っていきたい。」

そうした反発があることは、毎回の感想文のなかに、もっと制度および会計基準の話をしてほしい、あるいは具体的な勘定および処理方法を教えてほしいという要望が多数あるので、ある程度理解していたつもりではいたが、これほどとは思わなかった。前記の学生は、最後までよく出席したので、最初の心境を率直に記してくれたのであろう。自分の教師としての未熟さを考えさせられるとともに、そのまま授業に出席しなくなってしまう学生への対策をとらなくてはと思い知らされたことであった。

（三）

自分の知識の不確かさ、あるいはいわゆる通説なるものに存在する論理的整合性の欠如および説明対象の説明に関する不十分さを受講生がそれなりに自覚するようになるのは、たいてい五月末か六月初旬の頃であろうか。こうして受講生が、自己の知識あるいは通説に対して自信を喪失したりあるいは疑念を覚えるようになったりする時期を見計らって、会計学を構成する会計構造および会計測定の具体的問題を取り上げ、私なりの解決の仕方を提示するのである。会計構造に関する諸問題は六月・七月、会計測定に関するそれは秋学期で取扱うことになる。したがって、春学期にも、具体的な論点を取り上げているのではあるが、しかし、受講生には、前半の自己の知識あるいは通説の妥当性に関する信頼性の崩壊が、とりわけ印象深いようである。そこで、春学期最後の感想文によって、春学期の総括をしておこう。

「四月から約三カ月間授業を受けての感想ですが、正直衝撃的でした。最初のほうの授業では、今ある会計の思考に対し、疑いの目を向け、生徒に考えることを要求されました。以前に会計学を学んだことがあったので、とまどったのをおぼえています。教えられた内容は全て正しいものと思い込んでいたからです。今になって考えれば、現行の会計理論が絶対的なものではないと改めて実感しています。先生のおっしゃるように、常に物事を疑うということを意識するようにはなりましたが、まだ十分ではありません。またそこで疑問に思ったとしても、その疑問を解決する力はもちろんないため、もどかしく思うこともあります。」

「今まで自分は、教科書なら教科書をうのみにしていたような気がします。公式を丸暗記といったようにしてなるべく時間をかけないでその学問の知識を身につけようとしていました。でも、この授業に出るようになって、自分が納得して初めて体系的に理解できるのだと思いました。部分部分を知ったって、そのつながり、意図、背景を理解していないと結局は分ったつもりで何も分っていないのではないかと思うようになりました。」

「私は先生の講義を聴くまで、簿記の計算は与えられた規則にそのまま従い、本質的な意味を理解することをせず処理を行ってきました。しかし、この講義で、会計学だけではなくあらゆる分野において、ただ単に暗記するのではなく、その根底にある本質を理解することの重要性を学び、勉強することに対する意欲・興味がより一層深まりました。

先生は、少数説であるとおっしゃっていますが、その説を聴くと、どれも理に適っているように思います。今までの、多数説が絶対であるという私の偏見が取り除かれ、新しい世界が見えたかのような感動を覚えました。

今後もぜひ後輩たちにこのような講義をしていってください。」

「この授業では、春学期がとても短く感じられました。他の科目と同じ回数の講義を受けたにも関わらず、なぜこれほど、他の科目との差を感じたのであろうか。

先生の講義は、単なる知識を伝達するものではなく、会計学そのもののあり方を持論をふまえ、考えさせて下さる講義だと思います。一時間半の授業時間は中身が濃く、その分、熱中して聴かせて頂いています。毎回毎回の理解が重要で、先生のおっしゃる『緊張して講義を聴く』という事の大切さが分かりました。」

「最初のうちはよく理解できず、つらい授業だと思っていたのですが、何度も授業をうけていくうちに、徐々に授業の内容も分かるようになり、会計の面白さが感じられるようになりました。

この授業を受けていくに従って、一般的になされている仕訳についても、なぜこういう仕訳をするのだろうと考える習慣がついてきた。今まではよく考えずに授業を聞いていたのも、本当にそれで良いのだろうかと、自分の中で考えてみることによって、更に理解が深まると思われる。

授業のなかで、先生は自分の考え方を異端であると、前置きをしてから話をされることが多いが、異端であるかどうかということよりも、理論的にそれが妥当であるかどうかを考えることが重要であり、この授業でそのような考え方ができるようになった事が、春学期の授業を通じて、履修して良かった点の一つである。」

「私は最近あらゆる物事について『分かっていない』と気付く機会が増えています。それは自信を持っていた自分にとってはショックなことなのですが、しかし、『分かったつもり』になっていて本を読み流していた頃のことを考えると恐ろしくなります。そういった虚構の『自信』をこれまでの講義で壊すことができたと思います。

また、常に問題意識を持つという態度も少しずつですが身に付いてきたと思います。資料を探すときなどはこの意識は大変役に立ちます。これからも一歩ずつ『徒労』を繰り返して成長していきたいと考えています。」

「私は、先生が授業の最初に話された学生の意識みたいなものについて、実際、自分自身、あらゆる場面で自分の力不足というか、危機感のようなものを感じていたので、非常に思うところがありました。今の学生は、妙な自信を持っていて、自分の非を認めない。そのために前進できないという指摘は、水を掛けられるような感じでハッとしました。現在どの程度自分に知識や能力があるかよりも、もっと理解を深めたい、向上したいというような意識を心のなかに持っていることのほうが重要なのではないかと、感じられました。心に刻んでおきたいと思います。」

私は、受講生の多くが、当初に比べて、はるかに進歩していることを実感した。なによりも、感想文の文章が格段に良くなっているのである。ただし誤字の多さには驚かされるが、これは、手書きの機会が局限されている現在、やむを得ないことなのであろう（本稿で引用する学生の感想文・レポートについて、誤字についてだけは訂正してある）。その点に目を瞑れば、少しずつ文章の体をなしてきているのである。多くは、僅か五〇〇字程度の小文であるが、毎週続けていると、きわめて大きな効果があることが分かる。こうした真摯な受講生諸君と共に、会計学を学べることとの仕合せを感じないわけにはゆかない。自分も、夏休みにうんと勉強して秋学期に備えよう、と思ったことであった。

（四）

通説の問題点を是正し、論理的整合性を保持しつつ説明対象を合理的に説明できる説明理論を構築するという段階において、私なりの解決の仕方を持ち出すのであるが、しかし、前述のように、けっして模範解答としてではなく、ひとつの例示として提起するのである。したがって、その妥当性については、受講生みずからが決定すべきこと、さらには、本来的には受講生みずからが自分に得心のゆく理論体系を構築すべきことを強調することになる。そうした私のスタンスからすると、彼等が理論構築を企図した場合に留意すべき事項がきわめて重要な問題になる。つまり、理論構築にさいして一般的に問題になる、「考え方」といった表現で一括りされる事項にも、言及せざるを得ないわけである。そこで、今年は、そうした考え方の問題として重要な論点を、会計学の具体的な問題に即して説明することを意識して、そのために適当と思われる課題を一〇個ほど選び、宿題として課すことにした。もっとも、その多くは、拙著『会計の論理』でふれているので、その当該箇所の要約と感想とを求めるのである。今年度は、まずワルプ理論により、カンヌキ関係という新しい概念の必要性と、理想型という考え方の必要性とを取り上げた。

ワルプ理論は、周知のように、貸借対照表にも損益計算をさせようとする代表的な理論であり、日本の会計構造研究にも大きな影響を与えている。この理論の基本的思考は、企業の経済生活を給付と収支との対流関係として構成する点にあるが、その場合にも、その損益計算書と貸借対照表とは、振替関係にあると説明されている。提唱者のワルプ自身によっても、そのように主張されているし、また一般的にも、そのように理解されているのである。しかし、その基本的思考から純粋に論理的に言えることに限定するかぎり、ワルプの想定した損益計算書と貸借対照表とに振替関係があるとは、私にはとうてい思われない。そこで、私は、カンヌキ関係という新しい概念を創設し、ワルプ理論における損益計算書と貸借対照表との関係をカンヌキ関係として説明したのである。さらに、ワルプ理論を首尾一貫した体系として再構成し、［給付・収支の対流関係→振替関係］という提唱者および一般的理解によるワルプ理論のシェーマは、［給付・収支の対流関係→カンヌキ関係］というシェーマに改変されなければならない、と主張したのである。これが、私の言う理想型に他ならない。

このカンヌキ関係という概念は、会計構造そのものが必ずしも重視されない今日の学界では、認知されていない。しかし、この概念の存在を予定しないかぎり、ワルプ理論を妥当に理解し得ないし、さらには諸会計構造学説の関係を合理的に説明できないはずなのである。この概念は、他の研究者には存在しないとしても、私にとっては、存在するのである。他の研究者には見えないとしても、私には見えるのである。こうした機微を語ることは、私などの乏しい表現力では難しい。そこで、今回は、陶芸家ではあるが、寸鉄人を刺すような表現で事の実相を剔抉してみせる河井寛次郎の言葉「何もない――見ればある」を借用することにした。あるかないか、見えるか見えないか、それは、正に紙一重の差なのである。その紙一重の差を越えるかどうかによって、特定の或る学説の実相、諸会計構造学説の関係を合理的に説明することが、可能になるのである。

他方、このことは、理論と実践との関係についても、重要な問題を提起する。その理想型［給付・収支の対流関係→カンヌキ関係］とは異なって、［給付・収支の対流関係→振替関係］としてワルプ理論が主張されまた一般に理解されているというのは、現行会計においては振替関係が実践されていることに、その原因が求められるであろう。つまり、そうした現行会計実践に、理論が影響されてしまったのである。そのことは、種々の問題を投げかけている。まずワルプ理論に、論理的整合性が欠けてしまったことである。こうした論理的整合性の欠如した「理論」によって、実践を説明したとか説明していないとかといったことを議論しても、無意味なのではないだろうか。或る理論体系が実践を説明したと言い得るためには、まずもってその理論は、内的に首尾一貫した体系でなければならないはずである。こうした内的な首尾一貫性を具えた理論体系が、筆者の言う理想型に他ならない。いずれにせよ、この問題は、理論と実践との関係という、理論構築にさいして一般的に考慮しておかなければならない論点のはずである。したがって、この点について受講生の注意を喚起しておく必要があると思い、ワルプ理論を宿題として取り上げたのである。

私が、実践からの干渉を排除した理想型の構築ということを持ち出すと、多くの受講生は、私が、実践を軽視していると理解するようである。そこで、今回は、拙著でその点をも説明した部分を宿題の範囲に含めておいた。そのためであろうか、さいわい、次のようなレポートから推察すると、この点についても、受講生の納得を得たようである。

「今回、教科書を読み、ワルプ理論の具体的検討を通じて、改めて先生の研究における、大きな視点からの問題意識を感じ取る事ができたと思った。すなわち、実践を無視する事は間違ってもしないが、かといって実践に追従してそれにまどわされる事もなく、その本質を捉えてより良い説明理論を検討していこうというものである。前回講義中に読まれた感想文の中には、『先生は実践を無視していらっしゃる』という意見も散見されましたが、今回の宿題によってそれが全くの誤解であった事に気付かされたと思います。」

「実務は実務で現実的な束縛のなかで生まれてきた慣習のようなものであることはそれはそれで尊重するが、それに学問が引っ張られて理論を作るのでは学問の意味が無い。実践とは離れた抽象的な世界での純粋な論理的整合性のある理論体系の構築こそ学問の担うものであると考える。そうでないと、学問は実践に振り回され、現行の制度をもっともらしい論理で追認するだけの役割しか果たせなくなってしまうであろう。」

（五）

会計は、一般に資本利益計算とも言われているように、特定の資本概念を前提にして、それを超過する回収額を利益とする計算体系である。そこでは、維持されるべき資本の考え方が、その計算体系を根本的に規定するのである。したがって、資本維持概念についての研究書はきわめて多いが、その大部分が、資本維持学説に関する個別的な研究にとどまっており、その概念の会計測定全般における位置づけを明らかにしているのは、あまりない。この点について明確に論じたものとしては、田中茂次氏の著作を指摘することができよう。そこでは、会計測定を律する枠組として、資本維持概念と資産評価概念というふたつのメルクマールを措定し、前者が全体利益を、そして後者が期間利益を規定するものと位置づけられている。そして、名目資本維持概念を例にして、この資本維持によって算出される同一の全体利益額が、取得原価・取替原価等の資産評価基準の相違によって、異なった期間利益額をもたらすことを実際に示しているのである。

私は、田中氏の依頼によって、その著作『会計言語の構造』についての書評をものしたことがある（『会計』一九九六年四月号）。田中氏によれば、会計理論は、複式簿記一般理論と損益計算一般理論とから構成されているのであるが、もっぱら前者の複式簿記一般理論を取り扱った著作について、書評を依頼されたのであった。しかし、そのような場合にも、私は、著者の会計の全体像を把握したうえで、当該書評を書くのが常だった。言うまでもなく、その全体像を知ることなく、部分領域を妥当に理解することなど、およそ不可能だからである。そのため、特定領域に関する書評と言っても、きわめて多くの時間をとられてしまうのであるが、その反面、勉強になることも少なくない。このたびも、そうだった。田中氏の損益計算一般理論を読み、とりわけその全体利益および期間利益を資本維持概念および資産評価概念に関連づけるという枠組に、大変興味をそそられた。当面の書評対象の著作などよりはるかに面白く、その考え方の本質を理解することに熱中したものである。そのプロセスで、資本維持概念と資産評価概念とが、同じレヴェルにあることが、どうしても納得できなかった。そこで、田中氏の示す具体的な事例につき、その内在的論理を検討したのであるが、その結果、「特定の資本概念によって規定された同一の全体利益額が、資産評価基準によって異なった利益額として諸期間に配分される」という田中氏の基本的命題が、一般的には成立しないことに気付いた。田中氏の具体的事例において、実体資本維持概念の場合、資産評価基準が取得原価でも取替原価でも、期間利益額は同じになっているのであった。つまり、田中氏は、前述の基本的命題が成立する名目資本維持概念を例示することによって、その基本的命題があたかも一般的に成立するかのような表現をされていたのである。

それはともかく、あくまで直観的にではあるが、その基本命題そのものは、有効であるように私には思われた。そこで、最初にひっかかりを感じた資本維持概念と資産評価概念とのレヴェルの相違の重要性に気付いたのであった。その点を自分なりに検討した結果、資産評価基準に換えて、損益認識段階という概念を措定し、資本維持概念と損益認識段階概念とが全体利益と期間利益とを規定するという命題に修正して、拙著『会計の論理』に組み込ませていただいたのである。

このことは、私にとり、理論構築の在り方に関してきわめて貴重な体験となった。すなわち、まず第一は、特定の命題を安易に一般化することの危険性についてである。研究者は、ともすれば自己の見出した原則とか命題とかに一般性・普遍性を与えたい欲求にかられる。そのために、その原則・命題の説明に都合のよい事例に着目しがちである。そのことは、自分の心に聴いてみても、否めないところである。したがって、この点には、よくよく戒心しなければならないと思ったことであった。第二は、概念のレヴェルあるいは階層の違いの重要性である。ふたつの概念を対立的に措定した場合、我々の関心は、ともすれば、それからもたらされる結果に向かいがちである。その場合、結果が明らかにおかしければ、措定した概念そのものを再検討することに思い至るであろうが、結果そのものは、特に変哲がないケースもあり得るのである。したがって、日常の研究作業において、概念の階層を揃えることにたえず留意しておくことが必要だ、とつくづく思ったことであった。そして第三は、他の理論体系における命題の借用に関する微妙さについてである。田中理論は、結論的には、現行企業会計の説明理論としては妥当ではないと私は考えている。田中理論の優れている点は、営利企業会計、非営利法人会計、あるいは社会会計等（における会計報告書）の関係をうまく説明できることにある。それを可能にしたのは、勘定分類の転換とか相殺とかの手法の許容である。しかしながら、こと企業会計に関するかぎり、勘定分類の転換とか相殺とかの手法を用いることはできない。したがって、田中氏の理論体系における原則・命題を企業会計に援用できるとは、当初は考えていなかったのである。しかし、全体利益と期間利益との関係は、格別、勘定分類の転換とか相殺とかの手法と関連するものではない。したがって、私の理論体系にも援用可能であると気付いた。そのことによって、私は、自分なりの会計測定の全体像を見通すことができるようになったのである。

他の理論体系の実相をその内側に入って理解することは、それを構成する有意味な諸概念を自己の理論体系に導入することにより、自己の体系を豊饒にしてくれる可能性を秘めている。私自身、そんな貴重な体験をしているので、その経緯を書き綴った拙著『会計の論理』第一三章を宿題として課したのであった。この章は、複式簿記機構を用いて説明しているので、受講生にはなかなか理解し難い箇所であると思われたが、受講生の多くは、きわめて熱心に読み抜き、私の意図をおおむね妥当に了解してくれたようである。そのことは、次のような宿題レポートおよび感想文によって確認できよう。

「先生が最後におっしゃった『理論の批判のしっ放しはいけない。どこをどのように正せば、より正しい理論、自分自身の理論になるかを考えなくてはいけない』という言葉は、本当に重要だと思います。結局批判するだけでは、自分の可能性は広がらないし、真実へ近付く事もできない。

大学で学んで、やっと常識＝真実というまやかしを振り払うことができ、社会というルールが与えた常識という枠を取り除いて、真実を求めなくてはいけないという事に気付きました。そして、真実を自分の中に見つけるのは、自分で考えて考えて、でてきた結果を信じることだと思うようになった。」

「理論の検討を進めるにあたり、あるものに対して批判を提起した時には、その解決方法も提示しなければならないと先生は前回おっしゃっていたが、まさにそのとおり展開されているので、非常に理解しやすく感じた。批判のしっ放しは理論の発展につながらないと感じたし、先生が解決策を提示したことにより、また発展していくだろう。」

「今日の授業において、批判ということについて、批判と相手理論を受け入れることは相反することではないという点に共感を持った。前々から言われる通り、ただ相手の理論をうのみにするのでは自分の知識が発達するとは言えない。自分の中で再構築することによって理解が成し得ると言える。」

「今回の講義でも、前回に引き続き、学問というもの、研究というものに対するスタンスについて考えさせられました。
相手を批判するということには、一見したところ相手のアラを探しているような悪いイメージがありましたが、自分の心を空にして相手の考えに飛び込むことによって、相手が本当に言いたいことを理解するという、いわば相手の良いところを探すことではないかと思いました。」

「『相手の立場に立って考える』というお話を聞いていて、相手の立場に立って考えるということは、相手の立場から自分をもう一度見つめ直す、ということなのかなと思った。そして相手の立場から自分を見つめ直すからこそ、自説が完成されていったり、また自分の新しい可能性が発見されたりするのだろうと思った。」

これまでの講義において、通説の批判的検討を中心に進めてきたためだろうか、このように、私が、他の学説の概念を改変して自分の理論体系に組み込んだことを、意外に思った受講生もいるようである。しかし、今回の宿題で、私の真意をよく理解してくれたようで、そのことも、私にとって大変嬉しかった。そこで、講義でも、これらの感想文を紹介しながら、私の意図が、他の学説の実相を知ることにあるという点を確認しておいた。しかし、その実相というのが、相手の主張したとおりのこととは限らないし、また自己矛盾が含まれていることもあるので、批判的検討が必要になるわけである。したがって、批判的検討の結果として、取り込めるものがあれば、当然、取り込み、自己の学説を豊かなものにしなければならないのである。

なお、この宿題は、秋学期の初めに課したが、この頃には、私の論評を受講生も素直に受け止めてくれるようになっていた。そのためか、積極的に拙著を読み進む受講生、あるいは自分の内在的な問題として考えてくれる受講生が増え、私にしても、講義に一層の充実感を覚えるようになっていた。それは、例えば次のような感想文である。

「今回の範囲は、前回に比べて、かなり理論的に難しく、何度か教科書を読み返さないと理解できませんでした。

先生が資本維持・資産評価説の問題点を十分に認識されながらも、その重要性にも気付き、これを修正することでその問題点を克服しつつも、その考え方の重要性は生かす、という手法には、心地よさを感じました。法律学において学説の対立を学習していても、自説を生かすために反対説の粗探しばかりしているのではないか、というように思わされる場面がいくつもあります。しかし、先生はそのような態度を採ることなく、批判のためではなく、学問全体の発展のために研究している、という姿勢がうかがわれたからです。

このような態度は、自分も将来法律家として議論を重ねていく際にも、是非とも忘れないでおきたいものだと感じました。」

「他人の意見を自分のものとして批判し、自らの理論を構築する重要性を非常に強く感じる。又、学問とはそういう意味で自己の個性を発揮しなければ何の探究心も湧いてこないものとなる。私はそう考えます。その点で、私は未だ先生の説明する理論の内側へと入りこめていない。もっと勉強します。」

「自分の話ばかりする、と指摘を受けることがある。より痛烈に『自意識が肥大している』などと評価された事も。本日の講義の中盤に於いて、先生が殊更熱を込めて伝えようとされていた内在的批判の重要性は、このような訳で、自分にとってあまりにも示唆的であった。対象の分析は外部システムからしか行なわれえない、さもなくば『森に入って木を見る』だけになってしまう、そのような凝り固まった発想は、ある理論の提唱者が著述した以上の熱意でもって批評を加える、という先生の立場の前に確実に揺らぎました。非常に興味深い時間でした。」

次の感想文は、法学部のF君のものである。この講義は、商学部のみならず、経済学部および法学部の学生も履修しており、優秀かつ熱心な受講生が多いが、とりわけこのF君は、後に登場する経済学部のK君とならんで、そうした学生の双璧であった。そして、最終講義後の感想文において、「大学の講義で、当該科目についてだけではなく、生き方・考え方についてまで考える機会を与えられたのは、自分のゼミの教授と笠井先生だけであったように思う。是非とも、この気持ちを後輩諸君も味わう事ができるよう、先生には今後もこの熱意ある、丁寧な指導を続けていただきたいと思う」と書いてくれたほどであるから、彼は私の講義を傾聴してくれており、その感想を私はいつも楽しみにしていたのである。そんなわけで、拙著もよく読んでくれたようであり、そのことも、私には嬉しかった。

「今回のレポートを通じて感じたことは、この分厚い先生の教科書が、会計の分野の多岐にわたって説明しているにも関わらず、その説明には一貫した筋、論理が通っていて体系的にまとまっているという事である。混沌とする現行会計にこれほど綺麗な理論を打ち立てることは、並大抵のことではないと思うが、ひょっとしたら前回の授業で説明しているような理論の構築と反証と再構築、これを幾度となく繰り返すことによってできるのではないか、たゆまぬ自発的な思考が、より強い説明理論を生み出しているのではないかと考えている。」

（十六）

ここで少し話題を変えよう。以上のような講義のプロセスで、受講生の成長を確認できることは、教育者として、このうえない喜びである。秋学期に入ると、講義した会計学の内容には直接かかわりのない感想も、多くなった。そのなかには、私がまったく予期しなかった効果が生じていることもあり、それが嬉しかった。そのひとつが、卒業論文とのかかわりである。その外貌からも感受性の豊かさが窺える経済学部のK君は、いつも適確な論評を加え、かつ病気入院で一回だけ欠席したことをひどく口惜しがるほどの、きわめて熱心な受講生であり、かねてから拙著を丹念に読んでくれているらしいことが、レポートや感想文のはしばしに顕れていた。そのK君が、一一月に、次のような感想文を提出した。

「私は以前から、先生の教科書の読みやすさの理由を考えながら卒論を書いてきました。そして、今日の四限が提出です。私が先生の教科書について思うことは先週も書きましたが、やはり構成がしっかりしていて、話が飛躍しないところだと思い、私も節や項をしっかり立てることにしました。また、さらに各章ごとにはじめとさいごにまとめのようなものをいれました。七月の中間発表でゼミの先生からおほめの言葉をいただけたのは、まさに先生の本から良いところを見つけだすことができたからです。卒論完成までにかなりの努力をしましたが、無事提出にこぎつけ、また自分自身納得のゆくものができました。本当にありがとうございました。現在私の出ているのは、単位の関係でゼミとこの授業だけです。会計学の授業は、私からすれば、本来『関連科目』にしかすぎないはずですが、ここまで研究をすることと文章を書いてみることのおもしろさを得ることができるとは、当初思いもしませんでした。本当に感謝しています。来週の課題も頑張ります。」

この感想文を読んだとき、私は本当に嬉しかった。拙著は、本文だけで八四八ページの枕になりそうな分厚いものであるから、その外観を見ただけで、読むこと、というより買うことすらを断念してしまう学生もいるなかで、このように、熱心に読み込んでくれたこと自体、感謝したい気持なのに、さらに、その良い点をも見つけようとしてくれていることに、感激したのである。それに、これまで私の会計構造に関する拙論は、とかく難解と言われてきただけに、なおさら嬉しかったわけである。

卒論と言えば、ご尊父の海外勤務の関係で久しく海外にすんでおり大学入学のために帰国したというKさんの感想文も、忘れられない。家庭のしつけの厳しさが人柄の良さと怜悧さとして顕れているかのような彼女は、当初から私の講義方針を支持してくれた一人であるが、一〇月頃に次のような感想を寄せてくれた。

「最近、卒業論文に追われています。そしてその際、先生の講義で学んでいる『学問に対する姿勢』が、とても役立っていると思います。与えられた情報の真偽を自分なりに確かめるプロセスを無意識的に行っている自分に、この間友人の指摘により気がつき、正直驚きました。
　この授業では、知識はもちろんの事、思考力も同時に養っていると知り、感謝しています。」

私の講義は、複式簿記の論理を基底に据えているので、たえず仕訳することによって、講義内容を表現している。したがって、複式簿記の素養が不可欠なのであるが、他学部の学生の場合、その複式簿記の力が不十分であることも多く、私の講義を理解することは容易ではないようである。それだけに、次のみっつの感想文を読んだときには、大変感激した。

「三田祭期間中に集中して簿記の基礎知識固めを図った。簿記検定二級レベルを一通り把握した。簿記の知識が今の今まで皆無だった私にとって、先生の講義は『自分の頭で考えることの大切さ』は学ぶことができたが、実際の講義の中身については、正直チンプンカンプンであったからだ。今日の講義を通してもやはり難しいと思ったが以前とは比べものにならない程、講義の概要が把握できたように思う。会計の奥深さに改めて気付いた。」

「今日の内容は私にはほとんど分からなかったのでまた勉強し直してきます。また先生の授業を受けるだけでは追いつかないので、やはり復習・予習で問題を日頃から突き詰めていきたいと思います。一生懸命ついて行く気はあります。初歩的な恥ずかしい質問もするかもしれませんが、よろしくお願いします。」

「『今、自分から考える努力・姿勢を養わなければ、これからも出来ない』とおっしゃった笠井先生の一言に私は大変重みを感じます。大学生活も、もうすぐ終わろうとしている今日の今日まで、毎日のんびりと勉強もろくにせず過ごしていました。しかし、これから社会に出ても、このままの姿勢で乗り切っていけるほど甘くはないことを就職活動で学び、遅ればせながら自分から考える姿勢をつけ、自分の意見をもつことを努力しはじめました。先生の授業も仕訳から全く理解できていなかったので、簿記三級からではありますが現在努力しています。」

こうした学生の出現は、私の体験では、出席者全員の雰囲気に影響されることが多い。私の講義は一時から始まるが、ある時、ゼミの学生に連絡することがあり、その三〇分くらい前に、教室に行ったことがあったが、その時かなりの数の学生が、既に在室しているので、びっくりしたことがある。そのことを知った時、私も、開始定刻には絶対に教室にいなければならないと思ったことであった。一、二時限目は大学院の授業なので、そこでの議論が長引き、終わることが一二時半をすぎることも、多い。そのため、パンを牛乳で流し込んだり、昼食を抜いてしまうことも一再ならずあった。

たしかに、教室全体が、真剣な眼差しで満ちていた。やはり、帰国子女組の学生で、日本の学生の勉学状況を時に厳しく弾劾してやまなかったI・T君は、その頃、「自分が受けている授業の中で一番先生が真剣に授業しているし、自分も一番真剣にきているつもりだ」と断言したものである。たしかに、彼の鋭い視線が背中に突き刺さるのを、私はいつも感じていた。視線にも、重さがあることを私は実感したものである。また筋骨隆々たるマッチョマンのI・Y君は、ある宿題のレポートにおいて、次のように書いている。

「今日まで、与えられた課題文献を必死で読みました。少しでも良いものにしようと、割けるだけの全ての時間を費やして、この課題に取り組みました。そして、自分の頭で考え、なんとか、自分の意見を記すことができたように思います。今日まで、あの課題文献と格闘していたためか、今日の講義内容は、細部にわたるまで理解できたように思います。『分かる』

ということは何かを実感できた講義でした。」

彼のレポートは、たしかに良いできだった。内容の整理も適確であったし、その論評も鋭いところをついていた。私は、常々、文献を読むということは、その著者との格闘技であるが、受講生諸君のは読んでいるのではなく眺めているだけだ、といった挑発的な批判を行なっていたが、I・Y君は、それに対して発奮したものと見える。そうした努力によって、文献を読む力が、格段に進歩している。そのことに、驚きとともに、喜びを禁じ得なかった。

私は、昨年度は研究休暇でゼミを除き授業はなく、したがって、ゼミの四年生は、今年初めて、私の講義をきく。昨年度のゼミにおいて、例年の授業は受講生が熱心なので、「授業が楽しみだ」といつも話していた。しかし、ゼミ生は、そうした私の発言を、ゼミ生を勉強へと鼓舞するための大袈裟な表現とみていたようである。教師が講義を楽しむなどということはおよそあり得ない、といった先入主があったのかもしれない。いずれにしても、ゼミ四年生のK君が、次のような感想を漏らしたものである。

「ゼミの中でおっしゃられていた『授業が楽しくて仕方ない』という言葉。これを肌で感ずる程、緊張感がある講義の空気を感じることが出来た。互いに真剣だからこその講義の空気に、私は学ぶとはどういうことなのかを見たような気がする。」

## （七）

先に、なるたけ理論構築にさいして一般的に必要なこと、あるいは考え方として重要なことを取り上げたと書いた。その理由として、私の解決方向はひとつの例示にしかすぎなく、本来的には受講生がみずからの力でみずからの解決を図らなければならないことを挙げた。しかし、実はもうひとつ理由がある。これも既に述べたように、この講義には、経済学部および法学部の学生も、多数受講していることである。彼等にとっては、会計学は、言うまでもなく一関連科目にすぎない。したがって、そうした他学部の学生には、対象理論としての会計学の内容のみならず、普遍性のある考え方のようなものを示唆できればと思ったわけである。そして、今年度は、そうした示唆と卒論とのかかわりを述べた学生が、（六）で取り上げた以外にも、きわめて多かった。そこで、卒論執筆にさいして留意すべき事項を纏めて話すことにした。

もちろん、卒論の書き方につき、虎の巻などありようはずがない。ただ私ももの書きのはしくれとして、論文執筆にさいしていろいろ悩むことが多い。そうしたさいに気付いた諸点を、参考に供しようと思っただけのことである。もっとも、そんなものにしても、喋り出せばキリがないので、このたびは、日本文化の特質などとのかかわりをも含めて、四点に絞った。

まず第一は、各章の終わりに、その章で述べたことを要約し、それを承《う》けて次章で論述することを指摘しておくこと、および次章において、簡潔に前章での結論を指摘し、それとの関連でこの章で展開することの概要をあらかじめ紹介しておくことである。私は、院生の論文指導のさいに、多少くどくなるが、こうした書き方を推奨している。この点がうまく書けない時は、実は、各章が本質的に繋がっていない可能性があるのである。逆に言えば、こうした作業によって、各章間ひいては論文全体にわたる論理的整合性の保持が、意識されてくるのである。極言すれば、章末で書いた纏めを次章の頭でそのまま書くだけであっても、次章で書くべきことの内容が自分自身に対して明確になるので、意味があるわけである。

第二は、目次を作ることの重要性である。本来的には、執筆前に、概括的大綱的な目次を作っておくことが、望ましい。私などの経験では、この目次ができれば、論文はできたも同然なのである。しかし、初めて論文を書く場合には、そんなことは、とうてい無理であろう。したがって、成り行き的に書かざるを得ない。しかし、その場合にも、ある程度書き進んだ段階で、書き上げた部分に関する目次を作るべきであろう。そのことによって、完成した部分の繋がりを吟味することができるし、あるいは現時点で予測される結論から逆算して、必要性があるにもかかわらず言及されていない項目の存在を気付かせてくれるからである。さらには、今後書くべき方向をも示唆してくれるであろう。いずれにしても、たえずこの目次を参照することによって、自分の書きたいことの全体像をコントロールすることは、きわめて重要であるように私には思われる。

第三は文章の問題であるが、私は、助教授の頃、暫く、英語の構文を意識しながら論文を書き綴っていた。日本文として書き流した場合、あとで読んでも、自分でも何を書こうとしたのか、よく分からないといった体験を現実にしたからである。たしかに、日本文には、本来的に、多様な解釈を可能にするような曖昧さが、付き纏っていると言ってよいであろう。

一般的に言えば、ある言語の文章を鍛えているのは、文学者であると思われるが、日本文の場合、俳句・和歌等のいわゆる短詩型文学の存在が、日本文の感覚をかなり規定しているのではないだろうか。この五・七・五といった極度に切り詰められた字数を前提にした場合、どうしても、芭蕉の言うように、「言ひおほせて何かある」ということにならざるを得ないであろう。つまり、日本文の美的感覚としては、書き尽くすのは野暮であって、余韻というものが尊ばれることになる。我々の日本文は、そうした美的感覚によって影響されているのである。そして、そうした美的感覚そのものには、私も肯定的である。

しかし、同時に、そうした感覚は、多様な解釈を許容し、論理的に曖昧さを残す結果になりがちである。その点で人口に膾炙しているのは、西行ゆかりの地で芭蕉が詠んだ「田一枚植て立去る柳かな」という一句であろう。文法的には（論理的には）、田一枚植える人と立去る人とは同一人でなければならないが、井本農一氏は、俳句的破格として、次のように解釈されている。すなわち、「これが西行の立ち寄つた柳かと感慨に耽つてゐると、眼前の田では丁度季節のことで人々が營々と田植ゑに勵み、自分がぼんやりと感慨に耽つている間に、いつの間にか一枚の田を植ゑてしまつた。自分も、暫くの物思ひから覺めて現實に戻り、柳の陰を立去るのであつた」（井本農一著『奥の細道新解』四七ページ）。つまり、田一枚植える人は農夫であるのに、立去る人は芭蕉自身だというのである。日常の日本文では、こんな極端なことはまずないとしても、我々日本人の文章感覚が、こうした俳句等の短詩型文学によって磨かれている、ということも忘れてはならないであろう。

日本文としての美しさはともかく、論文としては、こうした日本文は避けられるべきであろう。

やはり、主述関係が明確であり、そのかぎりで曖昧さの少ない英文などを念頭において書くのが、当面妥当なのではないであろうか。もちろん、その場合には、生硬さがまとわりつき、文章論としては、不自然な日本文になってしまうであろう。したがって、他方において、日本文らしさを蘇らせる努力が必要ではあるにしても、さしあたっては、ぎごちなさはあったとしても、曖昧さを残すべきではない。そうした意味で、英語構文を念頭において、日本文を綴ることをお薦めしたい。

そして第四に、客観的事実と主観的見解との区別を明確にすることである。具体的に言うと、他者の言説を引用して論評する場合、どこまでが引用であり、どこからが自己の論評あるいは見解なのかを、明確にすることである。この点の区分が曖昧な論文は、読むのにひどく難渋する。この点を明確にするだけでも、かなり読み易くなるはずなのである。

しかし、この点でも、日本文は、厄介な特性をもっているようである。藤縄健三氏によれば、万葉集などにおける和歌の構造には、あるひとつの特質が見出せるという。例えば「淡海の海夕波千鳥　汝が鳴けば　情《こころ》もしのに　古《いにしへ》おもほゆ」という人麻呂の句を見てみると、「最初の二句までが視覚的な世界を描き出しているが、三句目では聴覚の世界が始まり、次には聴覚も薄れて、心の世界へ没入してゆくことになる」（藤縄健三著『ギリシャ文化と日本文化――神話・歴史・風土』一一八ページ）というのである。そこには、［視覚―聴覚―心（思弁・内面）］という構造がみられるというのである。しかも、そうした構造は、ひとり和歌だけではなく、茶道（茶庭と茶室との関係）などにも通底しており、したがって、日本人の精神構造として普遍性をもっている、と同氏は理解されているようである。

この視覚および聴覚の世界とは、客体の表現あるいは客観的状況の記述を、他方、心の世界とは、主体の情意あるいは主観の発露を意味している。したがって、ごく大雑把に言えば、和歌の構造の特質は、客観的なものと主観的なものとが特に峻別されることなくなだらかに移行してしまう、という点にあるということであろう。

こうした見方は、日本人の心性を深く洞察しているように私には思われる。なお一例を挙げれば、私の愛誦する和歌のひとつに「秋の田の穂のへに霧らふ朝霞いづへの方に我が恋やまむ」があるが、その句意は、「秋の田面に見渡すかぎり立ちこめた朝霧のやうに、はれやらぬこの胸の思ひを、いづれの方にはらしやろうか」（澤瀉久孝著『万葉集新釋』一〇一ページ）とされている。つまり、「いづへの方に」を媒介として、上の三句は客体の描写であるのに対して、下の一句は主観の吐露に他ならない。そこでは、客体の描写がきわめてなだらかに主観の吐露に繋がっている。その移行が明確な場合には、日本人には、おそらくギクシャクとしたものが感じられることであろう。そこでは、人々に、その移行を感じさせないような連続性が尊ばれているのではないだろうか。この和歌が日本人に愛誦されるというのも、風景に対する思い入れが、いつの間にか心のなかに移入し主観の思いとなっているところに、つまり主客が渾然として一体となっている点にあるのではないだろうか。そうした心性は、主観的なものと客観的なものとを峻別する欧米流の世界、つまり遠近法にみられるような明晰性を尊ぶ心性とは、明らかに異なっている。

こうした日本人の心性にはよほど留意しないと、客観的な事実認識と主観的な判断とが混濁した文章になってしまう危険性があるのではないだろうか。論文においては、他者の言説と自己の見解とは峻別されなければならない。そのためには、よほど意識的な努力が必要なのではないだろうか。

概要、以上のような話で、一コマをすべて使ってしまったが、さいわい、受講生には大変好評だったようだ。その感想文により、日本語の曖昧さを好む学生が多かったこと、および次に示すようにいろいろ苦心しているさまが窺えたことが印象的だった。

「今、私は三田祭論文にとりかかっているが、やはり苦労している。わかっていることの表現面での苦労が特に多い。日本語のあいまいさと、論理一貫した論文の作成のジレンマに陥っている。あまりにも主語、目的語等の明確さにこだわると、日本語としてきれいでない。しかし、読み心地のよい文章を書こうとすると、論理にあいまいさがでてしまう。今日はその話を聞くことができてとてもためになった。」

## （八）

会計学というのは、おそらく、近接した諸学の影響を非常に受けやすい学問のようである。他学において新しい概念が形成された場合、その概念が直ちに会計学に導入されがちなのである。しかも、そのさい、そうした概念の素性とか、会計学への適用可能性とかの議論は、ほとんどなされない。もちろん有用な概念であれば、それを使うにこしたことはないであろうし、さらに鎖国ということが一般に一国の文化状態を停滞させる可能性があるいじょう、そうした新しい概念の導入は、会計学の進取の気性を意味していると言えないこともない。しかし、私などには、そうした他学の概念をひとつひとつ剝いでいったら、その芯に一体何が残るのか、などということが心配になってくる。他学は、何も会計学のためにその概念を形成してくれているわけのものではあるまい。それに、元来、ひとつの学問が存在価値をもつとしたら、他の学問領域では果たし得ない何かが期待されているからなのではないだろうか。そうであれば、その何かを意識することなく、他学の成果をひたすら取り込むだけで、本当に良いのかなどという取り越し苦労に襲われてしまう。

それが私の杞憂であればさいわいであるが、しかし、現実に、他学の概念の安易な導入により、会計学の体系が混乱させられているという事実があることには、くれぐれも戒心すべきである。そうした事例としては、さしずめ、[G—W—G']に基づいた貨幣性資産(G)・費用性資産(W)分類の会計学への導入が指摘できよう。このタイプの資産二分類論は、国民経済における資本循環シェーマを、それが会計学においても妥当性をもっているかどうかを何ら論証することなく(ということは、経済学と会計学との関係を問うことなく)、会計学に導入することによって形成されたのである。筆者の視点からすれば、経済学と会計学との性格は基本的に異なっており、したがって、経済学上の概念を会計学において使用する場合には、企業会計的変容が加えられなければならないのである。つまり、企業間の貸付け・借入れ関係は、国民経済においては相殺されてしまうので、そのかぎりで、国民経済における資本運動には登場しない。したがって、[G—W—

G'」というシェーマだけでよいのであるが、会計学においては、企業にかかわっているがゆえに、その他に、貸付け・借入れ関係を意味する貨幣の往還運動にかかわる「G―D―G'」という資本運動が不可欠になる。したがって、資産は、G（待機分）、W（充用分）、D（派遣分）の三分類にならなければならないのである。

この資産三分類論の視点からすれば、本来、派遣分（D）という第三の資産カテゴリーに属する売掛金・貸付金・有価証券等が、資産二分類ではGとWとしかないために、無理矢理、G（およびW）に帰属させられてしまった。そのために、とりわけGつまり貨幣性資産概念に、収拾がつかないほどの理論的混乱が生じてしまったのである。したがって、伝統的会計理論の混乱の原因は、「G―W―G'」という経済学のシェーマを、会計学への援用可能性について特に検討することなく、そのまま会計学に導入し、資産を貨幣性資産と費用性資産という二概念だけで説明しようとしたことに帰せられるわけである。

そのように考えるかぎり、資産三分類論と資産二分類論との関係は、基本的枠組は同じだが例えば補助的概念の補強あるいは下位分類の精緻化などにより、前者の体系が後者のそれよりいわば量的に整備されたとか、あるいは実践について前者が後者より量的によく説明しているとか、といった類いのものではない。説明理論の枠組としては、either-or の関係にあり、説明理論として、その理論的是非が、いわば二者択一的に問われなければならない関係にあるのである。

そうした視点から、私は、これまで、貨幣性資産・費用性資産分類論における貨幣性資産概念の検討を行なってきたのであるが、ある文献において、夥しい自己矛盾と概念的混乱とを見出したのであった。しかし、それらに気付いたのは、たかだかこの五年ほどのことなのである。もちろん、その以前に、この文献は、既に繰り返し読んでいたのであるが、それにもかかわらず、そうした自己矛盾と概念的混乱とを読み取ることができなかったのである。

そのことは、私にとり、きわめて重要な理論的体験であった。すなわち、①貨幣性資産・費用性資産分類説は当時のいわば通説であったが、その通説がいかに強く自分に刷り込まれていたかということ、②そうした先入主に支配されていた場合、いかに文献の実相が覆い隠されてしまうかということ（いかに文献の実相を読み抜くことが困難になるかということ）、そして③通説等にかかわる他の文献の実相の解明が、いかに自分なりの理論構築にさいして重要であるかということ、こうしたことを、その体験は教えてくれたのであった。

私のそうした原体験を受講生に追体験してもらうことは、私の講義の趣旨に照らしてきわめて重要なことなので、私の原体験にかかわる文献の該当部分（B5で二ページ分）のコピーを宿題として課すことにした。そこに問題があるという先入主をもたせるのはまずいので、今回は内容理解だけを課題としたのであった。しかし、受講生は、もちろん私の意図を察知して、かなり入念に読んできたようであった。それだけに、講義で私の解説により自己矛盾と概念的混乱とをはっきり理解したときの驚きは、ひとしおのようであった。そのことは、以下の感想文からも窺えよう。

「まず宿題のプリントですが、見事に論者によって『読まされた』ことに気づきました。授業で指摘され、やっと、この説明の矛盾を理解しました。あれ程、明確な矛盾を抱えながら、この説明が、かつて多く支持されていたことが、未だ信じられません。もっとも、私の様に、この説明を『わかりやすい』などと感心してしまった人が多かったからなのかもしれませんが。」

「今日の授業では、前回出されたプリントの論理にある自己矛盾についての説明を受けたわけであるが、それを聞いて自分が情けなくなった。先生の話を聞いて、正直恥ずかしかった。『もっと読みこんでいれば』とも思ったが、しかし、これが今の私の正確な実力であるだろう。この時期にこのありさまでいうのは情けないが、もっと正しい読み方を身に付けるための努力をしなければならないと痛感した。」

「今日宿題のプリントの解説を聞いて正直ショックを受けました。自分では一生懸命読み感想文を書いたのですが、全くもって矛盾点に気が付かず論者に納得させられてしまい見当違いなものを提出してしまいました。」

「今日の講義は、先週配布されたプリントについて詳しく検討していった。私も若干矛盾を見つける事ができたが、ここまで多くの矛盾が存在しているとは思わなかった。普段本を読む時も、真剣に取り組まなければ、非常に危険な事だと感じた。今回はプリント一枚だから集中出来て矛盾の一部を見つけられたとも思える事を考えると、本一冊読むという事は、大変な事だと感じた。」

「今日の授業は、なぜか大変疲れるものであった。それは授業内容が、プリントの論文を深く読み解くというものであったからであろう。我々は先生というガイドがついた上で方向性を示されながら読んでいるにも関わらず、疲れてしまっているのだから、自分一人で読むなら、なおさら大変であろうし、同時に今までは自分が、いかなる本をも読み込んでいなかったという証明にもなってしまった。先生が、本を読むことは格闘技だとおっしゃる意味が少しわかりました。」

「今日の授業におけるプリントの論文の読み込みを通じて、自分の読み込み不足及び四月辺りに先生がおっしゃっていた事の意味が実感できたと思う。例えば簿記検定試験に合格するためだけならば、深い理解などなくとも、記憶だけで十分合格点は取り得よう。しかし、先生のように学問の世界で生きるのではなくても、つまり普通の世界で生きるにしても、深い理解に基づいて『命がけ』で議論を闘わせる機会がいくらでもあるだろう。

ところが今回の読み込みで思った事だが、こういった姿勢・能力は、一朝一夕では身につかない。どうしても普段の流し読み癖が抜けてくれないのである。社会に出るまでもうあまり時間がないが、これから読む本は、注意してじっくり読んでみたいと思う。」

一冊の本を読み抜くことが、どれほど大変な営みであるのか、受講生も、やっと身体で理解してくれたらしい。本を読むことは著者との格闘技だ、といった私のいささか不穏当な表現の真意も、それなりに実感してくれたようである。「自分が情けない」「ショックをうけた」といった感想は、おそらく、これまでに比べて格段に勉強をしたから出てくる表現であろう。そのことに、私は微笑を禁じ得なかった。これは、彼等の進歩の証しなのではないか。

（九）

以上のような感想文によって、受講生に自信を喪失させる、というこの講義の所期の目的は、ある程度達成されたのではないかと私は考えた。問題は、彼等に、こうした努力を継続させることだと思ったことであった。

それに対して、若干、心配な徴候もないではなかった。第一は、ほとんど出席していない学生からではあるが、「特に会計を専攻するでもない学生が理論を軽視するのは、理論を完成するための時間的な余裕が無いせいもあるであろうが、学者先生には、実務の土台となる理論をきちんと完成させてほしいところである」という感想文があったことである。そこでは、理論研究者への要求のみがあり、学生の本分あるいは自己の問題点に関する自覚が、スッポリ抜けてしまっていると思われたからである。そして第二は、宿題レポートの相当多くが、「派遣分に属している貸付金等が貨幣性資産に含められている」といった批判を展開していたことである。つまり、この時期になると、私の教科書を読み進む受講生が多くなり、派遣分概念の内容をそれなりに知識として記憶しているために、貨幣性資産・費用性資産分類論の内在的批判ではなく、派遣分の視点からの超越的批判に陥ってしまっている傾向が見受けられたのである。

この二点は、きわめて重要な問題を含んでいると私には思われたので、翌週の一コマにおいてこの点に関する私の考えを述べたのであった。春学期にこうしたことを話すと、きまって、会計学の講義を進めてくれ、という苦情が少なからず出てくるのだが、さすがにこの時期になると、そういう学生は既に出席しなくなっており、考え方とかスタンスとかの重要性に気づき始めている学生がほとんどなので、会計学に直接的には関係ないこうした話にも、熱心に耳を傾けてくれるのである。

まず第一点であるが、研究者が研究を本分とするいじょう、たしかに、きちんと理論を構築しなければならないであろう。したがって、その点に著しく欠けるところがあれば、研究者が批判されるのも、やむを得ないであろう。しかし、本分を全うすることは、等しく学生にも言い得ることであるが、学生の本分とは、本来的には講義に出席し大学本来の目的に適う研鑽を積むことであろう。しかし、この感想を寄せたのは、きわめて出席の悪い学生だった。自分の本分遂行は棚に上げて、教員の本分だけをあげつらうのは、けっして公平なこととは言えない。「隗《かい》より始めよ」という箴言を持ち出すまでもなく、学者先生と冷やかすのなら、まずもって、自分が、講義に出席すべきなのではないか。

もっとも、この学生は、みずから知識を生み出すという積極的な発想など、まったくないのかもしれない。大学とは、できあいの知識を受動的に教えてもらう場所でしかないのかもしれない。したがって、単位を落とさない程度に、会計に関する片々たる知識を記憶すれば、それでよいのかもしれない。そうであれば、その目的に適う程度に講義に出席すればよい、ということになろう。しかし、この講義の目的は、再三述べているように、一笠井理論の結果的知識を教えることにあるのではない。私の解決の仕方をひとつの例示として、自分たちの考え方を鍛えることにあるいじょう、継続的に出席することが、不可欠なのである。しかるに、この講義の出席者は毎回六〇人ぐらいしかいない。履修者数は二四〇人であるから、その四分の一程度しか出席していないことになる。このように、大学において、自分の思考を練磨しようともしない学生が、圧倒的に多い。大学は、教員と学生とからなる研究共同体であるが、その一方の当事者である学生の本分（自分のなすべきこと）はさておいて、もう一方の当事者たる教員の本分だけをあげつらうというのでは、あまりに一方的にすぎよう。

今日、日本は、現実の実力が重視され始めている。それは、日本社会のいわば地殻変動みたいなものであるから、その原因は一様ではあり得ない。しかし、それを大学側からみれば、もちろん教員の側にも問題があるが、当面の論点からすれば、大学生が勉学というその本分を忘れ去ってしまったことを問題にしなければならないのではないだろうか。大学を卒業したにもかかわらず、大学生に社会から期待されている力が具わっていないのである。そうであれば、たしかに、大学卒業者を特別扱いにする理由は、ない。講義に出席せず、勉強をしないことが当たり前という風潮が、大学（生）のレーゾン・デートルを喪失させつつあるのではないだろうか。

私は、受講生の反応をみていた。もしこの問題が彼等の関心を惹き起こさないなら、この辺で切り上げる予定であった。しかし、会計学の内容にはまったく関係のない私のこうした論評にも、真剣な眼差しであった。そこで、さらに話を続けることにした。次の感想文は、二年前の或る受講生が、やはり受講生の出席状況を取り上げたさいに、述べたものである。

「先生は、今日、授業に出席しない学生を批判しましたが、私達学生にとってみれば、この授業を教養としてとっていて、それほど打ち込もうとしていない人もいるかもしれないし、他の分野に打ち込もうとしている人もいるかもしれない。なのに、全ての学生にこの授業に打ち込むことを要求することは、すこし酷ではないかと思います。

そもそも、慶応の学生は、学問をしに入学していません。良い会社に入るために慶応に入学するのです。それも一つの生き方ではないかと思うのです。世の中の実体とはそういうものではないかと思うのです。」

この感想文を読んだとき、私はショックを受け、いろいろ考えざるを得なかった。ここでは、当面の論点とのかかわりで、よっつの問題点を述べておこう。ひとつは、大学が就職の手段であるという本音が、教員に提出する感想文において公然と語られたという点である。大学が就職の手段であるという認識それ自体は、おそらくほとんどの大学生が、心ひそかに考えていたことであろう。しかし、心のなかで考えていた状況と、それを公然と書き教員に提出する状況とでは、大学のレーゾン・デートルが、根本的に異なっているのではないか。大学は就職の手段なのだから、講義に出席するまでもないと心ひそかに思ってはいても、それを公然と口にすることはできないという心理の底には、大学は勉学の場であり学生は本来講義に出席しなければならない、という大学・学生の本来の在り方に関する規範意識が、微かにせよ残っており、その建前とは乖離している自己に対するある種のやましさが認められるのである。このやましさが残っているかぎり、本来の大学生活への復帰も期待できないわけではない。

しかし、それを公然と口に出した段階で、状況は一変する。そのことによって、建前としても、大学は本質的に就職の手段となり、講義に出席することが本来的に学生の本分ではなくなってしまう。つまり、勉学の場としての大学を建前としても自己否定してしまったいじょう、学生は講義に出席しなければならないという理由が、本質的に存在しなくなってしまうのである。そのかぎりにおいて、大学は就職の手段であるということは、仮に心ひそかに思っていたとしても、けっして口に出してはならないことなのである。一度それを公然と口に出したときから、大学生の本当の意味での堕落が始まるのである。その意味で、私は、こうした感想文に、少なからぬショックを受けたのである。

ふたつめは、結果的成果だけを重視する価値観が支配することへの危惧である。大学が勉学の場ではなく就職のための手段であるとしたら、しかしその就職にさいしてもAの数がそれなりにものを言うとしたら、効率よくAをとることが、自己目的となってしまうであろう。そこでは、「俺は、あの授業は二回しか出席しなかったが、Aだったよ」といったことが、自慢の種になりかねない。それを敷衍すれば、そうしたAのとり方が理想的である、という価値観が学生を支配するということであろう。つまり講義に出席することによって何を得たかというのではなく、出席することなく結果的にAをとることが学生の行動規範になってしまうのではないか、という危惧を覚えざるを得ないのである。このように講義を捨象して結果だけをこととする雰囲気が瀰漫した大学は、想像するだに恐ろしい。

少なくとも、私の講義の理念とは、真反対である。単なる知識の記憶なら、試験前の一夜漬けでも可能であろう。しかし、考え方の修得ともなれば、一朝一夕で身に付くものではない。時々の課題を自分の力で地道にこなし、講義において教員の解説を聞きつつ、一歩一歩前進してゆくより仕方ないのである。学問とは、ある意味で徒労なのである。そうした徒労とも思える地道な営みにより、自分で考える力を身に付けることなく、Aをとってみたとて何になるというのであろうか。逆に言えば、仮に運悪く期末試験が不首尾でAがとれなくても、そうした営みによって自分に力がついていさえすれば、そのこと自体で、既に意味があったのではないか。

極言すれば、およそ人の営みというのは、それを行なうことそれ自体によって、既に報われていたり罰せられているのではないだろうか。したがって、出席に値する講義であるかぎり、Aがとれてもとれなくても、講義に出席することは、そのこと自体によって既に報われていると言っても良いのではないだろうか。常々そんなことを考えている私には、講義の空洞化をもたらすであろうそうした結果至上主義は、おぞましくてならないのである。

みっつめは、就職の手段と表現してはばからない大学（つまり学生が真剣に勉学しないことにやましさを感じなくなった大学）のレーゾン・デートルの問題である。学生自体がその程度にしか位置づけていない大学を、社会は果たして意味があると考えてくれるであろうか。大学において知的研鑽を励み、そのことによって社会の発展に役立ってくれることを期待して、社会は、大学（生）の存在を是認しているのであろう。しかるに、その研鑽を建前として否定するような大学の存在を、社会は認めてくれるであろうか。そうした大学は、早晩衰滅せざるを得ないのではないだろうか。その点で、就職の手段として大学を位置づけた先の学生は、大学の存在意義の否定を通して、現在の自己の存在意義を自己否定している結果になっているのではないだろうか。

そしてよっつめは、三点目の指摘と表裏の関係において、大学という研究共同体の崩壊という点である。この大学が円滑に機能するためには、教員と学生という両輪の相互作用が不可欠なのである。すなわち、良き学生の存在は、教員の研究意欲を誘発するであろうし、優れた教員の研究は、学生の知的向上を促進するであろう。したがって、教員と学生とは、唇歯輔車《しんしほしゃ》の関係にあると私は確信している。その点戦前の日本は、研究と教育との分離という誤りを犯した。すなわち、研究上の真実も、権力により国民教育を阻害すると認定された場合には、教育の場から排除されてしまい、研究成果が教育に反映されなかったのである。そのことが、学生側の知的練磨を損なうとともに、教員側の研究の停滞を招いた。かくして、開かれた社会の形成を不可能にしたのである。

大学における教員と学生との関係をこのように理解するかぎり、研鑽を自己否定する学生の堕落は、教員の研究上の堕落を招かずにはおかないのではないだろうか。そのことは、社会における大学の存在意義を一層喪失させるであろう。もちろん、そうした大学の危機の原因が、学生にあったなどと言おうとしているのではない。そうした堕落した学生を作った原因は、教員の側にあったのかもしれない。そのどちらが原因であったのかを論ずることは、必ずしも生産的なことではないし、ここでの目的でもない。ただ、当面、いわばたまたま、講義への出席を要望したさいに、或る学生にこうした反応があったので、その問題点を指摘したまでのことである。

そして第二点の超越的批判が多かったことであるが、この点についても、厳しく批判した。すなわち、論者の考え方を理解することがまずもって重要な作業であり、そのためには、できるだけ相手の内側に入り込んで、その基本的思考あるいは全体的枠組を知ろうとしなければならないのである。さらに言えば、派遣分つまり資産三分類論の妥当性は、受講生にとっては未だ十分に明らかになってはいないはずなのである。それなのに、派遣分概念を持ち出して資産二分類論を批判することは、結局のところ、独善的に資産三分類論の立場に立って、「自分が正しいから、そちらは間違っている」ひいては「そちらは間違っているから、間違っている」と批判しているに等しい。それは、けっして妥当な議論ではないことを、くどいほどに念を押したのであった。

この点は、研究にさいしてきわめて重要な論点なので、日本に存在するふたつの対蹠的な言語観を引き合いに出して、さらに説明を加えた。すなわち、日本においては、一方で、敗戦直後に、日本語の不備を難じ、日本語を廃して仏語に切り替えたほうがよいと主張した高名な作家がいたかと思えば、他方で、「英語は、語順がひん曲がっている」として、日本語（の語順）を賞賛した知識人が、明治期にいたという。まず前者であるが、いかに敗戦直後で日本人が自信を喪失していた時期とはいえ、こうした意見が表明されること自体、きわめて特殊日本的なエピソードであろう。増田純男編『言語戦争』(大修館)などによれば、言語を巡る争いは、正に戦争なのである。言語を失うことは、それを使用する人々のアイデンティティの喪失と理解され、あくまで自分達の言語の使用にこだわっている世界の状況からすれば、こうした無邪気な言語観が、最高の知識人に属する作家によって語られることは、きわめて特異な状況と言わなければならない。それに対して、信じ難いほどの単純さという点では軌を一にしているものの、内容的にはきわめて対極的なのが、後者の言語観であり、これが、当面の超越的批判の問題性にかかわっている。

日本語の語順を絶対的に妥当なものとしてそれを規準にして英語を超越的にみれば、たしかに、その語順はひん曲がっているということになろう。しかし、そうした超越的批判がまったく意味をなさないことは、英語の立場にたてば、「日本語の語順がひん曲がっている」というまったく逆の結論が導出できることからも明らかであろう。要するに、日本語の絶対的な妥当性をいわばア・プリオリに前提して、「日本語の語順が正しいから、英語のそれは、おかしい」あるいは「日本語の語順は正しいから、正しい」と言っているにすぎない。こうしたきわめて単純な事実すらをも見えなくしてしまう点に、自国文化の絶対的優位性をア・プリオリに認めてしまう国粋主義あるいはナショナリズムといわれるもののこわさが、あるのであろう。

そのことは、価値の相対化あるいは複眼的思考の重要性を示唆しているのであるが、まったく同じことが、研究の局面でも言えるわけである。価値絶対化に通ずる超越的批判の無意味さ、ひいては危険性を、こうした事実から汲み取らなければならない。研究においては、まずもって内在的な批判に徹すべきであろう。

このようなことで、一コマのすべてをつぶしてしまったのであるが、さいわい、受講生の反応は、好意的であった。会計学には無縁なこうした話も、真剣に聞いてくれたことが、まずもって嬉しかった。そこで、まず第一の論点について、若干の感想文を掲げておこう。

「今日の講義では、会計学についての授業はまったくせず、あらゆる学問に対する取り組み方やその姿勢などを学びました。先生の授業では、毎回、会計に関する知識を吸収することができるだけでなく、このような普通の授業では教えてもらえないようなことが、学べるので大変自分のためになっています。

そのような意味で、先生の講義は、知識以外に重要なことも学ばせてくれる『真の学問』であると私は思っています。」

「企業に就職するために大学に入ったという考え方について、先生は『思っても口に出したらそれで終わり』とおっしゃいました。

しかし、私の意見としては、それはもはや『思った時点で終わり』だと思います。

確かに『慶應義塾』という看板を背負えば、かなりの企業は話ぐらいは聞いてくれるかも知れません。ただ面接を通して彼等が我々に本質的に問うているのは、知識ではなく、総論的な思考力・応用力のようです。『学生の知識などたかがしれているし、しかも実務を通して得た知識でないと役に立たない』という趣旨の事は、多くの友人達が言われた事です。
大学は、そういう思考力をじっくりと身につける最後の得がたい機会であるのに、その機会を早々に放棄する彼の態度は、憂慮すべきだと思います。」

「今日のお話のなかで、『行為とはそれ自体において、すでに報われているし、罰せられている』というお話がありましたが、私もその通りであると思います。例えば、寺に入って厳しい修業をしている僧に対して、何らかの薬品を服用することによって、α波が発生し悟りと同じ効果があるとしても（悟りイコールα波であるとは限らないのでしょうが）、決して彼らはその薬品を飲むことはないと思います。彼らにとっては悟りを得ることが目的なのではなく、それに至るまでの過程が重要なのだと思います。
学生も同様に、Aをとることが目的なのではなく、そのために勉強することそのものが大切なのだと感じました。」

「今日の授業の前半で、日本の根本問題が『自分というものを抜きにしたままで他者に対する超越的批判をいとも簡単に行うことができるようになってしまった』という点にあると先生はおっしゃいましたが、僕もまさにそう思います。そもそも、日本人の中に、『責任』という概念が存在するのかどうか、僕にはよく分からなくなってきました。『民主主義』という基本理念にのっとっている限りにおいては、その恩恵を蒙っている一人一人が自らの意思決定、選択に対して『責任』を取らなくてはいけません。しかし、日本においては、どうもその責任は『お偉いさん』が取るもので、自分達には全く関係ないような感じです。これは単に無責任であるだけでなく、この世が成立している根本理念を揺るがす考え方で、それがまかり通っているのは本当におかしいと思います。」

「授業前半に話されていた『自分』が抜けている、他人に関しては批判をするが、それでは自分はどうなんだというお話に関しては、自分にも思い当たる節が多々あるため、非常に身の縮む思いで聞いていました。学問に関してもそうですが、自らの生活態度からも、自分自ら動いていくということが大変苦手であると自覚しているので、このことを改めていければ、と思いました。そういった意味で、自分に対して有意義な授業であったと思います。」

「本当のところを言うと、この授業を履修したのは関心からではなく、将来への必要性を考えてのことだった。そのせいで、自分が何か自発的に考え表現するのではなく、一方的に先生に対して何かを期待し、都合の良い物だけを学び取ろうとしていたのではなかったのかと今更ながらに考えています。しかし今日の講義を聞いてわかったことは自分がどう取り組み、そしてそこから能動的に何を学びとるかが大切なんだと感じました。」

「笠井先生は、この会計学の授業を手段として、私たちに生き方を説いているように感じた。『私はこう生きている。君たちはどう生きるのか？』ということを語りかけられているように思え、こうした事を今後深く考えつつ、先生の講義をこれからも拝聴したい。

またこうした事は今思い返せば、先生が四月の始めの授業でおっしゃられていたことである。あれから半年が経ち、少しは先生の言わんとするところを感じられてきたように思え、嬉しい。」

「この授業の履修者が二四〇人というのには驚いた。どうみても六〇人くらいしか出席していないというのに。知りあいで二人ほどこの授業をきった人もいる。これほど熱心に授業を行う先生はめったにいないのにもったいないと思う。先生のおっしゃるとおり、学問を学ぶということは徒労である。そして、この出席状況からみると、徒労をさける学生の多さに気づく。ただ単位を取るだけの大学の講義では意味がなく、そこで何かを身につけるために徒労を重ね、精進していくのが本来の学生のあるべき姿ではなかろうか。」

次に第二の論点に関する感想であるが、一所懸命レポートを書いてきたのに厳しい批判が加えられたのであるから、当初なら、きっと感情的な反発が噴出したであろうに、このたびは、きわめて理性的に対処し、素直に私の批判を受け入れ、さらには反省の辞が述べられていたのである。そこには、自己の在り方を捉え直そうという姿勢があり、受講生の精神的な成長の跡がはっきりと看取できるように私には感じられたのであった。

「授業中に前回の宿題についての注意をおっしゃっていたが、私も、最初から先生の説に立っての視点からでしか、論文を読んでいなかった。はじめに答えありきの状態で他の意見を考えることは、学ぶというのではなく、批判するというものになってしまう。単純な二元論に陥ってしまい、そこから何かを学ぶという基本的で公平な姿勢が、欠けていました。他の意見でも聞くべき所は聞き、おかしいと思った所は、もう一度考えてみる。それによって自分の意見を形成しなければならなかったわけである。今後、気を付けようと思います。」

「前回の宿題について、私は、まさに先生のおっしゃるような超越的批判に陥っていたと思い、頭を思い切り殴られたような気がしました。自分の立場が正しいから相手が間違っている、という考え方がいかに危険なことであるか（一連の同時多発テロにおけるアメリカの空爆がそのよい例だと思います）ということを忘れていました。まず第一に相手の立場に立ち、その上で相手の主張・立場について検討を加えることが大切であったのだということを改めて認識し、今後実践できるよう努めていこうと思いました。」

「前回のプリントを読む時に、若干、派遣分という先生の考え方を前提とした読み方をしてしまったことに気付き、それは、誤りであったと反省している。それは、通説だけが正しいと思い込んでいるのと、同じ穴のムジナであり、自分で何も考えていないということだからである。先生の理論は非常に説得力があり、力強い。しかし、だからといって、それを丸覚えしても意味がなく、肝心なのは、『考える姿勢』なのだと思う。だから、これからは、先生の言うことを、ただ反発するだけでもなく、逆に丸ごと考えずに受け入れるのでもなく、自分で考え、疑いながら、授業を受けようと改めて思った。」

「『ある理論を批判するとは、その理論の立場に立って内在的な矛盾を指摘することである。それに対して、他の理論の立場からの批判は、粗探しになってしまう。』このことの意味と重要性は分かっているつもりだったし、この前のレポートでも、実践できたと思っていたけれど、笠井先生の立場にたっていたのかも知れない。重要なことなので、どこが、先生の理論にたよっていたのか考えて、今後理論を批判するさいの姿勢が自然になるまで、上のことを意識するようにしようと思った。」

（十）

今日、実践的には、売買目的の有価証券等については、時価評価が導入された。しかし、その理論的根拠は、未だ解明されているとは言えない。主観のれん説、実現可能基準説、そして拙論の企業資本等式説等が提唱されてはいるが、その妥当性については、明らかになっていない。そうした混迷を象徴するのは、有価証券損益の性格の曖昧性であろう。一般的には、期末保有時には保有損益が、売却時には売買損益が生ずると理解されている。この点について明確な結論を提示しているのは、企業資本等式説だけであり、主観のれん説および実現可能基準説においては、その結論は、必ずしも明らかではない。しかし、一般的な見解に対しても特に異論を唱えていないところをみると、保有損益と売買損益とがふたつながらに生ずると理解されていると推察されるのである。

しかしながら、この点が、筆者にはどうしても得心がゆかないのである。すなわち、拙論の企業資本等式説によれば、有価証券は時間的利得の獲得を企図する派遣分に属しているので、売買損益は、一切生じない。というのは、期末保有時に期首から期末まで保有したことに対する時間的利得としての保有損益が発生するのとまったく同じ論理によって、売却時においても、期末から売却時まで保有したことに対する時間的利得としての保有損益が、まずもって発生しているはずだからである。したがって、有価証券については、一貫してもっぱら保有損益が生ずるので、売買損益が生じる余地はないのである。

有価証券には、保有損益と売買損益とが生じるという一般的見解は、現代会計学における理論構築の在り方の問題点を凝縮していると言っても過言ではないであろう。すなわち、まず第一は、部分の論理しかみておらず、全体の論理を見据えながら理論構築していないという点である。具体的に言えば、一方で期末時だけを見詰めることによって保有損益概念を、他方で売却時だけをみることによって売買損益概念を形成するという在り方であり、購入時・期末時・売却時の全体を一貫した論理で説明することが、視野に入っていないのである。第二は、日常用語に囚われて結論が導出されていることである。例えば有価証券を売却するという日常用語法に影響されて、売却時の有価証券損益を売買損益と規定してしまうのである。逆に言えば、各学説の基本的思考だけから論理的に結論を演繹していないということである。そして第三に、そうした背景を辿ってゆけば、複式簿記のプロセスを看過し、期末財務諸表だけを重視する財務諸表中心観に行き着くのである。こうした理論構築の在り方のために、時価評価を含む各学説は、その全体像を見渡すと、必ずしも首尾一貫していない。そこで、その基本的思考を索出し、それから言い得ることだけを論理的に展開した理想型を再構成する必要があることになる。私の視点からすると、そうした理想型においては、一方、主観のれん説は、購入時において「売買損益」が生ずることにならざるを得ないし（期末時および売却時には、その「売買損益」の修正損益が生ずる）、他方、実現可能基準説は、期末時に売却擬制による売買損益が生じざるを得ないのである。両学説の理想型においては、保有損益が生ずることはない。そこでは、その提唱者あるいはその一般的理解とはまったく異なった結論になってしまうわけである。

私は、最近作「有価証券損益の三類型」（『三田商学研究』第四四巻第三号）において、こうした内容を主張しておいた。こうした見解は、これまでのところ、まったく表明されていない。その意味できわめて異端の発想であり、初学者には難しすぎるかとも思ったが、この講義の総決算には相応しいので、この拙稿を宿題として課したのであった。その結果は、嬉しい誤算であり、多くの学生は、私の真意をきわめて正しく読みとってくれたようなのである。

まず第二の論点については、自分達の経験に照らして、きわめて興味深い感想が述べられていた。

「今日は、最後に保有利得と売却益について、日常用語から受ける誤解のことをおっしゃっていたが、これは本当によくわかった。私は法学部のために、条文を読むが、それは日本語で書かれてはいるものの、その内実は法的なテクニカルタームなわけであり、ある種の外国語に近いものである。それを理解するには、日常用語から受ける影響を極力排除する必要があるが、これは非常に難しいことである。」

「日常用語に我々が規定されてしまっているという点は、自分が実際に研究してみると極めてむずかしい問題だと感じた。講義で聞いている分には、『はい分かりました。注意します』というだけでおわってしまう。しかし実際注意しようとしてみても、本当に正しくその問題を解決することが我々（私）に出来るかを考えてみると、絶対にできないように思う（少なくとも今の時点では）。これは、私が今まで論理などを研究した経験があまりにも乏しいためであろう。学問は長い歳月を必要とすると先生はおっしゃっていたが、そのことを、とても強く実感しました。」

「今日のメインテーマであった有価証券の保有利得の問題も、他の多くの現行制度と同じように、今日の会計が財務諸表の表示ばかりを重視して、そこに至る経緯を軽く考えたことによって生じる問題でした。このことは会計の世界を離れ日常生活においても言えることだと思います。我々はとかく結果・結論を導くことを急ぎ、過程の価値を過少に評価している傾向があることは否めません。しかし、結果に至る過程をごまかしていると、その結論も多くの矛盾を持つものになりかねないでしょう。

会計という一つの分野から様々なことが学べ、奥の深さを感じます。」

「日常生活で使われる言葉（日常用語）にだまされるな、ということがとても心に残りました。会計学に限らず、普段よく使われる言葉も実はその言葉自体の意味の通りではなく、実際の事象と違う場合がよくあると思います。言葉を正しく使うことの重要性を最近特に感じます。全然わからないことなのに、よくはわからない、などという表現を使ったりしてしまうことがあるからです。普段から言葉を正しく使うことが、日常用語のおかしな点に気づく近道になるかもしれないと思いました。」

次に第一の論点については、レポートに、多くの感想が併記されていたので、その若干を掲げよう。

「取得時・期末時・売却時それぞれの仕訳を見ることによって一時点の仕訳だけから一般化を行うのは危険であることが分かった。笠井先生がおっしゃるように、仕訳を軽視する姿勢がそうした安易な一般化を招いてしまうのだろう。
ある学説の理想型を作成したところ、その学説自体の主張と異なるものになったという結果は私にとり衝撃的だったが、ある一つの学説が全体として首尾一貫性を欠いた形で提唱されることもあるのだと知り、警戒心を強めると同時に、笠井先生がなされた理想型作成作業がそれを見抜くために重要だと感じた。」

「まずいつもながら感じることではあるが、理想型を構築するということに感心させられた。理想型を構築するということは、その主張について十分な理解が必要であり、場合によれば、その主張者よりもその主張について理解している場合もあるだろう。それには、先日先生がおっしゃっていたような、相手の言い分を真剣に聞こうとすることや、理解するために命懸けで挑むというような姿勢が要求されるだろう。最近になり、そうした姿勢は何も学者にのみ要求されるのではなく、私たちにも、これから社会に出るにあたり、要求されることなのではないかと感じるようになった。人の本当に言わんとするところを聞き出し、他人の立場になって考えること、それは、例えばクライアントのニーズに適確に応えるというような事に繋がっていくのであろう。」

「一言で言うと、非常に読みやすかった。読みやすいといっても内容が簡単という意味での読みやすさではなく、結論へ至るまでの記述がきちんと順を追っており、すべての章同士がきちんとつながっていた点が非常に読みやすく、読んでいく過程で、次を期待させられるようで感心させられた。

今卒論を書いている私にとって、論文の書き方および論文の意味を、先生の論文を通じて感じさせてもらったことは、非常に良かった。卒業論文執筆で忙しい中だったが、先生の論文を読んで非常に良かったと思う。」


「この論文は、非常に難しい問題を取り上げているにもかかわらず、文章自体がわかりやすく、読み進めていくうちに驚くほどスムーズに理解できたように思える。

説明理論に対して仕訳を通して考えるという一貫したスタンスは、他の論文にはなかなか見受けられない。首尾一貫した理論を追求したいという筆者の熱い思いが論文を通して伝わってくるようであった。この首尾一貫ということの重要性こそが論文を通して筆者が最も伝えたいメッセージなのではないかとさえ思えてきた。

この論文における二つの学説について、笠井教授の理解が本当に妥当なものかどうかということは、最終的には、自分自身で原文に触れ、自分なりに研究することによって結論付けたいと思う。」（傍点は笠井が付した）

私の心配は杞憂であった。受講生のこの一年間の進歩を感じざるを得なかった。とりわけ、最後の感想は、前出のＩ・Ｙ君のものであるが、その傍点の箇所をみて、彼の進歩には、目を瞠る思いであった。それは、この一年間の講義を通して、受講生に一番体得してほしいことだったが、おそらくこの講義に傾注してくれたのであろう、見事にそれを理解してくれていたのである。

## 終わりに

平成一三年度の講義は、全部で二七回あったので、その間には、いろいろのことがあった。以上において長々と書き連ねてきたが、これでも、当初予定した項目の半分ぐらいしか取り上げられなかった。しかし、既に原稿締切日はとうに過ぎてしまっているので、これ以上遅れると、会報係の斎木君に叱られてしまいそうである。斎木君は、この一年間に大きく成長したゼミ生の一人である。ゼミ活動を積極的に引っ張ってくれたばかりでなく、この講義も熱心に聴講してくれた。その彼に、これ以上迷惑をかけることはできないし、それに、書くことに、私自身、いささか倦《う》んできた。

そこで、唐突ではあるが、最終講義に移ることにしよう。この日は、これまでの纏めの意味で、私なりの会計の全体像を示したうえで、一昨年と同様に、茨木のり子氏の詩「倚《よ》りかからず」を読み上げた。

もはや
できあいの思想には倚りかかりたくない
もはや

できあいの宗教には倚りかかりたくない
もはや
できあいの学問には倚りかかりたくない
もはや
いかなる権威にも倚りかかりたくはない
ながく生きて
心底学んだのはそれぐらい
じぶんの耳目
じぶんの二本足のみで立っていて
なに不都合のことやある
倚りかかるとすれば
それは
椅子の背もたれだけ

この詩を含む詩集『倚りかからず』は、私の座右の書のひとつであり、折にふれひもといては、自分の生き方の鑑《かがみ》とさせていただいている。この詩には、この講義において会計学を素材として私が受講生に伝えたかったメッセージが凝縮している。そこで、最終講義に読み上げることを、当初から予定していたのである。

その後で、最後の感想文を書いてもらったが、そのいくつかを紹介しよう。

「大学四年間のなかで、この『会計学』の講義が僕を最も成長させてくれたように思います。他の講義では、その学問についてひたすらしゃべり続ける先生と、それを聞いていない学生、という配置が多く見られました。しかし会計学ではそういうことはなく、先生と学生とが一体となっており、また学問への取り組み方も教えてくださいました。今思うことは、もっと早く笠井先生のお話が聞けたら、学生生活がより充実したであろうということと、たとえ最後の一年間だけでも、学問への取り組み方を本気になって考えることのできる時間ができて本当に良かったということです。やっと『学び方』が分かるようになってきたところで、もう講義が終わってしまうのは本当に残念です。しかし、最後の学生生活で得ることができた大きなものを、今後も忘れずに、そして権威によりかかることなく、がんばってゆきたいです。一年間、本当にありがとうございました。」

「本当に価値のある授業を毎週受けることができ、感謝しています。

真実を見つけるには、自分の頭で考えるしかないという事、一見誰もが言いそうな事ですが、この事を真剣に受け止める事ができました。

この事を教えて頂いたことにより、今後、さらに大変な努力を重ねていかなくてはならなくなりましたが、人間らしく生きるために必要な事を教えて頂いたこと、本当に感謝しています。」

「先生の授業に全部出席させていただいたが、先生の授業は、本の厚さも、取るノートも、先生のおっしゃる内容も、非常にボリュームがあるものだった。

にもかかわらず、その多さを感じさせない、非常にすっきりとしていて、楽しい授業だった。ノートのどこをめくっても納得できる、違和感のない、ある意味で美しさを感じさせる授業だった。

後は、どれだけ自分が判断し、自分自身で考えられるか、そこが一番の問題であり、先生が一番教えたかったことだと思うが、努力していきたい。」

「この一年間で獲得できたものは、会計学に関する知識ではなかった。こんな風に書くと、会計学を教える笠井先生には失礼かもしれないが、私は、一年間で、『全体の論理』を見据える姿勢と、『自分の頭で考える』姿勢が身に付いたように思える。もちろん、この二つの姿勢が完全に自分のものになったわけではなく、あくまでこの二つの姿勢を前提とした思考プロセスのスタートラインに立ったにすぎない。こういった思考プロセスで考えるということは、もはや会計学というひとつの学問を超越した『力』であると感じる。会計学を通して、このような、ある種普遍的な考え方を教えてくれた先生に対して、感謝の気持ちでいっぱいである。」

「一年間、会計学の講義に出席した結果、会計の知識はもとより、学問とはどういうものか、さらには人間としての姿勢はどうあるべきかというものを、会計学を題材として学んだと考えております。正直、最初は、これは本当に会計学なのか？とも思いましたが、逆に考えると、その裏にあるものは、自分で納得するという、すべてに共通する姿勢だと気付いた時には、なにかすんなりと考えられるようになりました。この年齢までに作られた固定観念をもう一度見直す良い機会となりました。一年間、どうもありがとうございました。」

「この一年は自分にとっても貴重だったと思う。最初は通説を何の疑いもなく信じていたが、今は自分が納得できたものだけを信じるようになった。これは会計学だけでなく今後すべての学問、生活に生かしていけると思う。先生が最後にお読みになった詩には感動した。自分もこれから自分の思想だけに寄りかかり、決して通説には寄りかからず勉強していこうと思う。一年間どうもありがとうございました。」

「一年間、先生の講義を聞いて色々と大切なことを学ばせて頂きました。会計の講義だけでなく、学問の根本的な部分も学ぶことができました。例えば、学問は、ミクロ的な視点で見てはならず、マクロ的な視点で全体を把握しなければならないということ、自分の頭で考え理解すること、相手を批判するときは、まず相手の立場に立ってものを考え、それから批判しなければならないということ等、今まで忘れかけていたものを思い出させてもらえたような気がします。会計の講義も最初の頃は全く意味が分からず、大変でしたが、出席を重ねるにつれ、理解できるようになり、会計が本当に楽しく感じられるようになってきました。
本当に一年間ありがとうございました。」

「この講義では会計学という一つの学問に限らず、幅広い事柄を学んだ気がします。特に、学問に対する態度はどうあるべきかという点は、印象的だったし、今でも、自分自身に問うこともあります。私自身は、経済学部の学生でありながら、会計学を受講したのですが、僅かに持っていた知識（もちろん通説でした）が、いかに不確実で疑わしいものだったかを思い知らされました。もちろん、先生の理論に反発した時期もありましたが、実際自分で（宿題の一環としてですが）読み調べる内に、色々見えたり、又は見えずに、その後の授業で指摘され気付いたりしている内に、全くそういう反発はなくなりました。」

「この授業を通して学んだことの最大の収穫は、最後に朗読した詩のように自分で考え、自分の納得した物により所をおくということです。現行制度や通説は役に立つことはあるだろうけど理論的に整合性があるかどうかとは別問題であって、矛盾が生じる以上、より理論的なものへと理論を作り上げることが必要であると実感しました。いままで『自分で』考えるということをおろそかにしてきたなとつくづく思えました。これからの勉強や人生ではこれを教訓にしていきたいと思います。」

「会計が単なる覚えるだけの無味乾燥としたものではなく、理論的な思考によってはじめて理解できる知的産物であることがわかり、自分にとってとても勉強になりました。どうもありがとうございました。」

「先生の講義を受け、一つ、いわば感銘したことがある。それは、ある意味でストイックなまでに論理を追究してゆく、先生の学問に対する姿勢である。講義を受けてみても、論文を読んでみても、そのことを強く感じる。自分の信じるものを信じる。自分の納得するものを納得する。その甘んじた妥協を許さない先生の考え方に対して、非常に強い共感を覚えた。」

以上、受講生の感想文を参照しながら、二〇〇一年度の会計学の講義を顧みたのであるが、たまさかの縁にはせよ、この講義を介して巡りあったひたむきな受講者の大成と仕合せとを願わずにはいられない。そして、そうした受講生に恵まれ、充実した一年間を過ごすことのできた自分の仕合せを感謝したいし、さらに、彼等のひたむきさに応えられるように、次の一年間も精進しなければならない、と心に誓ったしだいである。

(『交差点』第三二号、二〇〇二年六月)

# サマースクーリングと私

## はじめに

夏休みの一週間は、恒例として、通信教育課程のサマースクーリング（以下、ＳＳと表記する）のために空けてある。それは、一日一〇〇分授業の二コマの講義が七日間にわたって行なわれるのであるが、私は、この講義をきわめて楽しみにしており、みずから志願して、講義名を変えながら毎年開講している。

もっとも、夏休みというのは、大学教員にとって、けっして休暇ではなく、むしろ、もっとも集中力を要する書き入れ時なのである。学期のさなかは、当面の講義の準備に追われるばかりか、雑務も多く、自分の研究に打ち込むことはできない。研究者として伍してゆくためには、この夏休みの間にどれほど研究に専念できるかにかかっている、というのが実状であろう。その意味では、「大学の先生は、二か月もの夏休みがあって、いいですね」といった世評ほど、的はずれなものはない。

それにもかかわらず、夏休みの貴重な一週間を毎年ＳＳに割り当てているのは、それが、私の研究・教育人生にとって、きわめて大きな意味をもっているからである。周知のように、ＳＳの受講生は大変熱心であり、そこでの講義は教育者としての充実感を味得させてくれる。たしかに、それも大きな要因には違いないが、しかし、ＳＳの講義は、私にとり、それを越えている。私の研究を促進し、さらには私の研究生活を支えてくれた、というのが私の偽らざる実感なのである。

今年度（二〇〇三年四月―二〇〇四年三月）で、私は慶應義塾大学を退職する。まだずっと遠い先のことと思っていたのに、いつのまにか、三〇年余にわたる慶應義塾大学における私の研究生活も、終焉を迎える時期になっていたのである。

私は、ＳＳでの毎日の講義の後に、受講生に感想文を書いてもらっている。それにより、当日の講義に関する受講生の理解度を確認するとともに、翌日の講義内容に反映させるためにである。そこで、そうした感想文をよすがとして、ＳＳの講義という鏡に映った自分の研究・教育人生の一端を振返ることとしたい。

（二）

私の専門とする会計学というのは、きわめて制度的性格の強い領域である。まず複式簿記という技術性の強い記録機構が存在しており、それは種々の約束事に縛られているばかりか、それを動かす原則にしても、『企業会計原則』という制度的規定によって大枠は決められてしまっている。さらに、公認会計士・税理士試験制度の存在により、会計学というのは、そうした技術的約束事あるいは制度的規定を暗記すること、といった通念が支配的なのである。そのために、ほとんどの受講生も、制度的規定の解説を期待しているようである。

そこで、講義の冒頭において、一般に普及している若干の仕訳を提示し、その妥当性を問い掛けることにしている。そういう問い掛けに対して、学部の学生とは異なり、ＳＳの学生の場合には、必ず、何がしかの答えが返ってくる。そこで、彼等との議論を通して、そうした仕訳が、理論的にみて、どれほど合理性に欠けているかを白日の下に曝すのである。そして、制度的規定を鵜呑みにしないで、素朴な疑問を抱くこと、さらには自分の頭でその妥当な解決を見出そうとすることの重要性を示唆するわけである。

そうした私の方針からすれば、私が抱いた疑問、その解決のために私が悩んだ経緯、そして私が到達した結論を、ひとつの解決案として提示することにならざるを得ない。もちろん、私の学説が異端であることをくどいほどに説明するが、徹底的に私の学説を説くわけであるから、それが独善とならないために、できるだけ通説との比較検討を試みるとともに、私見を鵜呑みにせず、その是非の判断は、受講生が自分たちで行なうべきものであることを強調している。

極言すれば、片々たる会計学の知識などどうでもよく、そうした会計学上の知識形成の在り方を通して、素朴な疑問を抱くこと、および自分に納得のゆく解決を図ろうとすることの重要性を体得してもらうことに、私の講義の狙いがあるのである。私の尊敬する井尻雄士先生は、つとに、“learn how to learn”ということの重要性を説かれているが、筆者もまったく同感であり、筆者なりに、そうした講義にしたいと考えているわけである。

もっとも、こうした講義に慣れていない受講生は、当初はびっくりするようである。次の感想文には、そうした驚きが率直に表白されている。

「この講義の始めに、『これからする講義は私見であって、異説だ』と先生が言われたことが、『では何故学ぶ必要があるのか、……選択を間違えたな』と感じさせることになったような気がします。後には、先生がどうしてそう言われたのか理解できましたが、最初は『この先生は偏りのある考えで講義しようとしているのか？』と、自分の学んできた簿記会計を正当化する答えを見つけようとする姿勢で臨むことになってしまったような気がします。講義を受けてゆくうち、実はそれがまったく逆であり、先生のほうがよりオープンな立場から、現行会計の矛盾を解き明かそうという作業をしているのが理解できましたし、私は理論を度外視して簿記の技術のみを身につけたというのがわかり、まさに、learn how to learn に触れることが出来た様に思います。」

考える力をつけることにではなく、ひたすら暗記させることに力を注ぐという在り方は、日本の教育一般の通弊であるが、会計学の場合には、当初に述べたように、複式簿記という高度に完成した技術的な機構の存在、および『企業会計原則』といった制度的規定の存在が、そうした傾向に拍車をかけていると言ってよいであろう。そのため、仕訳などにしても、何も考えることのない、無味乾燥で機械的な作業とみなされてしまっているわけである。したがって、自分の頭で考えながら仕訳を切ろうなどと言うと、次のような驚きが洩れてくることになる。

「第一回目の講義はとても興味深いものでした。こんなに自由に考えてよいのかというのが、いまの感想です。二回目以降が楽しみです。」

そのようにノビノビと考えてよいことを強調したうえで、こうした講義を一週間続けると、さいわい受講生諸君も、自分達のもっている簿記・会計の知識に対して、相当の疑問をもつようになる。若干の感想文を示そう。

「今回のスクーリングを受けるまでは、会計とは記憶するものと思っていました。しかし、理論を知らずに単に覚えただけの知識では、今後新しい出来事に対して、対応ができなかったり、時間がかかることに気付きました。また世の中の通説には、色々な矛盾が多い事にも驚きました。今後、会計に携わる人々が、それぞれ問題意識を持って会計を行なうことにより、新しい会計制度が生まれたり、慣習が出来たりして、よりよい社会が生まれるのではないかと思う。」

「私は、簿記を勉強し、会計というものは既になにか大きな枠のなかにしっかりとできあったもので、それを覚えることだとばかり思っていた。したがって会計学の問題点というものも、どこに存在するのかさえわかってはいませんでした。

先生の講義を伺い、会計学の問題点の把握の仕方がわかりとてもプラスになりました。また様々なことに精通された奥の深いお話は、学問に対して真剣に取り組まれている御姿勢と共に非常に影響を受けました。

自分の頭で考え、論理を組み立てていくということが、学問するということなのだとわかりました。」

「先生から私達生徒への問い掛けは、はじめはピンとこなかったのですが、その後先生の説明を聞くと、なるほどなあ……とおどろかされます。たとえば『費用に対して現金を払うのは、おかしく思いませんか？』という問い掛けなど。

今までやってきた私の簿記は、暗記でなりたっているということに気付かされました。」

「はじめ非常に面食らった気持ちがありましたが、会計をより深く理解する上で、先生のような考え方が非常に役立つのではと感じました。今まで、何であれ、現行のやり方はこうだ、だから四の五をいわずに覚える、というような気持ちでしたので、結局のところ理解はしていなかったと反省しております。もっといろいろ聞きたいと思う頃、終わってしまうこの夏スクーリングですが、先生の考え方にならって、疑ってみたり比較してみたりと、いろいろな方向からみてもっと理解していけたらと思いました。短い間でしたが、会計に対するイメージが一八〇度変わった貴重な一週間でした。本当にありがとうございました。」

「私は、とにかく資格試験に合格することを目標に会計学を学習してきましたので、理論は、勉強しておりませんでした。試験委員が決まったら、その出題者の学説のとおりの仕訳をして、もちろん疑いを持ったら、頭にも入らず、試験にも合格しませんので、まる覚えするわけです。企業会計原則も、正しいものとして何の疑いもなく勉強してきた私にとって、今回の授業は、考える機会が得られ、この科目を選んで良かったと思っております。」

以上の感想文には、今日の簿記・会計教育の問題点が浮き彫りになっているが、受講生諸君がそのことに気付いてくれたことで、私の講義にも、それなりの意義があったのではないかと私は理解している。

いずれにしても、個々の仕訳にも、その根底にはそれなりの理屈があるはずであり、それらを見出し、さらにそうした理屈を縫い合わせて全体として首尾一貫したものにすることが会計学の役割であるが、そうした営為は、本来、知的興奮を呼び起こさずにはおかない楽しいもののはずなのである。そうした自由闊達さを取り戻した受講生は、会計学の学習を楽しいもの、面白いものと感じてゆくようである。そうした経緯が、例えば次のように述懐されている（傍点は笠井が付した）。

「初日の講義で、通常の簿記で学ぶことのない仕訳から始まったため、その事に目が取られがちになり、この講義の目標が、今自分の持っている簿記の常識にとらわれる事なく、妥当な論理を構築する点にあるのだということに気付くまで、大変でした。

しかし、こうしたことに気付くと、講義が楽しいものになり、今まで自分が簿記の処理方法に、何の疑問をもたなかったことが不思議でたまらなくさえなりました。」

「毎日、本当に興味深い講義をしていただいて、あっという間の七日間となりました。自ら考えていくという意味で、本当に楽しいスクーリングとなりました。いままでいくつかのスクーリングに出席しましたが、それぞれ精一杯やってきたつもりではいたのですが、今回程心底一所懸命に打ち込めたスクーリングはなかったと思います。」

「会計その他の世の現象について、あたり前だけどとても難しい〝自分の頭で考える〟ということの複雑さそして面白さを学んだような気がします。個別的な授業の中身に関しては、正直、一〇〇%理解できたとは思いませんが、自分がどこが分からないのかということは、分かるようになりました。やはり、何といっても一週間は短いですね（科目により長く感じるものもある）。」

「初日に先生がおっしゃった learn how to learn という言葉は、この一週間私の心に常にありました。前半、他の生徒さんが、様々な質問をするのに対して、私の頭は混乱しておりました。具体的に何がわからないのか、わからなかったのです。ところが後半、先生のおっしゃる〝論理〟という意味を自分なりに解釈できてからは、講義が楽しくなりました。前半は自分のノートをみても理解できなかったのに、後半はノートの意味がわかるようになったのです。結局、先生の講義の組立てには、全体を通して流れがあったのだと思いました。

明日で終りかと思うと非常に残念でたまりません。もう少し講義が聞きたかったです。講義の名が変われば、また来年のスクーリングが受講できるのですが……。」

このように考えることの楽しさを味得してもらえれば、私としても、本望なのであるが、さらに議論の楽しさに気付く受講生も、少なからずいる。先に述べたように、この講義では、私は、受講生に積極的に問い掛けることにしている。学部の講義の場合、こうした問い掛けをしても、ほとんど答えが返ってこない。その点、ＳＳの受講生の場合、社会人であるだけに、自分たちなりの体験があるためであろうか、必ず何らかの反応がある。さらに、それに対して、別の学生が反論することなどもあり、必ずしも私の期待したことではないが、ミニディスカッションになっていることも少なくない。そのような場合、クラス全体が、そうしたやりとりを通して、積極的に自分なりの考えを生み出そうという雰囲気になる。そのことの重要性に、学生自体も気付くようで、次のような要望が寄せられることとなる。

「今日のように、先生が問題提起をして、皆でディスカッションする、という講義形式は楽しかったので、また是非やっていただきたいと思う。」

「今日は発言も活発で非常によかったと思いますが、自分なりの考えをもっていても発言できない方もいらっしゃるようなので、少しでもいいので、グループ討議というのをやってみると面白いと思います。」

このように講義に関心を抱いてもらうことは、教員として嬉しいかぎりであるが、この講義は、なにせ七日間しかない。そのため、グループディスカッションの試みはついにできなかったのは心残りではあるが、しかし、日常なされている処理方法に素朴な疑問を抱くこと、さらにはそれを説明するヨリ上位の概念・命題の妥当性についても常に厳しいチェックをすることなどの重要性だけは、確実に理解されているようである。この何年間かの最終日の感想文のうち、心に残ったものを紹介しておこう。

「この一週間で、すっかり笠井論に影響されてしまい、仕訳一つを見るにしても、『本当にこれでいいのだろうか？』とジーッと考える様になってしまいそうです。そんな有様で、何千枚もの伝票を検閲するのかと思うと不安（？）になります。

通信課程に入学したのは、〃大卒〃という資格欲しさの為でしたが、こういう授業をして頂けると、本当に大学に入って良かったというか、その意味が見出せます。社会に出ると、実践第一主義になってしまい、理論を考え抜くということが本当に少なくなりますから、今後もこの様な内容で授業を行って頂けると楽しいのではないかと思います。

昨日の日経一面に、『有価証券の時価評価』についての記事がありました。何年後かに先生の授業内容が聞いてみたいです⁉」

「今まで他の講義や以前大学に通っていたときの講義（工学部でした）を通じても、笠井先生のように徹底して論証していくようなものは少なかった（なかった？）ので、非常に新鮮でした。

私は会計の専門家を目指しているわけでもないので、少しレベルが低い生徒だったと思いますが、それでも、全講義に集中して出席できたのは、その一貫したスタイルの新鮮さと新しい知識を身につける両方が、あったからで、例えば入門講座のような知識つめ込み型では、ここまで集中できなかったろうと思いました。」

「授業を通じて感じたのは、会計に関しても一貫した理論を作る努力がなされているのだな、ということです。

私は理工学部出身なので、応用数学や量子力学の理論は多少かじったのですが、会計の理論にはそれらと違った厳しさがあるように思いました。厳しさというのは、会計には、検討手段が限られているということです。物理学も現在は検討できない領域に入りつつあるのですが、前提としては、物理現象の説明ができて、経験等で検証されたものを理論とするという建前があります。

しかし、会計学では検証は主に研究者の間でしか行なわれないこと、また間違っていてもクリアーな目で見ないかぎり、発見できないことにより、正しいあるべき理論の構築が非常に難しくなっていると思いました。

とは言え、こういう自分の研究成果を通して得られた体系につき、そのプロセスを聞くということはなかなかないことなので、来年以降の講義も、基本線としては、このままでいいのでは、と思います。」

「この講義で、全体を通して先生の話されていたことは、先生も最後におっしゃっておられたように、『会計理論を通しての研究のあり方』ということだったと思います。ひいては、生きる姿勢であり、社会人として持っておきたい考え方だったのではないかと私は考えます。個人的には、休暇をもらってスクーリングに来たわけですが、密度の濃い一週間を過ごせました。今後の人生にも確かに影響を持つものだと思います。深く感謝いたします。

さて、今後の講義についてですが、同じく会計理論を通してという姿勢の講義を貫いていただきたいと思います。この場はあくまで大学での講義なわけですから、決して手法や技術の講義になることなく、また単なる理論の説明で終わるというのでもなく、今回のような講義をお願いしたいと思います。」

（二）

以上のように、私の講義方針をＳＳの受講生の多くは、支持してくれているようである。そして、毎年、前年度の受講生の何人かが、必ず、再び聴講してくれるのである。大学が、研究と教育との二本柱からなっているいじょう、私の講義にそのように意義を感じる受講生の存在は、教育者としての私に、大きな充実感をもたらしてくれるのである。

しかし、ＳＳには、そうした教育の側面だけではなく、研究の側面においても、私の研究を促進してくれたという意味合いもある。

私は、自分の最新の研究を講義している。しかし、それは、おおむね制度的規定あるいは通説とはかなりあるいは根本的に異なっている。そのため、前述のように、受講生諸君も、当初はかなり違和感をもつようである。そこで、通説と私見との比較検討が、ポイントになる。問題は、その私見が、通説との対比で受講生諸君の得心を得られるかどうかである。それは、受講生諸君の表情と感想文とによって、大体推察できる。

ここで、幾分寄り道をしなければならない。私は、大学にはクルマで通っている。しかし、九時に始まる講義の場合、渋滞を避けるためには、五時半に起床し、六時には家を出なければならない。そして、ファミレスで食事をした後、一時間くらい勉強するのだ。しかし、ＳＳの場合、なにせ七日間で会計学の全体像をカヴァーしなければならないので、話す内容を十分に整理して効率的に進めないと、尻切れトンボになってしまう。前日に、随分予行演習をしておくのだが、しかし、朝起きてみると、必ずしも頭に残っていない。そこで、思い切って、朝四時半に起きることにした。そうすれば、ファミレスで二時間ほどの予習時間がとれるので、当日話す内容を頭のなかに叩き込むことが、可能になるからである。何時の頃からかは定かではないが、ＳＳの一週間は、四時半起床が日課になり、セミ時雨に背中を押されながら自宅を出立し、まだ薄明の高速道路をひた走ることになった（ちなみに、その習慣は、学部の講義日にも持ち込まれることとなった）。

そういうわけで、講義は、話す順序を記した簡単なメモがあるだけで、すべて、当日自分の言葉で喋ることになる。したがって、受講生諸君の表情も、よく見える。得心してくれたのか、得心がゆかないのか、ある程度の推察がつくので、その状況に応じて、急遽、追加的な説明をすることにもなる。そして感想文によって、どの部分が、どのように分からなかったのかを最終的にチェックして、翌日の講義に反映させるわけである。私は、会計学の全体を何が何でもカヴァーすることより、会計学の要ともなる重要な論点について得心してもらうことに重点をおいているので、多くの受講生の得心が得られない重要な論点については、手を替え品を替え、いろいろな方向から、繰返し説明することにしている。

しかし、時に、そうした説明に窮するときもある。そのような体験をしているうちに、あるとき、ふと気付いた。受講生諸君の多くに納得してもらえない論点というのは、実は、自分自身に対してもうまく説明できない論点に他ならないということに、である。つまり、本当のところは、私自身が、よく分かっていなかったのである。自分自身が本当に分かっていさえすれば、その説明手段は、実は、いろいろあるものなのである。それに窮するというのは、正に自分自身が本当には理解していなかったことの証しなのである。

このようにして、自分の研究すべき論点が、明らかになる。私の研究生活は、とりわけこの一〇年余の研究は、こうした講義を通した自分の研究の不備を自覚することに、その端緒があったと言ってよいであろう。つまり、一方、教育によって、自分の研究の方向を与えられたのである。そして、それを考え続け、その研究成果を『三田商学研究』に公表したわけであるが、この拙論を教材として用いることにより、研究を教育に還元していったのである。

これについても、若干の感想文を示しておこう。

「今日の授業で、前半のまとめの部分のお話で、先生の理論の全体がよく理解できました。私を含め、本講義の受講者の多くは、実務経験者であり、なかなか、既に記憶してしまっているものの是非を自問自答するのは困難であり、先生のおっしゃる事が、『何の役に立つのか』という点から、私などは受入れる迄に抵抗が有り、問題の本質を見過ごしていたことが良くわかりました。その理解を助けてくれたのが、『三田商学研究』における先生の論文で、全体を繰返し精読した結果、今日の測定規約によっては、合理的に説明され得ない資産項目が存在することを受入れることが出来ました。」

「教材として、『三田商学研究』の笠井先生の論文を利用できたのは、とてもありがたかった。それぞれの用語の意味はわかっても、体系的に理解するのは、聞いているだけでは難しかった。」

私にとって、研究と教育とは、けっして別物ではない。教育（講義）が、私の研究を進展させてくれた、というのが私の実感である。私は、二〇〇〇年一一月に『会計の論理』を公刊した。現代会計の全体像を描いたこの拙著は、私の慶應義塾大学における三〇年余の会計学研究の総決算であるが、それとても、前記のような教育（講義）があったからであろう。その意味では、教育（講義）の副産物と言ってもよい。そして、研究と教育との結節点になったのが、『三田商学研究』だったことを思うとき、大学の研究・教育における紀要の重要性を、今更ながら思い知るのである。

それはともかく、教育というのは、けっして、知識の提供という形で一方的に受講生諸君のためにあるだけのものではない。前記のように考えるかぎり、講義者の研究を促進するものでもあり得るのである。大学における教育とは、単に受講生を教え育てるだけの場ではなく、受講者と講義者とが共に育ってゆく場なのである。そうした意味で、正に共育の場に他ならないというのが、慶應義塾大学における私の三〇年余の研究・教育のひとつの結論である。

そのことを、私に強く自覚させてくれたのが、ＳＳの講義なのである。

（三）

しかしながら、ＳＳは、そのように私の研究を促進してくれたばかりではなく、さらに、私の研究を支えてくれたという意義すらもっており、私は、計り知れない恩恵を蒙っているのである。幾分個人的心情的なことになるが、ＳＳを語るともなると、この点についてふれないわけにはゆかないのである。

既に繰返し述べているように、私の研究は、現行会計制度を首尾一貫して説明する論理の探求にある。その点、制度というのは、しょせん妥協の所産であるだけに、当然のことに、整合的なものではあり得ないし、その制度をそのまま正当化しようとする通説なるものも、きわめて混乱している。したがって、まずもって、そうした制度あるいは通説の批判が、私の研究の基礎にあるが、それだけに、拙論は、きわめて異端の説と言ってよいであろう。それでも、この一〇年間ぐらいの執筆活動により、拙論に対しても、それなりの評価も与えられているようである。今日提唱されている併存会計学説のなかで、拙論がもっとも体系的であるとみる論者、あるいは現行会計実務の説明理論としては拙論のように理解するのが妥当とする論者もいるし（もっともそれに対して否定的な論者もいる）、また会計理論の将来を視野に入れつつ、拙論をそのひとつの範型と位置づけてくれる論者も、いないわけではない。さらには、拙論が依拠する企業資本等式説によってデリバティブというもっとも新しい会計事象を解明しようと試みる研究も、現われ始めている。もっとも、それとても、簡単に数え上げられるぐらいのものであり、少数説、異端の説であることに変わりはない。

現在でもそんな状況にあるいじょう、私が提唱し始めた頃は、推して知るべしである。その拙論を講義するわけであるから、私が一番困ったのは、「先生の説は、きわめて論理的に思えるのですが、なぜ、学会で、賛成者が少ないのですか」という質問であった。その妥当性を手品のように示せる類いの問題ではないだけに、どうにも答えようのない質問であった。それに、通説に対する孤独な反乱は、自分自身にしても、きわめて心細く感じていたことも事実なのである。私の研究人生には、そうしたつらい時期もあったが、SSの受講生の激励が、それを乗り越える原動力になったと私は考えている。ここでは、M・MさんおよびM・S氏について語ろう。

まずM・Mさんであるが、この時期に行なったSSで、M・Mさんという受講生を得たことは、私にとり、僥倖であったと言うべきであろう。彼女の頭脳の明晰さは、私の三〇年余の教員生活において出会った学生・院生のなかで、おそらく五本の指に入るであろう。もっとも個人的に話したことはなく、二年間の感想文（彼女も、連続して二年間受講した学生の一人であった）によって知りえたかぎりのことにしかすぎないが、抜群の理解能力であった。ひとつの論点を取り上げる場合、当面の問題だけではなく、その背景となる考え方などをも理解しなければ、本当に理解したとは言えない。しかし、もちろん、同時に話すことはできないので、とりあえずは、当面の問題から説明するのであるが、彼女の場合、まだ話していないその背景にある考え方を察知して、大きな視野のなかで理解しようとするのである。

その一例を示そう。今日、売買目的有価証券は、時価で評価されるようになり、そのため、売買目的有価証券については、期末時の保有利得と売却時の売買損益とが、ふたつながらに生じると一般にはみなされている。それに対して、筆者は、売却時にも、売却時まで保有したことによる保有利得が発生するはずであり、したがって、売買損益は生じ得ず、売買目的有価証券には、保有利得しか存在し得ないと考えている。こうした見解は、今日、私以外に主張されておらず、文字通りの異説であるが、そのように考えないと、論理矛盾が生じてしまうのである。そうした理論的混乱だけを説明した講義の後に、彼女は、次のような感想文を記したのである。

「有価証券の保有利得に関するところで、売却時に売却益を計上しない仕訳には、大いに納得がいきました。有価証券を『持っていた』ことに対する評価を、売却時点だけの損益として計上するのは、やはりおかしいと思います。

期末での評価は、簡便的に、財務諸表に対応するためだけになされるものであって、有価証券は、市場で随時評価を受けているのだと考えさせられました。」

前段は、私が説明した部分であるが、後段は、彼女が察知したものである。それは、私のような見解を支えている基本的な考え方であり、次の講義で説明しようとしていたものなのである。つまり、私は、会計をひとつの表現機構と考えているので、会計が記録すべき事象をそのつど把握すべきであり、そうした意味において、期末の決算処理には格別の意味はなく、むしろ、本来期中になすべき処理が経済性・重要性等のために引き延ばされたにすぎない、というのが私の理解なのである。それに対して、通説的には、財務諸表が重視され、もっぱらそれにかかわる期末処理に特別の地位が与えられているために、期末時の評価差額と売却時の評価差額との同質性が、見過ごされてしまい、保有利得と売買損益とが、別個のものとみなされてしまった、と私は考えている。

彼女は、そのことを既に見抜いていたのである。これは、単なる一例にすぎず、彼女の感想文には、こうした「一を聞いて十を知る」といった鋭い洞察力に溢れていたのである。このような受講生を見出したときの、心の昂りは、講義をすることの喜びのひとつと言ってよいであろう。この学生をどのような論理で納得させられるだろうか、と講義の準備にも一段と力が入るし、講義後には、はたして得心してくれただろうか、と心を騒がせることになる。何かしら、もっぱら彼女の得心を得るために、講義をしているといった心境になり、それだけに、彼女の感想文を読むのが、楽しみになる。

その彼女が、二年目の最終講義の後に、次のような感想文を綴ってくれた。

「私は、かつて、文学系の大学院で、指導教授と相反する作品解釈をし続けたばかりに、『君のやっていることは無意味だ』と言われ、放り出されてしまいました。非常に生意気ではありますが、笠井先生の理論は十分人を納得させるものだと思います。ずっと異端児でいてください。」

講義のさいに、私の学説は、通説とは大きく異なった異端の説であることを私は絶えず指摘していたが（もっとも、そんなことは、彼女には先刻お見通しのことであったろうが）、しかし、私自身、そうした少数説を唱え続けることに、いささか疲れを覚えた時期もあったのである。M・Mさんは、そうした私の本音を感じとり、元気づけてくれたのであろうか。M・Mさんがこのように言ってくれるのなら、自分の学説もまんざら捨てたものではないのではないか。当時の私には、実に大きな支えになったのである。何はともあれ、彼女の元気づけにより、私は、異端児であり続けようと、覚悟の臍《ほぞ》を固めたのであった。そうした意味において、M・Mさんには深く感謝している。

通信課程には、多彩な経歴の方が在籍している。それだけに思いもよらぬ視点からの感想文があり、私にとっても貴重な意見を聞く機会になっている。M・S氏も、その一人で、工学部出身という視点からのユニークな感想と自己の経験的な人生智から好意的なアドヴァイスとを、私に与えてくれたものである。

私は、既述のように、通説と比較しながら、私の考え方を講述しているが、しかし、その通説なるものも、たいていは分かりにくい。二〇〇ページくらいのテキストに纏められているものが多いので、読む時間はさしてかからないが、その程度の分量だと、結論が記述されているにすぎず、概念間の関係とかその理論的根拠とかは、必ずしも明らかにされてはいない。研究書とテキストとの両面を視野に入れたものとして定評のある著作にしても、そこで記述されている諸概念の本質は、理解し難いことが多い。

したがって、そうした通説を理解しようと悪戦苦闘することになる。すなわち、その著者の基本的思考を推定し、その枠組のもとで、主張されている概念の本質を、理解できるような形で再構成するという作業に多くの時間をとられてしまう結果になる。これなら、もっと分厚くなっても、それらの概念につき詳述してくれたほうが、読む時間は長くなるとしても、全体としては効率的に理解できるのに、と思うことも少なくない。

有価証券の時価評価を含む現行会計実践を説明したものとして世評の高い或る学説を、以上のような作業で得た私なりの再構成に基づいて解説した講義について、M・S氏は、次のように論評されたものである。


「今日の時価学説に関する先生の再構成に基づく解説は、非常にわかりやすく、論文執筆者よりも深く考えている姿勢など、研究に対する考え方を学ぶことができました。

卒論を書く前に、お話を伺えたら、卒論の立ち向かい方など、あれ程試行錯誤しなくて済んだのにと残念に思えましたが、反面、そこで七転八倒してきたために、先生のお話がスッと入ってきて、『そうだ!そうだ!』と受け止めました。

そして、アインシュタインの言葉を想起しました。量子力学の矛盾を指摘するために、『私は量子力学者の一〇〇倍も量子力学のことを考えている』とは、正にこのことだと思いました。」

M・S氏は、このように私の考え方を好意的に受け止めてくれたせいであろうか、「先生の講義を伺っていて、とても納得しながら、何故これが一般に公正妥当な基準になってゆかないか……を考える時、やはり権威に安易に追従して、個人で考え検証し議論する慣習が未熟な日本という社会を思いました」といった感想文も寄せてくれたのであった。そこで、翌日、私は、次のような感想を述べた。

私の学説を知悉している或る教授も、笠井学説の普及のためにも、二〇〇ページ程度のテキストの執筆をかねてから強力に勧めてくれていた。また学部の受講生からも強い要望があり、私としても、テキストの必要性は痛感していたが、しかし、その執筆には、気乗り薄であった。なぜなら、その当時の私には、分からないことばかりで(現在でも同じようなものだが)、その分からないことを、論文執筆により少しずつ明らかにすることが、何より楽しかったからである。したがって、私にとり既に分かっていることを、こと改めて記述することに興味が湧かなかったのである(現在も、基本的には同じである)。そんな心境にあったので、テキストの出版、笠井学説の普及には、まったく関心がない。ざっとそんなことをお話ししたところ、次のような感想文が返ってきた。

「先生は、『笠井理論の普及には関心がない』とのことでしたので、以下は、大変なおせっかいであることを知りつつ、こんなふうに考えては……と半ば独り言を失礼をかえりみず申し上げたく存じます。

日本（の社会）では内に学閥などで誰が言ったかにより正当性が評価されると同時に、外圧に対しては極めて弱い面も持っています。外国で評価された……をもって逆輸入されるものは、ノーベル賞をはじめとして、一般商品でも、ベンチャー企業への投資でも見られることです。

したがって、『理論の普及』をはかるために、外国で発表されることがいいのでは……と思ったりもしました。もっとも、外国では『処分可能利益』が興味を持たれるのか、疑問ですが。」

自己の経験智からする、このような好意的なアドヴァイスは、当時の私には、どれほど心の支えになったであろうか。もちろん、会計学の初学者であるだけに、拙論の本質をどの程度理解されているのか定かではないが、しかし、それだけに、その純粋な直観力は、学閥の色眼鏡で曇らされていないはずであり、私には得難い応援であった。

心細さを感じつつも、その当時を何とか乗り越えられたのは、M・MさんやM・S氏のこうした励ましのお蔭である。その点、心から感謝しているしだいである。

（四）

SSの意義は、しかし、私にとり、さらに自己の生き方にまで及んでいる。すなわち、研究姿勢ひいては生き方までをも、SSの受講生から教わったと私は感じている。その点で私の心に深い刻印を残したのは、T・T氏およびI・Yさんである。

T・T氏は、いつも最前列に陣取り、私の話を一言一句も聞き漏らすまいぞといったふうな初老の受講生であった。年齢的にも、私とさして違いなさそうだし、現実の厳しい経営のなかで生き抜いてきたといった風貌からして、もっぱら理論の世界に生きひたすら論理を語るしかない私には、はなはだ気の重い受講生ではあった。私の講義は、T・T氏にとりどんな意味があるのであろうか、などと気がかりであった。しかし、きわめて真剣な眼差しで聴講してくれたので、そんな気がかりも忘れた頃、突然、姿を見せなくなってしまったのである。やはり、私のような講義には意味を感じてもらえなかったのだろうか、といささか気落ちしたものである。しかし、何日か後に、次のようなお手紙をいただいた。私信の公開には憚りがあるが、この文脈では、どうしても必要なので、T・T氏のご諒承を得て、あえて、ここに記載させていただくことにする。

「突然のお手紙で申し訳ございません。

私は、今年のスクーリングにて笠井先生の会計学を最前列で受講していた白髪頭のものでございます。

私は、先生に挨拶もせずに帰省してしまいましたが、講義を途中で投げ出したわけではなく、どうしても外せない用が発生したため帰らざるを得なくなりました。先生には挨拶もせずに勝手に帰省致しましたことを深くお詫び申し上げます。まことに申し訳ございませんでした。

私自身も九二年に法学部に入学し九七年に卒業するまで、また、九七年に再度経済学に入学し今回にいたるまで、一度も中断することなく続けてきたスクーリングを途中で中断することはまさに断腸の思いでした。

さて、いつもながら感心することですが、慶應の先生方はまず「自分はこのように主張するが一つの説として受け取って欲しい」と言われます。「決して盲信するな」と言われます。これにより自分で考えなければならない、という意識が芽生えます。この下地ができたうえで、今回、笠井先生は最初に原理・原則の講義をされました。規則・決りは果たして正しいのか、現在のルールは果たして原理・原則に則っているのか、今回の講義でしっかりと教わりました。私たち社会人にとって、学問とは、技術的なこともさることながら、その底流に潜む本質を学ぶことではないだろうかと捉えています。

私は、鹿児島市でビジネスホテルと不動産・建築を扱う小さな会社を営んでおりますが、会社運営で一番気を付けなければならないことは、やはり原理・原則は何かということを確《しっか》り把握することではないでしょうか。つい原理・原則を無視して利益にばかり走ったものは大方倒産の憂き目にあっております。これも大きな意味での「神の見えざる手」ということでしょうか。

今回、自分の都合で試験を受けることができませんでしたが、笠井先生の講義の裏に流れる本質だけは汲んで帰ったと思っております。そして、今後もそれを活かそうと思っております。その意味で今後ともよろしくご指導お願いいたします。

猛暑の折、先生にはお体を大切に研究されることをお祈りいたします。」


SSには、厳しいビジネス最前線に立っている方も多いとは、これまでの経験から、ある程度の推察はしていた。しかし、現実に、いつ何時呼び戻されるか分からない状況でSSに出席しておられたらしいT・T氏を目の当たりにしたとき、私は、深刻に考えさせられてしまった、そうした状況を差し置いて出席するような価値が、私の講義にあるのか、と。しかし、ここでは、とりあえず、私の返書を記しておこう。


「拝復、このたびは、御丁重なお手紙をいただき、有難うございました。是非ない御用事で帰宅されましたのに、早々にお手紙をいただき、恐縮しています。

実は、私の講義の在り方が受け容れてもらえなかったのではないかと、最前列で熱心に受講されていただけに、大変気になっていました。

個人的には、大学の講義はあのような形態にならざるを得ないというのが私の信念ですが、通信の方々は、多様な目的で出席されています。しかも貴重な時間と費用とをかけての出席ですので、そうした目的にもそうべきではないのかと、私の信念との相克に、迷うこともあります。それだけに、大変嬉しく拝読させていただきました。

鹿児島から上京されて講義に参加されたことを知るとき、しかも余儀なく中断せざるを得ない状況を控えながら出席されていることを知るとき、講義の一コマ一コマのもつ重さに、身が引き締まる思いです。来年にそなえて、この一年間、研究に精励しなければと思わされたしだいです。

御盛業および勉強の御進展を心から祈念しています。」

次にI・Yさんの感想文に移ろう。スクーリングも、後半になると、席の位置もおおよそ定まってくるものである。一番前には眼鏡をかけた中年の男性、中央には熱心にノートをとる若い女性、右側には私の質問に積極的に答えてくれる中年の女性といったふうに、教室の図柄が、ある程度安定してくるのである。したがって、欠席などにより、居るべき場所に居るべき人がいないと、何となく、おかしく感ずることになる。

しかし、後半になっても、教室の図柄が、最後まで安定しないSSがあった。教壇に立って話し始めても、教室の雰囲気に、何となく違和感を覚えるのである。どうしてだろうと改めて考えてみたとき、その原因は、どうやら、一人の妙齢の女性が、毎回少しずつ前に席を移していることにあったようである。どうして前に席を移しているのか、その理由は、その時にはもちろん知る由もなく、おおよその察しがついたのは、次のような最終講義後の感想文によってである。

「一週間が終わろうとしていますが、毎日参加でき自分でも〝すごいなあ〟と実感しています。主婦であり、母であり、社会人でもある私にとって、休まず来ることが挑戦でした。こうして毎日参加できたのも、授業の魅力を見つけることができたからだと思います。そして、先生が毎朝四時半に起きて用意をしてくださっているというお話を聞き、最後まで参加していこうと新たに決意できました。会計学についていてだけではなく、今ある物事をそのまま受入れるのではなく、少しでも疑問が生じたら追求していく姿勢が大切だと気づかせてもらいました。子供たちにも会計学以外で学べたことを伝えていこうと思います（子供たちは、まだ小さいので）。そうすることで、この講義をとった価値が上がると同時に、確かに参加したという自分自身への証しにもなると思います。

本当に一週間有難うございました。」

そこには、I・Yさんのお子さんに対する深い情愛と、しかし長期的にみてSSに参加することが有意義であるという理性的判断との葛藤が真率に語られているように私には思われた。お子さんは、お母さんと遊ぶことをせがんだのかもしれない。というより、I・Yさん自身が、お子さんと一緒の時間を過ごしたかったにちがいない。しかし、将来のことを視野に入れれば、社会人としてのキャリアアップも考えなければならない。おそらく、そうした葛藤を経て、講義に出席することを選択したのであろう。そうであれば、その講義を有意義なものにしなければならない。席を前に移していったことは、そうした葛藤が日々あったこと、そしてその葛藤がきわめて強かったことを示しているように私には思われてならないのである。

お子さんたちにも講義で学んだことを伝えようというI・Yさんの表現にも、I・Yさんのそうした葛藤の深さが滲み出ているように私には感じられる。お子さんたちとの楽しい団欒を犠牲にしてまで出席しているいじょう、そのことの意義をお子さんたちに（そして自分にも）どうしても説明しなければならない、という心情の吐露なのではないか。逆にみれば、それだけ、お子さんたちと一緒に過ごしたいということであり、そうした思いを断ち切って、この講義に出席しているという事実に思い至ったとき、私は、少なからぬショックを受けた。私の講義に、それほどの価値があるのであろうか……。

毎日行なわれる研究の成果を講義するという営みは、私にとり日常生活の一部であるから、自分の研究のありようというのは、なかなか意識し難い。そのため、改めて、自分は研究者として勤勉なのであろうか、あるいは自分の研究はどれほどのものなのであろうか、などと考え込まされることになる。

一方、研究努力の側面からみて、自分は、研究者として、どの程度勤勉なのであろうか。改めて考えてみると、にわかに自信が持てなくなる。それでも若い頃は、週二日ほどの徹夜をすることは、日常茶飯であったが、五〇歳の声を聞いてからは、徹夜することは、ほとんどなくなった。研究時間に関する統計数値があるわけではないし、またそうした物差しによって研究の質が測られるわけのものでもない。それだけに、この点についての自分の状況を社会に対して正確に説明すること、さらには自分に対して納得させることすらも、非常に難しいと言わざるを得ない。

それに、もともと研究というのは、やり出せば一日二四時間机に向かっても足りるはずがないし、逆に、自分の研究を限定しさえすれば、限りなく0時間に近づけることも不可能ではない。そのための理由など、いくらでも付けられる。したがって、自分の人生観に照らしながら、0時間から二四時間の間のどこかに、線引きをするわけである。しかし、そうした場合、自分の心の裡を覗き込めば、ともすれば懈怠《けたい》のほうに傾きかねないことを、自分自身でも気付かざるを得なかった。

　他方、研究成果の側面からみても、研究者の研究業績がどれだけの意味をもっているかは、日本においてはなかなか判断し難いところがある。そうしたさいの指標としては、例えば他の研究者によって引用される数などが挙げられるようである。しかし、研究者を養成するのが学閥であり、その学閥の枠組で研究が規定されかねない日本においては、そうした指標に、どれほどの意味があるのであろうか。

　つい最近、メジャーな学閥の中心にいる或る研究者の著作を読んだが、一般研究者については、「××教授はこう言っている」と表現しているのに対し、自分の指導教授についてだけは、「××先生はこう言っている」という表現になっているのである。序文のなかだけではなく、本文においても、そうした用語法が使われているのである。それは、学閥のヒエラルヒーからすれば、きわめて当然のことであって、ある種の美徳なのかもしれない。しかし、研究というのは、あくまで学説の客観的な評定に基づくべきものであろう。いかに指導教授の学説といえども、理論的に誤りなら、誤りのはずである。しかし、研究書において、「××教授」とは意識的に区別して「××先生」と特別扱いしつつ、はたして、その「××先生」の学説を客観的に評定するといった批判的精神を保持することなど、可能なのであろうか。もっとも理屈としてはそうであっても、現実に学閥体制のなかで生き延びてゆくためには、そうした用語法の使い分けが、必要であるということなのであろうか。

当面の問題は、そうした学閥の論理に縛られた場合における引用の在り方である。その著作にも、言うまでもなく、多くの文献が引用されているが、その学閥に所属する研究者の文献が、圧倒的である。しかし、その著作のもととなった雑誌論文の段階では、私の学説も引用されていたのであるが、その著作では、まったくふれられていないのである。この学閥にとり、私の著作など、取るに足らないのであろう。

日本の研究の在り方に関しては、醍醐氏が、つとに、「傘下の若手研究者が、宗主への忠誠の証しを立てるかのように、宗主の文献を、取り立てて必要もない箇所で引用する様は、卑屈を通り越して、痛々しい」(醍醐聰稿「二一世紀の会計学のために」『企業会計』平成一〇年六月号)と述べているが、これは、会計学に関する研究体制の問題点を的確に衝いているように私には思われるのである。さらには、学会賞などは廃止すべきであると主張する優れた研究者も少なくないが、これとても、会計学研究における学閥の弊害を意識しての主張であろう。

以上のように、研究を比較検討し客観的に評価する仕組が欠如している日本では(もっとも、どこにおいても、客観的評価ということは至難なことなのであろうが、日本の場合、学閥としていわば制度化されてしまっているだけに、ことさらに厄介なのであろう)、自己の研究を客観的に位置づけることは、なかなかに困難なことなのである。とりわけ私のように、もっぱら複式簿記に関する基礎理論に打ち込んできた場合、その研究が、具体的にどのような成果をもたらしたのかという点の判断は、けっして容易ではない。それなりに妥当な評価が社会的になされていると思えれば、そうした評価は、自分の業績を反省するためのひとつの規準になるであろうし、研究の刺激ともなろう。しかし、日本では、前述のように必ずしもそうとは言えない。そのように社会的な規準が稀薄である場合、正直なところ、ともすれば懈怠に流れがちであったことは、否めないのである。

研究者として恥ずかしいことではあるが、そうしたともすれば懈怠へと傾きかねない私の弱さを、T・T氏あるいはI・Yさんの感想文が、強く自覚させてくれたのである。そうした感想文に接しては、来年のSSまで、こうした受講生の目に耐えられるように、怠りなく研究すること、そして自分の得心のゆくように自己の学説を精錬化することを、心に誓ったものである。

SSの受講生のそうした感想文をひとつのよすがとして、とにもかくにも慶應義塾大学での研究生活を全うできたことについて、私は、SSの受講生に深く感謝している。

## おわりに

二〇〇一年のSSにおいて、前年に出版した拙著『会計の論理』を用いて講義した。これは、テキストを用いての初めての講義であるが、私にとり忘れ難い想い出ともなっているので、最後に、このSSについて、拙著を中心に語ることにしたい。

受講生の拙著に対する感想を纏めれば、「厚い、重い、高い」であろうか。まず第一の「厚い」

であるが、なにせ、本文だけで八四八ページであるから、厚いという感想が返ってくるのも、当然のことであろう。まず若干の感想文を示そう（傍点は笠井が付した）。

「初日は授業について行けるかどうか心配だったのですが、個人的にはついて行けたと思います。

先生の教科書の厚さには、最初びっくりしました。正直言って……。でも字は大き目だし、本として読みやすかったので、今後も自分で読み進めようと思いました。

授業のスピードは今回ぐらいでよいと思います。テンポよく進んでいくので、私の場合は集中して聞けました。

講義中に、会計のことのみならず、世間のこと哲学的なこと……ｅｔｃを織り混ぜて下さったことが、違った意味で勉強になりました。私も幅広い知識や教養を身につけ、人間的に奥行きのある人になりたいと思いました。そう思うきっかけも、この講義で得られたので、感謝しております。

一週間、どうもありがとうございました!!!」

「七日間の講義の中で、いかに論理的に学んでいくことが大切なのかを会計学のなかで理解することができました。

単に複式簿記を暗記するのではなく、疑問をなげかけながら考えていくことの大事さが、講義を含めた『会計の論理』という本を通して痛感することができたと思います。

厚い本ですが、読みづらくはけっしてありません。ただ厚すぎるので、読むのに時間がかかる為、受講する前に通読しておくと、自分の意見をもっとしっかりと述べることが出来たのではないかと考えます。」

「厚い」ということは、出版直後から耳に届いていたので、予期していたことではあったが、今回は、それに、「重い」が加わった（傍点は笠井）。

「テキストが重いので、もってくるのが大変です。しかし、読み進んでゆくほどに、おもしろく読み易く、毎日楽しく勉強しています。」

「テキストの重さに圧倒され、購入をためらいました。読み通す自信はあるのですが、持ち運び通す自信が少しありませんでした。

最初にテキストの成り立ちにつき説明いただき、得心しました。私は法学部出身ですが、司法試験の基本書として流通しているものには、やはり、読みやすいように薄く、通説・判例がメインです。本当はその説が導かれてきた論理展開や反対説がつぶさに記述されていなければ、とても学習を深めることはできないと思います。暗記に走るのが普通でした。」

「構造的会計観の立場での会計の捉え方をしっかり学びたいと思います。楽しみに、毎朝重い一冊と一緒に通って来ます。」

さらに、「高い」というのもあった（傍点は笠井）。

「講義のなかで理論を覚えるのではなく、考えるという点でとても良い講義であった。考え方やその価値基準によって理解が異なるが、自由な発想というところも、他の講義とは異なりよかったと思う。そして教科書が他の講義より高いので驚きはあったが、良い講義ではあったため買って良かった。」

「重さ」は、格別に測ったことがないので分からないが、序文・目次を含めれば、八八一ページであるから、持っただけで、たしかに腕にズシンとくるし、それに値段にしても、税別で六八〇〇円であるから、たしかに高い。

以上のように、「厚い、重い、高い」という拙著に関する評は、的を射ている。それにもかかわらず、その拙著を、多くの受講生はきわめて熱心にお読みくださったようである。そのことは、例えば「テキストの中で、『みっつ』とか『いじょう』とか、先生はひらがなを意図的に使われていますが、それは何故でしょうか」といった質問があったこと、あるいは「教科書八〇八ページの図表四の『実現主義』は、発生主義ではないでしょうか」といった、拙著の図表のミスについての指摘があったことなどに窺えるのである。

最近、おそらく第三者の引用した私の文章をもとにして、拙論を批判した著作を目にした。まったく拙論の本意が理解されておらず、拙著に目を通していないことは、明々白々であった。たしかに、八〇〇ページ余の書を読もうというのは、ちょっとした覚悟がいることではあろう。したがって、手間暇かけることを省略してしまったのであろう。専門の研究者にして、そうなのである。それだけに、拙著の最後のほうの図表の誤りが発見されていたり、私の用語法の癖までをも見抜かれていることには、驚きを禁じ得なかったとともに、目頭が熱くなる思いであった。

そうした熱心な受講生に支えられて、この「厚い、重い、高い」テキストを用いた二〇〇一年度の講義は、つつがなく終了した。最終講義が終了したとき、一人の受講生が、拙著を手にして、つかつかと教壇に近づいてきた。拙著にサインしてくださいと言うのである。もちろん、それまでにそうした経験などなかったので、ドギマギしながら再三お断りしたが、その学生も、SSに参加したことの記念にどうしてもお願いしたいと、いっかな引き下がろうとしない。通信の学生は、教員との直接的な接触が少ないので、こうしたSSの機会も忘れ難いものなのだろうかと思いなし、万年筆を取り出し書き始めたところ、たちまち、二〇人ほどの学生が、並んでしまった。私は、困惑してしまったが、一人に書いてしまったいじょう、他の学生を断るわけにもゆかない。やむなく、悪筆を顧みず、サインを書かされる羽目になってしまった。

何人かの方にサインした後に、ふと思いついて、「眼横鼻直《げんのうびちょく》」という私の研究上の座右の銘を書き添えた。これは、私が出席させていただいている金龍禅院（金沢八景の古刹）の日曜坐禅会において、その指導者である楓崖和尚からお聞きしたものである。

　楓崖和尚は、寺の門前に小さな黒板を立て、そこに毎週一回、「今日の禅語」を掲げておられる。他方で、和尚は、日曜坐禅会を主催されているので、坐禅後の茶礼において、そのお話をされるのであるが、私は、そこでお聞きしたわけである。和尚は、この四四年間というもの、毎週一回、「今日の禅語」を掲げるという作業を連綿として続けてこられた。ご子息の碧崖和尚（現金龍禅院住職）のご協力もあってのことであろうが、初志貫徹ということの重要性をみずからの実践によって我々に示されているわけであり、ただ頭が下がる思いである。

　それはともかく、「眼横鼻直」というのは、道元禅師が中国から帰国したときに、中国で何を勉強してきたかという質問に対する返事であったようである。私は、これを聞いたとき、直観的に、その当時私のなかに育ちつつあった会計理論構築の在り方に通底していると思ったものである。

　もっとも、禅家の表現には含みが多く、その適切な解釈は、とうてい私などがよくなし得るものではない。私は、ただその四文字を文字通りその字義にそって自分なりに理解しただけのことであるが、理論構築の在り方に、大きな示唆を得たのである。私は、当時、会計理論の構築にさいし、経験対象の現実をそのあるがままに捉えることの重要性、つまり眼は横についているし鼻は真っ直ぐについているというようにみることの重要性に気付かされていたのであった。

　もっとも、この「あるがままに捉える」ということの意味も、けっして一筋縄ではないが、私は、ものそれ自体は知り得ないというカント的な認識観にたっているので、「経験対象の現実を偏見なしに観察すれば、真理に到達し得る」などと考えているのではない。それに、会計というのは、ひとつの表現機構、しかもきわめて特殊な癖をもった表現機構であるから、もともと、経験対象をそのあるがままに表現し得るものではない。しかし、そうではあっても、経験対象にも、それ自体の特質があるはずであろうから、それを一方的に歪めてしまってよいものではない。最終的には会計言語特有の枠組に収めなければならないとしても、経験対象の実相をそのあるがままに捉えることもまた、重要なことなのである。

最後に訳の分からないことを口走ってしまったが、いずれにしても、そうした私の座右の銘を付して、拙著にサインさせていただいたわけである。察するに、受講生は、拙著を真剣に読み真剣に受講したので、そうした自分たちの努力の証しがほしかったのであろう。私としては、そうした受講生に巡りあえたことの仕合せを思わざるを得なかった。そして、そうした一期一会の縁を結ばせてくれた慶應義塾大学で、好きな研究に打ち込めたことの仕合せにも、思いを馳せざるを得なかった。

研究生活をこの慶應義塾大学で過ごせたことは、本当に仕合せであった。もし来世というものがあり、そして、もしそこで私の願望を言うことができるのであれば、再びこの慶應義塾大学で研究生活を送りたいと思う。その大きな仕合せの一翼を担ってくれたＳＳの受講生に、心から感謝して、筆を擱くことにしたい。

（追記）この二〇〇二年度においても、もちろんＳＳの講義をもったが、その最終講義日は、私にとり、忘れ難い想い出の日になった。

前記の文章を執筆したのは、退職にさいし、慶應義塾大学での研究・教育生活を自分なりに総括しておきたいと思ったからである。そこで、二〇〇二年度までの感想文を読み直しながら、二〇〇三年六月中旬に、一か月ほどかけて書き上げたのである。したがって、その脱稿の後に二〇〇三年度のSSが始まったのであるが、これが、慶應義塾大学教授としての最後のSS講義になるかと思うと、さすがに、ある種の感慨無きにしも非ずであった。もっとも、授業そのものは、真剣な眼差しに囲まれて、例年のようなプロセスを辿っていった。

しかし、今年度は、板書をもっと判りやすく書いてほしい、という要望が相次いだ。たしかに、私の字は、乱雑なものだった。というのは、本文でも記したように、二時間ほど、ファミレスで予習して自分の頭のなかに叩き込んだ講義内容を、流れのなかで一気呵成に吐き出したかったからである。そのために、板書を丁寧に書くことによって、リズムが崩れてしまうことを避けたかったのである。そこで、受講生諸君の諒解を得るために、四時半に起きて云々といったことを説明したわけである。

今年度の受講生諸君には、それがよほど印象深かったらしく、八月七日(木)の最終講義の後に、「先生、四時半に起きてまでして、熱心な講義をしてくださり、本当に有難うございました」という挨拶とともに、花束をいただいたのであった。暗赤色と白色のバラの群れに紫がかった薄いピンクのユリが匂い立つ見事な花束であった。

思いもよらぬことだったので、私は、すっかり動転し、ただただ「有難う」と言うばかりであった。
慶應義塾大学教授としての最後のSS講義は、私にとり、生涯忘れ得ないものになった。そのような想い出をプレゼントしていただいた二〇〇三年度の受講生諸君に、心からお礼を申し上げたい（二〇〇三年八月九日）。

（『三色旗』第六七一・六七二号、二〇〇四年二・三月）

（付記）この拙文は、本来、自分のための思い出種として草したものであり、『三色旗』に掲載されるなど、まったく想定していなかった。しかし、たまたま拙文をお読みくださった商学部の同僚の樫原正勝教授のご尽力により、掲載されるに至ったものである。まったく図らざることであり、同教授および『三色旗』編集者の田﨑美穂子氏に、心から感謝申し上げる（二〇〇四年二月）。

# Ⅳ　ゼミで自己を知る

# 自己を知るということ

最近、痛感することは、自己を知ることの難しさである。自惚れるでもなく卑下するでもなく、自分以上でもなく自分以下でもなく、自己のあるがままを認識することは、至難の業である。人生とは自己を知る道程であり、生きるとは、真の自己を探し求める営みであろう。しかし、こうした自己認識・自己形成は、漫然と時を過ごしていて得られるものではなく、それを意欲し人生を必死に生きることによってのみ得られるものであろう。

三年生諸君は、研究会を志したからには、それなりの決意を秘めているに違いない。しかし、率直に言って、安逸を極めた日吉の生活から引き出された決意はきわめて脆弱であり、そうした生活からの脱却は容易でない。それだけに、この春合宿にさいし、諸君の決意の内容を改めて自省してほしい。諸君が自己の実相を直視すればするほど、自己の貧しさに狼狽するはずである。自己を知るとは、自己の未熟を認識することなのであり、またそのことこそが向上の契機となるのである。

ところで、諸君のそうした自省自体の甘さを、すなわち諸君の抱いている決意・自己の力量が幻想にしかすぎないことを認識させる場こそが、春合宿なのである。その意味で、春合宿とは、自己認識のためのひとつの、しかし決定的意義をもつ一里塚と言えよう。

もっとも、そのためには、諸君の真摯な対処が不可欠である。真剣に努めるからこそ、自己の未熟がわかるのである。努力を惜しむものは、ついに自己の何たるかを理解し得ないであろう。三年生諸君の今後の二年間は、いつに、この時点での自省と春合宿での研鑽とにより、自己の未熟をいかに深く認識するかにかかっている。この点を十分に自覚してほしい。

春合宿の意義をこのように把握すれば、三年生をどこまで鍛えられるかによって、四年生の鼎《かなえ》の軽重が問われることになる。過去一年間を真剣に営んできた者あるいは真摯に反省している者なら、厳しく鍛えることが三年生自身のためであることも容易に理解できようし、鍛える力も具わっていよう。要するに、自己を厳しく律しられない者が、それと知らずして、他人に甘くなるのである。

三年生にどこまで厳しく迫れるかは、正に四年生諸君の自己鍛錬のいかんにかかっている。四年生にとっても、春合宿は、自己認識の場なのである。

とまれ、春合宿は、今後一年間の活動を規定する。参加者の全力投球を切に要望したい。

(『一九七九年度春合宿の栞』一九七九年四月)

# 研究会の意義

「書く」とは、もともと「掻く」であったという。五月五日に柱に掻いた傷跡は、単なる丈較べではなく、その時々の自己の存在を刻印したものであろう。それと同様に、「書く」という営みは、単なる記録であるにとどまらず、自己の存在を認識する行為である。

研究会が一定の目的をもった組織体であるいじょう、自己認識の用具としての「書く」という営み、したがってその媒体たる会報の発行は、不可欠の要件である。このたびの研究会会報の創刊をお祝いするとともに、その充実・発展を心から期待したい。

（一）

よく聞く話であるが、例えば寒さに弱い人が寒冷地に配属され、おそるおそる出向いたとする。その場合、冬の寒さは、初年度には思ったほどでないのに、次年度に至るとことのほか厳しく感じられる、という。その理由としてわれわれがすぐ思いつくのは、覚悟を決めていた初年度に対し、次年度には緊張が緩んだためではないか、ということであろう。たしかに一理あるように思える。

しかし、数学者の吉田洋一氏は、そうした「覚悟」説に対し、「感覚未熟」説とでもいうべき考え方を紹介されている。それによると、初年度に寒さが感じられなかったのは、寒さの「感じ方」が分からなかったからであり、次年度は、それを体得したために感得できるようになったのである。

こうした見方によれば、寒さとは、その「感じ方」を会得した人だけが感ずることのできるものであり、そのかぎりで、人間がいわば後天的に習得すべきものであるということになる。これが科学的にどの程度根拠があるのか、門外漢の私には知る由もないが、しかし、そうした解釈の仕方は、きわめて興味深い。

もっとも、寒さの「感じ方」程度であれば、ことさらにそれを得ようと「意欲」したり、「努力」したりすることも必要ではない。ホメオスタシスのシステムとしての人間が自動的に会得できるものである。したがって、寒冷の地に行けば、誰でも自然に得られるであろう。

しかしながら、学問においては、そういう訳にはゆかない。早い話、大学に入ったというそのことだけによっては、知識ひとつすら得られない。ましてや、知識を得る方法の修得などは、およそ不可能である。それらは、人間が「意欲」し「努力」することによって、初めて可能となるのである。

（二）

ところで、研究会で学ぶべきことは（少なくとも、その重要なひとつは）、実は、正にこうした「感じ方」なのではないだろうか。何かを分かるというその「分り方」、あるいはそのさいの「修得の仕方」こそを体得すべきなのではないか、と私は思う。

もちろん、言うまでもなく、研究会とは、特定の学問分野を専攻するものであるから、当然、その特定の知識を身に付けることも重要であろうし、また前述の「分り方」とか「修得の仕方」とかにしても、そうした知識獲得の過程で体得されるものである。したがって、けっして、結果としての知識そのものを疎かにするのではないが、しかし、「分り方」あるいは「修得の仕方」という基盤を離れて、浮草のような片々たる知識をいくら蓄積したところで、研究会の本義よりすれば、さしたる意味はない、と言いたいのである。

言ってみれば、何の変哲もないことであるが、それが、研究会を担当した三年間における私の実感である。

（三）

私は、常々、何事に対しても全力を尽くすことを要望してきたが、そのことの意味は、「分り方」あるいは「修得の仕方」を体得すること、という点にある。つまり、それぞれの局面において、自己の最大限の力を傾注することによってのみ、それらを体得できるのである。ところで、全力を尽くし得るかどうかは、いつに心構えあるいは姿勢にかかっている。学問にしても、もちろん、人間の営みであるいじょう、根本のところで、そうした心構えあるいは姿勢に依存しているにちがいない。そうであるなら、それらの確立なくして、研究会の十全な活動は期し得ない。
このたびの会報発刊という好機にさいし、改めて研究会の意義を問い直し、心構えあるいは姿勢を確立してほしい。

（『笠井研究会会報』創刊号、一九七九年六月）

# 最近思うこと

「エー毎度皆様おなじみのチリ紙交換でございます。ただ今ユックリ走っておりますので、御用の方は、……」

まったく予期しない声が突如とし躍り出てきたのに、私は、一瞬、息を呑み、慌ててストップにした。どこぞ宇宙の果てからやって来たＵＦＯが、なにか悪さでも始めたのであろうか。しばし呼吸を整えてから、おそるおそるフォワード・キーを押す。なんということか、さらには、道路工事のけたたましい音や、井戸端会議に熱中しているらしいオバハンのかまびすしい声まで聞こえてくるではないか。あの時、こんな音や声を耳にした覚えはまったくないのだ、それなのに……。

＊　＊　＊

私は、今、ドイツ人から会話の手ほどきを受けている。そのさいカセット・レコーダーで録音を採っておき、それを自宅で繰返し聞いているのだが、冒頭の一幕は、そのときの出来事なのである。

私も、かねがね、人間の知覚ないし認識と機械の把握方法との相違は、知識としてはもっていたが、しかし、現実にこのようにあからさまに突きつけられてみると、人間の知覚ないし認識の特質につき、思いを新たにせざるを得なかった。昨春のサブゼミで輪読した『新・哲学入門』（講談社現代新書）のなかに、知覚と世界との相互関連につき、「（個人の）世界は特定の視点からとらえられた特定のパースペクティブである」という一文があったのを、今更ながら想起したのであった。

たしかに、われわれ人間は、ある意味で自己の視るものを見、自己の聴くものを聞いているといえそうである。私は、その不可思議さに思いを致しながら、次のふたつのことを連想していた。

第一は、視るものを見、聴くものを聞くと言っても、それが十全にできるためには、真剣に視たり聴いたりしなければならない、ということである。視ること聴くことに専心するさいの透徹した力によって、初めて認識が可能となるのである。

川端康成は、第二一世本因坊秀哉名人の引退碁の顚末を描いた名作『名人』において、秀哉名人の碁に対する没入の深さにつき、幾つかのエピソードを挙げている。その一例によると、自宅で稽古碁を打っていたとき、隣室で生まれて間もない赤子が泣き続けていたのに、秀哉名人は、それにまったく気付かなかったと言うのである。そのように文字通り、無我の三昧境に澄み切る秀哉名人に、川端は、畏敬の念を込めて、「名人が盤に向うと、いつも静かな香気が、あたりを涼しく澄ませるように感じる」と描写している。

また引き合いに出すにはいささか憚られるが、釈尊が禅定にあった時に、五〇〇両もの車がすぐ近くを通ったにもかかわらず、まったく気付かれなかった、という話も伝えられている。

おそらく、このような逸話の教えることは、対象に徹底的に自己を沈潜させることによって、対象を十全に把握でき、その道の奥義を極めあるいは悟道に達し得る、ということであろう。したがって、実は、視るものを見るためには、あるいは聴くものを聞くためには、対象に深く沈潜し得る自己を形成しなければならないわけである。同じく『名人』に、対局者が考えに耽っているあいだ、文芸雑誌を読んでいる碁打ちが描かれている。その碁打ちは後に発狂してしまったそうであるが、それに関して、川端は、「おそらく病的な神経では、相手の考えている時間が堪えられなかったのではないだろうか」と推察している。ここまで至れば、認識とは、正に一人格を挙げての力に他ならない。

しかし、こうした鞏固な自己の形成は、文字通り、言うに易く行なうに難しである。私自身、これまでの生活を顧みてまことに愧《は》ずかしい思いがする。しかし、対象に沈潜する、ということの重要性だけは、深く心に刻んでおくべきだと思うのである。

そして第二に、人間の認識が、このように視るものを見、聴くものを聞くものであるとすれば、実は、人間は、世界の多くを切り捨ててしまっている可能性がある点である。

私は、正直言って、今もって、廃品回収の呼び声、道路工事の騒音、井戸端会議の人声などが実在したとは信じられないのである。カセットによる再生がなかったら、その存在を、私は確信をもって否定するであろう。しかし、紛れもなくカセットに録音されているからには、そうした事実はあったのであろうが、少なくとも私の実感ではない。

しかし、そうした事実があったと認めざるを得ないとしたら、人間の認識は、恐ろしい危険性を孕んでいる。人間の把握する事実は、けっしてあるがままの世界ではなく、各人の特有の見方によって切り取った世界だからである。すなわち、視るものを見、聴くものを聞く、と言っても、視るもの・聴くものをそのままに把握するのではない。それは、それを何らかの座標軸に当て嵌めることによって確定できるのである。それは、丁度、真っ暗闇のなかで固定した一定の光源を見ていると、ぐるぐる回り出して定位できないばかりか、見ている自己自身の定位すら不安になってくるのと同じである。定位とは、座標軸を当て嵌めることによって初めて可能となる。

こうした座標軸の違いあるいはその当て方の違いによって、当然、ものの見える範囲やものの見え方も異なってくるが、この座標軸が、いわゆる価値観・人生観に相当する。しかし、ここでは、認識を可能にさせることにもかかわらせて、視座と呼べば、人間の視るもの・聴くものは、個々人特有の視座によって把握されたかぎりでの世界なのである。

さらに、そのことは、世界を把握するさいに人間が用いる用具が、「言葉」であることによって、一層、増幅される。言葉は、けっして単なる伝達の用具にしかすぎないものではなく、「世界を覗く窓口」であり、それ自体、ひとつの世界認識の在り方をもっている。したがって、言葉を用いること自体、すでに、ある視座に立って世界を認識することを、人間はいわば強要されているのである。この点、三島由紀夫は次のように書いている。

「私のものを書く手が触れると同時に、所与の現実はたちまち瓦解し、変容するのだった。ものを書く私の手は、決してありのままの現実を掌握することがなかった。(中略)ものを書きはじめると同時に、私に鋭く痛みのように感じられたのは、言葉と現実との齟齬だったのである。」

(『電灯のイデア』)

このような言葉の使用を含めて、人間の認識は、偏頗になりがちなのであって、この点については、十分に心しなければならない。すなわち、世界を表わさせるものが知覚であるとしても、人間の知覚それ自体が世界のなかで生ずるいじょう、世界を脱却して超越的に世界を認識することはできない。そこでは、認識は、本来的に、世界の特定の状況あるいは他者の世界によって制約されているのである。したがって、そのような認識の本来的な限界を前提としつつ、視座の精錬化を図るより仕方ない。より具体的に言えば、一方で、視座それ自体の限界を見極めつつ、他方、種々の視座を導入することによって、自己のそれを相対化することであろう。とりわけ、複数の視座の導入は、対象認識の深浅のみならず、広狭にもかかわっており、より広い世界を自己の視野に収めさせる、という点できわめて重要である。

例えばゼミでもよく話頭に上る日本文化の特質についても、実にさまざまな座標軸が提唱されている。罪の文化と恥の文化、牧畜文化と農耕文化、縦線文化と横線文化、草原思考と森林思考、ヨコ社会とタテ社会、十字路文化と行き止まり文化等の対概念、あるいは影の文化や甘えの構造といった本質規定など、思いつくままに列挙しても、日本文化の位置づけに、これだけの座標軸がある。この視座の選択の仕方によって、日本文化の特質とみなされるものの範囲も違ってこようし、さらにそれらの見え方も、かなり異なった様相を呈するであろう。

もとより、そうした座標軸には、それぞれ欠点もあれば限界もあるのだから、それらを見究めるとともに、他方、諸々の座標軸を用いつつ、対象に重層的な光を当てることが、対象に迫るための要諦であろう。

多値的思考ないし複眼的思考が、われわれの認識の豊饒を約束してくれるはずである。

（『笠井研究会会報』第三号、一九八〇年八月）

# ある日のゼミナール

「主体における無意識的なものは
他者の論述である。」
（ジャック・ラカン）

しだいに姿を顕わしてくる銀杏の大木を視界の端に捉えながら、階段をゆっくり昇る。案の定いつもと違う、妙にひっそりとしているのだ。もちろん、今は授業中だから、キャンパスに学生が見えないのは当り前なのだが。

就職のための会社訪問解禁日後の何日間かは、正門から中庭に至る吹き抜けの階段を昇るたびに、毎年きまってこうした感じを受ける。あるいは私の思い過ごしなのかもしれないが、しかし、四年生の大多数が登校しないとしたら、三田のキャンパスの雰囲気にいささかの違和感を覚えたとしても、不思議ではないだろう。

ゼミナールも事実上開店休業になる。しかし、私は、今年も例年のように、四年生諸君に、会社訪問後、五分でも一〇分でもよいからゼミナールに出席するように話した。だから、最後のゼミ生が顔を見せるまで研究室で待つことになる。

＊　＊　＊

昨今、就職のためということであれば、授業やゼミナールへの欠席も当り前というような風潮が瀰漫している。そうした現実に直面するたびに、私は割り切れない思いにかられる。「ゼミナールの時間とぶつかりましたので、今日は会社訪問には行きませんでした」などと言うゼミ生の出現を空想したりするのは、教師の繰り言であるにしても、いかに何でも、就職という大義名分さえあれば、一も二もなく欠席が許容されるという昨今の風潮は、納得しかねるものがある。ゼミナールの時間は、そんな安易に対処されるべきはずのものではなく、就職という理由があるにしてもその例外をなすものではない、と私は思う。

しかし、現実に会社訪問が存在するいじょう、せめてとにかくゼミナールに出席させることによって、ゼミナール開設の意義をかろうじて全うしたいと思うわけである。もちろん、ゼミ生諸君が面接の緊張によって疲れていることは分かるが、しかし、あえて出席を求めることによって、自らの意思で選択したゼミナールの意義を貫徹してもらいたいと願うのである。

これが第一の理由であるが、さらにもうひとつ別の理由がある。サトウサンペイの「フジ三太郎」（朝日新聞、昭和五五年一〇月一日付朝刊）において、会社訪問のさいの面接が次のように描かれている。「よその会社もうけますか？」という質問に「いいえ」と答えた学生が、その会社を出るやいなや、路上を脱兎のごとく駆けて行くのだが、それを窓越しに観察する専門の社員がいて、「きょう中に三ゲンまわりますネ」と報告するのである。

会社訪問、面接等の実体は、私にはよく分からないが、このマンガは、それを彷彿とさせる。私が見聞する範囲でも、訪問解禁日前後の四年生は、あまりにも浮き足立っている。塾生は、会社訪問に熱心すぎるという風評も耳にするが、それも、やはり不安感の現れであろう。他の塾生がそうしているので、しだいに自らもそうした過熱に巻き込まれるのであろうが、落ち着いて考えてみれば、そのような定まらぬ腰つきで会社まわりをしても、良い結果が得られるとは思えない。むしろ、見せでもがなの自らの欠点を暴露するのがオチであろう。

世の中には、たしかに、本番になると思いがけない力を発揮する者もいる。しかし、基本的には、常日頃培った力量がものを言うはずであって、問題は、浮き足立って腰が定まらないために、それを十全に発揮できない点にこそあろう。そうであれば、その常日頃の力量を最大限に発露させることである。このような切所《せっしょ》には、そのこと自体に心を囚われてアタフタするよりは、その力量を培った日常生活のパターンにまで立ち戻り、その心を忘れないことのほうが重要なはずである。

その場合、ゼミ生の日常生活はゼミナールでの研究を軸にして回転していたのであるから、日常生活のパターンに立ち戻るとは、端的にはゼミナールに出席すること、あるいはその心をもつことであろう。そのゆえに、私は、この時期にこそ、ゼミナールへの出席と自宅で机に向うことを強く要望するのである。

今学年度の会社訪問解禁の一〇月一日は、読書会の日で、多田道太郎著『しぐさの日本文化』

を読むことになっていた。読み方の質は、前期に比べ格段に落ちているが、とにもかくにも目は通してきたもようである。

＊　＊　＊

私は、来学年度に西ドイツへの留学が予定されている。面接を終えて今ゼミナールへの途次にあるであろうゼミ生諸君を思い浮かべつつ、そうした諸君の姿勢の中に私の自己認識を深めるという営みも、ひとまず今年で終わる。

そして、しばしの間、ドイツ人という鏡に自己を映し出すことになる。そこでもまた、ドイツ人に対する私の認識の深まりにつれて、彼等のなかに、自己の隠された内面の外化された姿を見ることになるであろう。それは、果たして、いかなる像なのであろうか。ドイツ人という鏡が私にとってあまりにも異質的であるゆえに、不安も大きいが、しかし反面、そこに映し出される自己をトコトン凝視し、（少なくとも意識的には）思いもよらぬ自己を探り出してやろう、という期待感も大きい。

現四年生および卒業生諸君も、企業さらには社会という鏡に映った自己を凝視し、錬磨してほしい。

いつも言っているように、ゼミ生諸君との関係は、教育ではなく、共育でありたい。その願いを込めつつ、五年間続いたゼミナールに、一応の終止符を打つことにする。

（『笠井研究会会報』第四号、一九八一年三月）

# ゼミナールのレーゾン・デートル

情報化社会ということが言われだしてから既に久しいが、今日では、そのことの意義を、単なる抽象論としてではなく、具体的に我々の身の回りの問題として再検討しなければならない時期にさしかかっているようである。つまり、このいわゆる情報化社会においては、情報は巷に溢れ、常に与えられている。したがって、日常生活では、与えられた情報にどのように対応するか、つまり所与のものとしての情報のどれを利用すべきか、という選択の問題が残されているかのような外貌を呈している。このことは、ある意味では、受動的な行動パターンに繋がる危険性がないとは言えないであろう。こうした傾向の浸透には、学生諸君にしても私（教員）にしても、くれぐれも心しなければならないであろう。

学生諸君に関して言えば、「既成の知識のなかに、いわば正解を見出そう」という発想が強くなっているのではないだろうか。つまり、「既成の知識とりわけ通説を受動的に習得する」ということに留まり、「自分なりの独自の見解を形成する」という姿勢に乏しいのである。そして、そうした姿勢の背後には、「いわばア・プリオリに正とみなされるべき解答、つまり正解がある又は与えられている」という前提が伏在しているように思われてならない。そうであれば、今日の大学入試制度がそうした傾向を助長していることも、容易に推察されよう。いずれにせよ、「出来合いの知識の習得」ではなく、「自分なりの知識の形成」へと努めるべきであろう。

他方、私（教員）に関して言えば、既知化されたものの単なる説明ではなく、未知なるものを自分なりに既知化したプロセスこそを提示し、さらにはその既知化されたシェーマに対して再び疑問を提起する、という姿勢を堅持しなければならないと考えている。そうしたことのなかに、社会に対する私のかかわり方、あるいは分析・総合の深浅が端的に反映されていると思われるからである。

いずれにしろ、製品としての知識の吸収ではなく、原材料から製品たる知識を生産する過程こそが、意識的に取上げられなければならないが、そうした場は、言うまでもなく、ゼミナールを措いて他にない。今日でも、というより今日の状況だからこそ、大学において、ゼミナールの重要性が再認識されなければならないと言えよう。日本の伝統音楽を広く国際的な視野から考察されている小泉文夫教授は、團伊玖磨氏との対談のなかで、子供たち全員が、エスキモー（イヌイット）の言語・音楽を含む衣食住全般にわたり、幾日もかけて徹底的に勉強しているアメリカのある小学校につき言及されている。そして、「エスキモーのことをあれだけ勉強した子供たちは、大人になって自分でインドの勉強をしようと思えば、学校ではインドのことをまったく習っていなくても、おそらく一人で充分にやれるはずです」（『日本音楽の再発見』講談社現代新書、一三〇ページ）、と結論されている。ゼミナールのレーゾン・デートルにつき、きわめて示唆的である。


（『慶應義塾大学商学部創立三〇周年記念号』一九八七年）

# 隗より始めよ

昨年末、青天の霹靂のごとく、某横綱の廃業騒ぎがもちあがった。それは、私には、現代という時代を象徴しているようにも思えるのである。もっとも、こうした事件の実相は見えにくい。相撲界という世界の体質の古さ、親方の能力等、いろいろな要因が絡んでいるのであろうから、外部者が、正確に判断することは難しい。しかし、新聞報道によるかぎり、その某横綱の発言は、いわゆる新人類のそれとしか言いようがない。いわく「若い者に厳しく稽古をさせようとしたのに」、あるいはいわく「親方が横綱として扱ってくれなかった」と。

若い者に厳しく「稽古」を迫るなら、まず自らが厳しく「稽古」に励むべきである。「横綱」として扱ってもらいたいなら、まず「横綱」としての実績をあげるべきである。自らが「稽古」に打ち込み、「横綱」としての実績をあげれば、おのずと若い者も「稽古」するようになるであろうし、「横綱」として扱ってもらえるようになるであろう。その点、新聞報道によれば、「稽古」ギライで評判をとっているようであるし、「横綱」としての実績どころか、「横綱」になり得る条件すら充たしていないようである。それが事実であるとすれば、一体何を考えているのか、と言わざるを得ない。しかも、相撲道に対する親方との考え方の相違を持ち出して、自らを正当化するに至っては、何をかいわんやである。

ところで、前記の文章の「稽古」のところを「勉強」、「横綱」のところを「大学生」と読み替えたら、どうであろうか。その場合にも、ひとつの文章としてそのまま成立しそうなところに、正に現代の恐ろしさがあるように思われてならない。

隗《かい》より始めよ。このことばほど、現代に必要なものはないとも言えよう。四年生も三年生も、このことをよくよく嚙みしめてほしい。

（『大銀杏』第一二号、一九八八年四月）

# V　研究を生きる

# 校正の楽しみ

私は、論文の原稿を印刷所に手渡すたびに、校正刷りの出てくるのが待遠しくてならない。一方でその内容の乏しさに深い失望感を味あわされつつも、同時にそれなりに悪戦苦闘しへとへとになった自己を活字のなかに見出すとき、なにやら愛おしさにかられるのも常なのである。そこで校正にも、ついつい身を入れてしまうのであるが、昨春頃、ふと妙なことに気付いた。それは、自分のテニヲハのつけ方についてである。それについては、校正のたびにいつも思い迷うのであるが、そういう場合、いつのまにか、私は、自己の文章を一度英文に直したうえで、その英文の構造に即しつつテニヲハを付していたのである。例えば、「彼は利益が得られる」という文章の場合、私は、"He can make a profit." なる英文を作ったうえで、「彼は利益を得られる」と訂正していたのである。

考えてみれば、まことにうかつなことであった。言葉は、けっして単なる伝達の用具にしかすぎないものではなく、時空に限定された人間の思考・感情のあり方そのものを意味しているが、そうであるなら、言葉とは一国の文化それ自体とも言える。したがって、単純に他国語の文法構造を借りてテニヲハをつけることの無意味さが、よくよく反省されなければならないであろう。

そこまで思い至ったとき、私は印欧語を規範としていた自己の姿勢ないし深層的な心理に愕然とした。もっとも、明晰さが要求される論文の場合には、日本文としてはぎごちなくとも主述関係の明確な印欧語の構造のほうが適していると言えなくもない。問題なのは、無意識のうちに、印欧語の文法構造によってそれとは異質の構造をもつ日本語を律しようとした私の発想であろう。明治の自然主義作家についてもその文体の生硬さが指摘されているが、彼等は、伝統的日本文化の打破という理念のもとに西洋語の文体を模倣したのであり、そのかぎりでいわば自覚的であった。

「会計のことは会計に聞け」とはわが師山桝忠恕先生が常に言われていたことであるが、いかなる学問であれ、そこには固有の論理が内在しているはずであって、研究者とはまさにその論理を生涯かけて追究する者のことであろう。その点から言えば、説明対象の内在的論理を究明しようとする志向を忘れたものは、厳密な意味で研究者という名に値するかどうか疑念が生じよう。研究者として未熟な自己を痛切に感じさせられたことであった。

（『三田評論』第七七一号、一九七七年六月）

## 『象は鼻が長い』

私が大きなショックを受けた書物のひとつに、『象は鼻が長い』と題する三上章の日本文法論がある。それは、日本語を、主語と述語との関係としてではなく、主題とその叙述との関係として捉え直そうとしたものである。「象は鼻が長い」というような日本文を主述関係で説明することはたしかに無理であるが、この書が専門的にみてどう評価されるべきなのかは、門外漢の私には分からない。しかし、私にとり、頂門の一針であった。

まず、三上章が工学部出身であり、いわば文法学の素人であった、という事実にショックを受けたのであった。三上章の別書『現代文法新説』の序において、金田一春彦は、次のように書いている。

「このところ、日本の文法学界は、三上さんの『現代語法序説』で持ちきりだ。（中略）とにかくいわばシロウトが書いた、あんな小さな本が、これだけ評判をとったことは、今まで例がなかったことだ。

……（中略）……

なぜ、三上さんの本がこれだけ評判になったか。それは、三上さんの論述が、人の意表に出ることが多く、半眠状態の文法学界を強くゆすぶったからだ。しかも、そこに出された新説は、言われてみればまことに尤も至極な内容のもので、どうして今までクロウトはこんなことに気付かなかったのだろうと、いぶかしがられるものばかりだからだ。」

そして、「学問の道楽者」と自称する三上の経歴をひとわたり述べたうえで、金田一は、「今までの国文法学者は、実に視野が狭かった」と、率直に指摘するのである。

研究領域が細分化されている今日、その危険性はどの分野にも付き纏っているが、とりわけ、私の専攻する会計学の場合、複式簿記という技術的にはきわめて完成度の高い用具があるため、ともすれば、「借方だ、貸方だ」という論議に終始してしまう。もちろん、複式簿記は、会計学にとり基本的に重要だが、そこに安住してしまったら、視野の偏狭さを言われても仕方あるまい。つまり、複式簿記は他学の研究者にとりいわば参入障壁となるが、そうした他学との対話の欠如は独善に繋がるからである。会計学においては、方法論など無益と思いなす雰囲気があるだけに、なおさらである。

また三上章は、『日本語の論理』という著作のなかで、「日本語にももちろん『ことばのきまり』はあるが、日本『文法』はまだない」と述べているが、これは、複式簿記に関する理論的状況を彷彿とさせるのである。今日、複式簿記が実践されているいじょう、もちろん、処理の「きまり」はある。しかし、その「理論」が確立されているとは言い難い。

最後に、私の研究領域である会計構造論では、今なお、欧米の学者が展開した理論の掌中で論議されているにすぎない。印欧語の論理の、「日本語」への機械的適用を否定する三上章の姿勢には、教えられることが多い。

（『慶應通信』第四七五号、一九八七年一〇月）

# 日本語という障壁

日本における科学研究は、言うまでもなく欧米諸国を範として進展してきた。これを日本のひとつの文化現象としてみるならば、外来文化の摂取と土着化という、日本文化にとり普遍的な現象のひとつであり、その摂取の仕方に、日本文化の特質とも言うべきものが顕れている。つまり、昭和の敗戦を除いて、武力的支配を受けることなく（すなわち人的交流なしに）、基本的には渡来した文献のみによって外来文化を摂取してきたという事実である。そのことは、世界史的にみればきわめて稀有のことであり、日本文化の在り方に本質的な影響を与えているのである（その点については、例えば増田義郎著『純粋文化の条件』講談社現代新書に詳しい）。それだけに、欧米語と日本語との相違の大きさは、重大な意味をもつ。私にとり英独の文献を読むということは、今もって気の重い営みである。概ねのところは理解できたように思えるものの、何かしら確信がもてず、隔靴掻痒の感が今だに拭えないからである。

しかし、欧米各国間では、状況は根本的に異なっている。私のドイツ留学の体験からすると、例えば英語・仏語の書物であれば、それを目で追いながら、即座に独語に訳して説明してくれるドイツ人の大学生は、そう珍しいというほどの存在ではない。また、ノルウェー旅行で体験したことであるが、ノルウェーの大学生も、最近は英語中心の教育を受けているらしく独語は話せない。しかし、それにもかかわらず、筆者の独語は、とにもかくにも理解できるのである。したがって、筆者の独語と、ノルウェー人の英語との会話によるコミュニケーションが、それなりに成立するのである。要するに、欧米人にとり、他の欧米語を習得することは、その気になりさえすればさして難しいことではなさそうである。極言すれば、江戸っ子が、関西弁をマスターすることに類しているかもしれない。少なくとも、日本人が欧米語を、あるいはその逆に欧米人が日本語を学ぶときの難儀さには、比ぶべくもないようである。そのことは、卓抜した言語感覚の持ち主と思われるドナルド・キーンすら、日本語は難しいと言っていることによっても推察できよう（『日本人の質問』朝日選書）。キーンにさえも日本語が難しいのなら、私にとり、欧米語が難しいのは当然のことであろう。

いずれにせよ、欧米のそうした状況のもとでは、例えばドイツ人の研究者が独語で書いた論文も、それは、直ちに、他の欧米人によって読まれ批判に曝されるということである。そうであれば、欧米の研究者にとって論文を書き公表するという営みは、他国の研究者からの批判をも予定しなければならない、きわめて高度の緊張を強いられる精神的営為であるということになる。そうした状況が、研究モラルを高めるであろうことは想像に難くない。

その点、日本の場合はどうであろうか。私は、二年前（一九八六年）に、『会計構造論の研究』という書を公刊したが、その書において、ワルプ理論とケーファー理論とを徹底的に批判した。俗に言えば、ワルプとケーファーとの横っ面を、ひとつならず、ふたつみつ張ったわけである。

しかし、ごく一般的状況を想定すれば、日本語で書かれた私の批判が、欧米の研究者の目にふれ彼等によって反批判されることは、まず、ないと言ってよいであろう。私自身は、翻訳したいという意欲がないことはないが、自己の当面の研究に四苦八苦している現状では、そうした時間を捻出することなど、とうてい不可能である。要するに、日本語で書かれたということは、欧米の研究者に対し、いわば一種の聖域をなしているのである。

もっとも、この拙著については、安平昭二教授（神戸商科大学）が、スイスの専門誌"Die Unternehmung"に寄稿された御論稿のなかで破格のスペースを割いてご紹介くださったが、それとても、日本にはケーファァー理論の批判者がいる、といった程度の認識を与えるにすぎないであろう。つまり著者たる私は、日本語というバリアーによって、欧米の研究者の反論から保護されているわけである。言ってみれば、仁王像へのボール当てみたいなものであり、それが正鵠を射ようと射まいと、私はボールを投げるだけであり、投げ返されることは遂にない。そのことをよくよく心に留めておかないと、研究モラルの低下に繋がりかねない。

私は、いつもそれをおそれており、今後も厳しく自戒しなければならないと考えている。

（『塾』第二七巻第二号、一九八九年四月）

# 私の内なる道祖神

「山本さんは散文を志す後進たちに、しきりにメモをとれ、とすすめた。「毎日、原稿用紙に文字を書け、書けないときは、自分の名前だけでもいいから書くんだ」といいきかせた。」
（木村久邇典著『人間山本周五郎』）

慶應義塾大学の四年になった春のことであるから、もうどれほど昔になるであろうか、私は、四〇日ほどをかけて、徒歩で四国を一周したことがある。山行用のシュラフ（寝袋）を背にしていたので、文字どおり足の向くまま気の向くままに、歩きたいだけ歩き、そこに駅舎でもあればそのベンチを仮の宿とし、なければ野宿もあえて辞さない、というおよそ気儘な旅であった。しかし、一か月余の、しかもたった一人の旅は、歩くことのいかに好きだった私にも、けっして楽ではなかった。三九度からの高熱を発し、悪寒に震えながら歩いたことも、ザックズレで左の鎖骨辺が腫れ上がり、夜具の重みすら痛さに耐えかね右手で支えて一夜を明かしたこともある。

そうした難渋は数え切れないが、何と言っても困ったのは、道しるべであった。四国の徒歩旅行と言えば、誰しもお遍路さんを想起するであろう。私も、結局その道を辿ることになったが、当時は歩いて回る人々は稀有であり、遍路道は定かではなくなっていた。番外を含め九〇余か所のなかには山深い寺も多く、山中で踏み迷うことも少なくなかった。そうした折、路傍に道祖神を見出したときの安堵感は言い尽くせない。それは、この道を辿ってきて良かったのだ、そしてこの道をさらに進んで良いのだ、という証しでもあった。道祖神との邂逅は、しだいに旅の意味そのもののようにも思えてきたことであった。芭蕉が、奥の細道への誘因を、「道祖神のまねきにあひて」と表現したのも、そこはかとなく理解できる。人生を旅と観じた芭蕉にとり、そうした表現のもつ意味は、けっして小さくないであろう。

私が慶應義塾大学の大学院に戻ったのは、会計士の道を歩むうえで、会計学に関する自己の素養に不安を覚えたからである。遊び呆けた学部時代には、会計学の存在すら知らなかった。一年間の家業の手伝いの後に学士入学した中央大学では、ひたすら受験勉強であった。そうしたやっつけ仕事で公認会計士第二次試験に合格した私には、会計学の基礎知識が欠落しており、監査事務所での二年間、その不安がいつも心に重く澱んでいた。今のうちに勉強し直さなくては、一人前の会計士になれないであろう、そう思いなして、故山桝先生の門を叩いたのである。したがって、大学院修了後にはあくまで実務に戻る予定で、先生のご了承を得て、月に一〇日ほどは監査に従事していたのである。

それが、一転して、大学で研究生活を送ることになった。しかし、そうした遍歴のために、研究者に必要なグルントがまったく欠けていた私には、助手になった当初、論文の書ける道理がなかった。書くべきテーマも、その素材すら浮かんでこなかった。研究者として、やってゆけるのか……。

その頃のことである。私は、新聞を読むとき、まず求人欄に見入っている自分に気付いた。手当てとは、自分の手がおのずから行き着いた先が、治療すべき患部だということであろう。たしかに、人間の無意識の行為には、深層心理とか隠れた文化とかが作用しているようである。私は、研究者としての道に展望を見出せなかったわけである。

そんなとき、冒頭の文章に邂逅したのである。それは、正に私の道祖神であった。もの書きの専門家である作家でさえ、書くことにこんなに悩んでいるのか。私は、目から鱗が落ちた思いがした。私は、道祖神の指示する道を愚直に辿ろうと思い定めた。

それからは、ひたすら原稿用紙の枡目を埋めた。たちまち、机には原稿用紙がうず高く積もっていった、もちろん、自分の名前しか書かれていない原稿用紙が。そうした日々が連綿として続いたのである。それは、ある意味で、まったく無為な行為であった。しかし、今日、末席とは言え、とにもかくにも研究者でいられるというのも、その営みのお蔭だと私は確信している。

こうした道祖神との巡り合いを、人は、人生とよぶのかもしれない。もっとも、そうした出会いは、必ずしも求めて得られるものではないであろう。個々人が、特定の時空における限界状況のなかで、心の内奥に共鳴したとき、道祖神の存在を知るのではないだろうか。

私にとり、山本周五郎の発言が、正に、道祖神であった。

（『日本簿記学会ニュース』第一三号、一九九二年六月）

# 学び初めの頃

既に二〇年の余を数える、私の学部卒業前後の頃を想起すると、慙愧に堪えない。「就職などなんとかなるさ」と思いなして、それまでひたすら遊び呆けていたが、しかし、なんともならないという現実が、現前した。一九六三年のことである。母は、大学院に進学することを勧めてくれたが、放恣な四年間の大学生活のなかで、学問に専念する真摯さなど、もはやどこかに置き忘れてしまっていた。

紆余曲折を経て、慶應義塾大学の大学院に、故山桝忠恕先生の門を叩いたのは、その五年後であった。しかし、その時にも、研究者になる意志は毛頭なく、多少理論的な発言もできるような公認会計士の道を志して、やや本格的な勉強がしたかっただけなのである。しかし、山桝先生との出会いが、旅の行き先をまったく変えてしまい、研究者としての道を歩むことになった。

そういうわけで、私が本格的に会計学の手解《ほど》きを受けたのは、山桝先生からであるが、今、当時を振返ってみると、先生から会計学の教えを受けた、という印象は薄い。いささか奇矯な表現ではあるものの、それが、私の偽りのない実感なのである。例えば大学院の授業において、院生として在籍した五年間（さらに助手として陪席した数年の間）に、原書講読の指導を受けたことはまったくない。もちろん論文指導はあったが、それとて、一〇分か一五分でストップがかかるのが常であった。一度などは、その概念規定の曖昧さのゆえに、冒頭の一句を発しただけで、発表中止になってしまったことすらある。あとは、不勉強のお叱りと、研究あるいは人生についての先生の体験談が続くのであった。学問というも人間の営みであるいじょう、学問するためには、研究者ひいては人間としての大本《おおもと》が大切であり、それができさえすれば、あとはおのずから自分でできる、というのが先生のお考えのようであった。

筆者は、これまでに、ささやかながら、『会計構造論の研究』（同文舘、一九八六）および『会計的統合の系譜』（慶應義塾大学出版会、一九八九）という会計構造論に関する二冊の研究書を上梓したが、それも、偏《ひと》えに先生のこうした御指導のお蔭である。意志弱く、ムラ気な性格の私が、曲がりなりにも怠りなく研究を続けてこられたのは、先生のこうした薫陶の賜物以外の何物でもない。先生の謦咳《けいがい》に接し、そして叱られ続けたこと、それは、筆者にとり、会計学についてのいくばくかの知識を伝授されるより、はるかに貴重な財産になっている。そのような体験がなかったら、現在、研究者でいられたかどうか……。

私の会計構造論の基本的骨格は、山桝先生の名著『複式簿記原理』にある。私は、この書物を徹底的に読んだ。別段数えたことはないが、基本的原理のあたりは、一〇〇回は下らないと思う。さらに、幾度か筆写した部分もある。頑丈な装丁で定評のあるこの名著も、既に背表紙はめくれあがり、解体の一歩寸前である。

『複式簿記原理』を読み始めたころ、先生に質問を試みたが、時たま内容にかかわるお返事をいただいたほかは、ほとんど「マア、よく考えてみなさい」と言われるばかりであった。今にして思えば、そうした質問は、少し考えれば解釈可能なことか、あるいは、会計構造論の根本にかかわる問題で、当時の筆者にいくら説明したところで、理解できるはずのないことかのいずれかであった。二冊の書物を纏めるさいにも、壁に突き当たったり、方向を見失いかけたときには、『複式簿記原理』に立ち戻るのが常であった。そうしたプロセスを経て、この名著につき、理解し得るものは、ある程度理解し得たように思う。それだけに今残されているのは、いわば垂直にそそり立つ巨大な岩壁である。その岩壁をどのルートで登攀したらよいのか、思いあぐねている昨今であるが、それだけに、今こそ先生にお尋ねできたら、と思うこととしきりである。

山桝先生は、「笠井君は、未だそんな所を低迷しているのか」と言われるであろうか、それとも「笠井君もやっとここまで辿りついたか」と言われるであろうか。

（『経理研究』第三七巻、一九九三年一〇月）

# 超三流の勧め

## （一）

昨年（一九九四年）の六月に、第三番目の単行書『会計構造の論理』を公刊したが、この書で、会計構造に関する私のこれまでの研究に一区切りがついた、という実感である。もちろん、個々の業績の位置づけは、その研究者の学説の全体像が明らかになって初めて、明確になるものであろう。したがって、厳密には、棺を蓋うまではその位置づけは定かではない、と考えるべきであろうから、あくまで主観的にではあるが、この第三書は、私の研究のひとつの節目になるような予感がするのである。

しかし、刷り上がったばかりのこの書を手にしていささかの感慨に耽った後、自分に残された研究時間に思い至ったとき、私は、愕然とした。この書に至るまでに、研究者の道に入ってから二二年、会計構造に関する処女論文「因果的複式簿記の素性──井尻教授の会計観の基底──」から数えても、既に二〇年の歳月が流れてしまっている。その結果、やっとひとつの節目らしきところに到達したにすぎないのである。慶應義塾大学の定年は六五歳であるから、義塾での研究人生は、あと僅かに一〇年しか残されていない。はるか先を見通す余裕とてなく、ただひたすら目前の研究課題に追われていたこの二〇年の余であるが、気がついたら、会計の一部にしかすぎない会計構造の研究に、やっと一段落がついただけなのである。

しかし、これから研究しなければならないことは、山ほどある。会計構造が会計の一環であるかぎり、会計構造を十全に理解するためには、会計構造に接する諸領域の知識が必要であろう。つまり、会計全体に関する知識の体系化が不可欠のはずである。その論理を辿ってゆけば、会計学が科学の一部門であるいじょう、会計学の会得を希求するかぎり、社会科学とは何か、科学とは何かという問いかけに無関心であるわけにはゆかない理《ことわり》である。さらには、提唱されている学説の妥当性に関する議論が欠如している現状を考えれば、科学哲学上の諸問題も俎上に載せなければならないであろう。つまり、会計構造が少しずつ分かってくるにつれ、未知の知識領域は、ますます拡大してゆく塩梅《あんばい》なのである。

何か狐につままれた思いがする。

（二）

研究者を志したとき、私は、どうやら、知識のありようにつき誤解していたようである。すなわち、知識は、いわば一定の円周によって囲まれた内部に存在する有限のものであり、それがひとつの分割線によって既知と未知とに二分されている。したがって、研究の進展に従ってその分割線が未知の側に移動するにつれ、それだけ既知が増加し未知が減少する。どうやら、私は、そのように考えていたらしい。しかしながら、現在の私の実感では、既知と未知との関係は、円周の内部と外部との関係に近い。つまり、円が外に向かって拡大するとき、たしかにその内部つまり既知の部分も増加する。しかし、同時に、その分だけ、円周が接する外部、つまり未知の部分（未知として確認し得る部分）も、確実に増加しているのである。

「分け入っても分け入っても青い山」、という山頭火の句がいかなる境涯を詠んだのか、私は正確には知らない。しかし、今の私には、研究の果てしなさとして、実感されるのである。展望がやっと開けたかに見えても、それは、単にひとつの峠にしかすぎない。しばしの下り道を楽しんだ後には、さらに険しい峰が聳えており、再び、眼前の荒れた山肌だけを見据えながら、あえぎあえぎ歩み続けることになるのであろう。峠に立ったといっても、しょせん、それは、無数の峠のひとつにしかすぎないわけである。研究とは、ポパーとは異なった意味においてではあるが、たしかに、「果てしなき探求」ということのようである。

研究という営みが、このように果てしなき探求であるとしたら、そうした峠のそれぞれにおいて、しばしの憩いをとり、自己の昨日を振り返りつつ、明日の研究生活への思いを新たにしておく必要がありそうである。

（三）

慶應義塾大学商学部の助手になってから暫くのあいだ、私は、大学に残ったことをひどく後悔した。自分は研究者としてはとてもやってゆけない、ということを大学の内外で思い知らされたからである。

私が助手になったのは、昭和四七年（一九七二年）であるが、会計および会計学の変革期にあったその当時は、学会においても、方法論的な議論が多かったように思われる。あるいは恩師山桝先生がそうしたテーマに関する統一論題の司会をされたこともあって、私の脳裏に強く焼きついたのかもしれないが、昭和四八年の会計学会全国大会の統一論題（のひとつ）は、「会計学の領域と体系の再検討」であったし、同関東部会のそれは、「会計理論の方法」であった。それらの報告には、マテシッチとかラドナーとかの当時の私には馴染みのない論者がしばしば登場した。しかし、マテシッチの翻訳書を購入して読んでみても、さっぱり分からない。この書の巻末には、「集合論と会計の定式化」という付録があり、そこで、外延の論理学（集合論）についての簡単な説明と、この書の冒頭で記述された基本的諸仮定の集合論的定式化がなされていた。しかし、私が数学を勉強したのは大学受験の時だけであるが、その当時は、岩切精二の『解析精義』が一世を風靡した時代であるから、集合論という名称すら知らなかった。ラドナーの『社会科学の哲学』にしても、定義図式・分類図式あるいは目的と機能との関係など、それまでの私にはまったく無縁な用語のオンパレードであった。自分は、はたして研究者としてやってゆけるのだろうか、そんな不安にさいなまれたのも、当然のことであった。

学内的にも、事情はまったく同じであった。人見知りの強い私を酒の場などに何かと誘ってくれたのは、金融論の赤川元章さんであったが、そういう席で、同じ世代のいわば同僚と話して直ちに感得したことは、彼等の頭脳の明晰さであった。さすがに大学の研究者はすごいと感心させられたが、その感心した分だけ、自分の才能は三流にしかすぎない、という思いに打ちのめされたわけである。さらに、酒のボルテージが上がってくると、商業学の堀田一善さんがポパーにおける「反証」だとか（木偏の「検証」ではなく）馬偏の「験証」だとかと言い出せば、直ちに赤川さんのマッハ主義だとかウイーン学団だとかの論議が飛び出してくる。私には、何とも見当の付かない用語ばかりであった。今にして思うと、本当に恥ずかしいことであるが、その当時の私には、論理実証主義ということさえよく理解できていなかったのである。談論風発のなかに一人取り残された私は、「自分は、この慶大で、とても研究者として全うできないであろう」という思いが、いわば確信となって広がっていった。

また、自分の研究テーマについても、まったく論文が書けないままに、連結財務諸表論からヴァッターの基金理論へ、さらに会計構造論へと変えざるを得なかった。

私は、しだいに、精神的に追い込まれていった。

（四）

今にして思うと、そうした状況に追い込まれていったのは、それまでの私の人生の軌跡からすれば、きわめて当然のことであった。私が大学院に戻ったのは、昭和三八年（一九六三年）に慶應義塾大学経済学部を卒業してから五年を経た昭和四三年（一九六八年）のことであったが、それは、けっして、大学の研究者を志してのことではなかった。私は、昭和四〇年（一九六五年）に公認会計士第二次試験に合格し、二年ほど会計士事務所に勤務し、監査に従事していた。

私が会計士の道を志願したのは、この職業が実務家と理論家との中間に位置しているという点にあった。しかし、実務に従事してみて、直ちにそうした理想の追求がいかに困難であるかを理解した。ひたすら受験勉強に専念しての合格であるだけに、自分の会計学についての素養が、あまりに貧弱だったからである。そこで、大学院で基本からやり直そうと思ったわけである。したがって、多少とも理論的な発言ができる会計士になる、ということが私の目的であり、研究者になることなど、まったく念頭になかったのであった。

しかし、恩師山桝先生との出会いが、私の進路をまったく変えてしまった。先生のもとで修士課程の二年間を過してみて、それまでの自分の人生がいかにいい加減なものであるかを思い知らされた。先生は、文字通り、真正面から会計学研究という自己の人生に向き合っておられた。そうした先生の生きざまをいま少し学んでおきたい、ただそのために、博士課程に進むことを決意したのである。しかし、父も既に死去しており、私が生計を支えてゆかなければならない立場にあったので、これまで私の我儘をすべて呑み込んでくれた母も、この時ばかりは、いささか難色を示した。大学院（修士課程）に戻るときも、二年後には実務に復帰するという約束をしていたからである。しかし、自分の生き方を鍛え直す最後の機会と考え、博士課程の修了後は直ちに実務につくという条件で、七〇歳に手が届く母を何とか説得したのであった。そうした事情から、博士課程においても、先生のご了承を得て、月に一〇日ほどは監査に従事していたのである。

## （五）

大学院では、監査の仕事のため時間は限られていたにしても、また研究者としてのグルントの涵養という類いのものではなかったにしても、けっして勉強しなかったわけではない。今思い出しても懐かしさに堪えないが、監査で地方に出張した折など、旅館では先輩・同僚と相部屋になることがほとんどであったが、彼等が寝入った後、洋式トイレに閉じこもりひとしきり専門書を読んだものである。人より五年も道草を食っているだけに、さすがに真剣だったのである。しかし、それとて研究者としての知識の習得という点からすれば、一種のおままごとにしかすぎなかったことは否めないが、勉強は、それなりにした。あるいは少なくとも、勉強しようとはしたわけである。

しかし、慶應義塾大学の学部時代ともなると、これは、もうメチャクチャだった。四年時に、卒業できる学生の氏名が掲示された日、真っ暗くなってからコッソリ見に行ったものである。落第していたら、同級生と顔をあわせるのが恥ずかしかったからである。たしかに、落第していても、おかしくないような学生生活だった。大学卒業時に一度試算したことがあったが、四年間のうち、たしか三五〇日ぐらいは、旅にあったと記憶している。そうした私の学部時代の学生生活を象徴しているのは、二年の春先に行なった九州旅行および四年の春先の四国遍路の旅であろう。

前者は、同じクラスの畏友須山敬君との二人三脚であったが、当初の企画では、列車で靴磨きをしながら無銭旅行をする予定だった。しかし、何人かの靴を磨いた後に、道交法か何かに違反しているとかで、車掌にきつく叱られてしまった。旅の第一歩で、計画は頓座してしまったわけである。しかし、多少の所持金はあったし、また九州一円の国鉄（現在のＪＲ）は何回でも利用できる九州均一周遊券をもっていたので、とにかく旅を続けることにした。食事は、二人づれの女子大生から彼女達お手製のおにぎりをもらったというような僥倖は別にして、食うや食わずであった。寝泊まりと言えば、寝袋を携行していたのでもっぱら駅のベンチか、あるいは夜行列車の通路であった。幾度、博多から鹿児島へ、鹿児島から博多へと往復したか分からない。当人達は一向に気がつかなかったが、おそらく浮浪者のような風体だったのであろう、ヤクザふうのオニイさんに、いい仕事があるんだが、と声をかけられたこともある。なにしろ金欠病に苦しんでいた二人には、きわめて魅力的な話であったが、蛸部屋なんぞだったらどうしようと、もっぱらその不安のためにおそるおそる断ったものである。とにかくひどい旅行だった。最後には、有り金はたいて買えたのが僅かに大きなアメ玉七個にすぎず、それだけで東京までの二十何時間の飢えをしのいだのであった。

四国遍路の旅は、単独の徒歩旅行で、三月中旬から四〇日ほどをかけて四国を一周した。これについて書くとなると長くなるので省略するが、帰京したときには、四年生になされる学生部主催の就職説明会は既に終わっていた。要するに、就職の心構えどころの騒ぎではなかったのである。

すべてが、こんな調子であった。皆も多分同じような生活をしているのだろうから、何とかなるさと、たかをくくっていたのだが、結局、何ともならず、就職には失敗してしまった。その当時は転職の機会など皆無で、一生に一回のその時期の就職でほぼ人生が決まってしまうのである。そこで、サラリーマンは断念し、一年間の空白の後に、会計士をめざして中央大学商学部に学士入学したわけである。要するに、私の現在の生活は、このしきり直しの人生から始まったのである。

このような学部時代の生き方にも、私は愛着を覚える。もう一度学生生活をしても、また同じことを繰返すかもしれない。しかし、研究者になるということであれば、これでよかったとは、とうてい思われない。頭が柔軟で、時間も潤沢であったこの時期における学問的空白は、返す返すも口惜しいことであった。当面は役立たなくても、科学というものを根本のところで支えている方法論のような領域にも真剣に取組めるのは、この時期をおいてない。こうした一見ムダとも思えるような領域に一度はのめりこむことの重要性を、現在、私はひしひしと感ずるのである。

（六）

このような経歴から、私は、研究者として具えていなければならない基礎的な勉強は、まったくしていなかった。大学院でも、もっぱら、実務上の問題に関心があったのである。今にして思うと、あの力量でよくぞ助手に応募したものだ、と冷汗三斗である。しかし、けっして、研究者としてのグルントに欠けている、ということに気付かなかったわけではない。むしろそうした自覚は、十分にもっていた。しかし、それにもかかわらず助手採用試験に応募したというのは、山桝先生のもとで勉強したいという一念であったように思う。

それはともかく、助手になった当初、そうした追い込まれた状況のなかで、眠れない夜が続いた。心身ともに疲れ果て、頭もまったく回転しない。少し眠ったほうがよいのは分かっていても、フトンに身を横たえても眠れなかった。眠りたいのに眠れなかったのだ。悶々としているうちに、時は徒らに過ぎゆき、やむなくまた起き出す。しかし、机に向かっても、萎えた気力では何の成果も上がらない。一層、気が滅入ってゆく。毎日、そんなことの連続だった。その後の研究生活では週に一、二回は徹夜になることが多かったが、気力が充溢しているときの徹夜と、このように追い込まれての不眠とは、言うまでもなく、まったく違う。前者の場合には、徹夜したこと自体が精神をさらに高揚させるのに対して、後者の場合には、自暴自棄へと追いやるのである。

その当時、本当に、結局は慶應義塾大学を辞めざるを得ないだろう、と私は考えていたのだ。しかし、そうした思い込みが幸いにも的中せず、私があの時期をとにもかくにも乗り越えられたのには、幾つかの原因が考えられる。そのひとつは、「とにかく書け、書けないときは、自分の名前でもよいから書け」という山本周五郎の文章との邂逅であった。周五郎のこの言に忠実に従って、暫くの間、私は、実際に、原稿用紙の桝目をもっぱら自分の名前だけで埋め尽くしたものである。

しかし、これについては既に一文を草したことがあるので、省略するが、それと同じくらい私の救いになったのは、「超三流」ということばとの巡り合いであった。自分の才能は、どう考えてもたかだか三流にしかすぎない、そこの自覚から出発しよう、しかしただの三流では終わるまいぞ、という決心であった。会計士への道も残されていたので、退職することに未練はなかった。

しかし、縁あって勤めたにもかかわらず、なす術もなくこのまま辞めることは、いかにも口惜しかった。三流は三流なりにとにかく精一杯やり、超三流になれれば、それでよいではないか、そう思い定めたのである。それで肩の力がとれたのであろうか、少しずつ、上ずった気持が静まり、腰を据えて基本書に沈潜することができるようになった。

(七)

超三流ということばは、私の造語ではない。何かの文章で読みかじったものである。たしか里見弴あたりだったと思うが、定かではない。したがって、どのような意味で使われていたのか、正確なことは分からない。

人間は、日本人が考えているようには、けっして平等ではない。持って生まれた能力に差があるのは、厳然とした事実である。三流の才能が存在する、ということも明らかに事実である。しかし、それがまた、人間の個性にも繋がっているのであろう。芥川龍之介の言うように、そうした個性の存在が、仮に造物主たる神の不完全さの証しであるとしても、自分というものは世界に自分しかいない、文字通りただ一人(unique)だと考えると、自分という存在が、なにかしら愛おしくすら思えてくる。三流の才能ということも、そうしたユニークさの要素であろう。超三流という生き方も、ひとつあってよいのではないだろうか。少なくとも私にとっては、私の人生を形作ってくれたものとして、かけがえのない人生訓である。

今どきの若い方のなかには、自分をいわば天才と思っているのではないかとさえ感じられる人も、まま見受けられる。もっとも、相互批判の精神が欠如した単なるエゴイストであるにすぎないのかもしれないが、それにしても、自分の来し方を振り返ってみて、そんな自信をもてることを羨ましく思えるときも、ないではない。蜃気楼みたいなようなものであっても、自信というものは、たしかにひとつの力なのではあろう。しかし、私には縁遠い生き方である。やはり、超三流への道を模索してゆきたいと思う。

さいわい、私の研究休暇が明けて再発足した笠井研究会の三年生諸君は、人柄も素直であるし又ひたむきでもある。この諸君達と、慶應義塾大学における残りの一〇年間の第一歩を踏み出した現在、初心に戻り、「超三流」への思いを新たにしておこう。

(『交差点』第二一号、一九九五年三月)

# 「自信」喪失の勧め

三年生諸君が入会してから、既に、もう三か月が経過している。本当に早いものだ。入会当時に比べると、目つき・顔つきが、格段に良くなった諸君もいる。サブゼミでは、かなり激しい論議がなされている、とも聞いている。三年生諸君が、口をとがらせて議論する有様を想像することは、まことに楽しい。どうか、真剣に議論してほしいものだ。

しかし、そのさい少し心配なことは、自己の見解に自信をもち過ぎることだ。もちろん、議論の場では、自分の発言に責任をもたなければならない。他人の発言を聞くたびに、意見を変えるなど、論外だ。予め十分に勉強し、自己の発言に自信がもてるようにしておくのは、当然のことだ。しかし、そうかと言って、自信をもち過ぎるのも、よくない。議論の後には、自己の自信について疑念を投げ掛けるくらいのゆとりも、必要なのである。

それに、よくよく考えてみると、この自信という語ほど、得体の知れないものはない。この語には、きわめて多面的な意味、複雑なニュアンスが潜んでいるようである。私の研究生活などの場合には、「自信」の喪失ということに始まった、と言ってもよいぐらいなのである。そして、そのことは、本質的にも、きわめて重要な意味をもっているように思われる。そこで、今回は、

# 「自信」喪失ということについて語ることにしよう。

## （一）

ゼミでもいつも話しているように、私は、恩師の山桝先生から会計学を教わったという実感は、あまりない。もちろん、その当時のノートを取り出して見れば、現在においてすら瑞々しさを失っていないユニークな考え方が、数多く書き留められている。それにもかかわらず、それらの印象が薄いというのは、叱られたことの記憶が、あまりにも強烈だったからであろう。本当に、よく叱られたものである。論文発表において、最後まで報告させてもらえることは、稀であった。一度などは、その概念規定の曖昧さのゆえに、冒頭に発した一句だけで、報告が中止になったことすらある。その後は、もっぱら不勉強のお叱りであった。

当時、何かの折に、山桝先生から、「ある時期までの自分を支えてくれたのは、文献を誰よりも読んでいるという自信であった」という話をお聞きしたことがある。現実に、連続して三日間徹夜するといった生活を、一時期なされたようである。山桝先生の透徹した洞察力あるいは緻密な論理構成力は、つとに定評のあるところであるが、そうした天賦の才に加え、これだけの努力をされたのである。私などがいくら必死になって文献を読み考えてみたとて、しょせん、釈迦の掌を駆け回っている程度のことにしかすぎなかった。そんなことは、先生はとうに考え済みであり、即座に、その欠陥・限界を見抜かれてしまうのである。結局は、自分の勉強不足と借物の知識とが白日のもとに曝されただけであった。

私のもっていたあるかなしかの「自信」も、徹底的に打ち砕かれてしまった。自分には何も残されていない、ということを自覚せざるを得なかった。

（二）

しかし、今にして思うと、このように「自信」を喪失させられたということは、私にとりきわめて僥倖であった。山桝先生から、徹底的に「自信」を喪失させられたからこそ、現在も、大学で、こうして自分の好きな研究に打ち込む生活を送っていられるのだと思う。そうした経験がなければ、私など、早晩、大学を退職せざるを得なかったであろう。

それにしても、この「自信」ほど、奇体なものはない。ときに一二〇％の力を発揮させることがあるのも、たしかに、この「自信」のなせるわざであろう。しかしながら、他方で、何か特定の実体があるわけではなく、きわめて主観的なものにすぎないので、いわゆる過信にも繋がっている。その結果、懈怠《けたい》をもたらし、進歩を停めてしまうのもまた、この「自信」に他ならない。

したがって、「自信」とは、よくよく要心して付き合ってゆかなければならないが、とりわけ若い時期には、剣呑《けんのん》である。およそ自信というものは、過去の実体験に照らした、将来事象の達成に関する確信であろう。そうであるなら、自信とは、何事かを徹底的にやり抜いた人だけが、よく具え得るものである。人生の厳しい試練を経て初めて、培われるものなのである。そのように考えれば、これから人生に出航する若者に、そうした意味での自信が、そうそう具わっていると は思われない。おそらく、多くの若者にあるのは、何らの実体を伴わない、幻想としての「自信」

なのではないだろうか。

そうであれば、一日も早く、「自信」を喪失すべきであろう。幻想は幻想として見据え、自己のみすぼらしい実相を直視すべきである。「自信」が幻想であるかぎり、その「自信」の上に立てられたものも、しょせん、蜃気楼にしかすぎないからである。

三年生諸君にも、この「自信」の喪失ということをお勧めするが、山桝先生の厳しい指導のもとで「自信」が喪失したということは、言うまでもなく、幻想ではあるにせよ、私に何らかの「自信」があったということである。そうであるなら、「自信」を喪失するためには、まずもって、なぜそうした「自信」が形成されたのか、ということが明らかになっていなければならない。その原因がはっきりすれば、三年生諸君にしても、「自信」を喪失し易くなるにちがいない。そこで、この点を考えてみよう。

（三）

慶應義塾大学の三年生の夏、私は、ルンペン号と称するイカダで瀬戸内海を横断するという、今にして思えばあまりに無謀な企画に参加した。これは、ドラム缶五個を溶接しそれに竹を繋ぎ合わせてイカダを製造し、須磨海岸から広島まで航行しようというものであった。一応帆はあったがほとんど機能せず、動力は、もっぱらオールによる人力であった。メムバーは七人（早大生四人、慶大生三人）だったが、海についての知識はさしてあるとは思えない連中ばかりであったと言ってよい。これで、瀬戸内海を横断しようとしたのである。大きな機帆船と衝突しかけたこと、コンクリートで打ち固められた護岸に激突しかけたことなど、あのとき命を落としていても、まったく不思議ではなかった。

このルンペン号事件は、今でこそ楽しい想い出になったが、しかし、生きて帰るということを前提におくかぎり、してはならない企画であった。そのような無謀な企てを、なぜできたのであろうか。それは、海の恐ろしさを知らなかったからである。あるいは、その無知を自覚していなかったからである。そうでなければ、あの企画で成功できるなどとは、とうてい思わなかったはずである。もっと真剣に、海なり瀬戸内海なりについての知識の摂取に努めていたことであろう。海について無知であったからこそ、あるいはその自覚がなかったからこそ、何とかなるだろうとタカをくくれたのである。この「何とかなるだろう」という、何の根拠もない幻想が、ここに言う「自信」に他ならない。

西堀栄三郎氏によれば、探検と冒険とには大きな違いがあると言う。すなわち、探検というのは、すべての条件の緻密な調査のうえに成り立つ合理的行動であるが、しかし、言うまでもなく、いくら調査しても将来の完全な予測は不可能であるから、その未知の部分については冒険することになる、ということのようである（大塚久雄著『社会科学における人間』岩波新書）。これに照らせば、ルンペン号事件は、典型的な冒険と言ってよいであろう。けっして合理的な態度ではあり得ない。

## (四)

三年生諸君は、未だ一部とは言え、よく勉強しているようである。しかし、やはり、この「自信」が見受けられる。もちろん現時点ではやむを得ないことだが、それは、部分的知識の習得に追われているからであろう。ある知識をそれ自体として取り上げるかぎり、たしかに、理解できたような気がする。そして、とにもかくにも新しい知識を獲得したわけであるから、何かしら「自信」が湧いてくるのも無理からぬことであり、それはそれで、大切なことである。しかし、そのような知識は、他の領域と切り離されたものであるかぎり、その真偽につき、きわめて不確かなものにしかすぎない。したがって、そうした「自信」なるものも、けっして確固たるものではあり得ないであろう。

例えば現金勘定という貸借対照表の一項目を、勉強し理解したと考えたとしよう。このとき、ある何らかの新知識を仕入れたのはたしかであるが、このような個別的断片的知識の獲得によって、本当に、現金勘定を理解した、と言ってしまってよいのであろうか。けっして、そうではないはずである。他の資産勘定とどのような関係にあるのかということを理解するまでは、現金勘定の本質は、明らかにはならない。つまり、資産勘定概念が理解されていなければならない。それを敷衍すれば、資産勘定全体とそれに対峙する負債・資本勘定との関係が明確にならないかぎり(つまり貸借対照表の本質が明確にならないかぎり)、さらには、貸借対照表と損益計算書との関係の本質にまで至らないかぎり、現金勘定の本質は、見えてこない。要するに、会計理論の全体像におけるその位置づけが明確にならないかぎり、現金勘定についての理解は、けっして確かなものにはならないのである。

現金勘定という部分的知識ですら、会計理論の全体的枠組を理解しそこに位置づけたときに初めて、本当に理解したことになる。極言すれば、最終目的である会計理論の修得が完了した段階で、同時に、現金勘定も理解できるのである。比喩的に言えば、理解ということは、経済学で言うところの一般均衡論に属しているのである。

そのように考えれば、ある部分領域を理解するために勉強すればするほど、さらに一層勉強する必要性を痛感するはずなのである。その一層の勉強をするまでは、本当には理解していない、ということを自覚するはずなのである。そして、その一層の勉強は、際限なく続く。これでは、とうてい、「自信」など生まれようがないではないか。極論すれば、会計理論の全体についての理解を得るまでは、自信など生じないことになる。

いささか極端に走りすぎたとはいえ、ことの実相は、そのように考えられるのである。よく知らないから（つまり勉強が足りないから）、あるいは部分的知識の習得に終始しているから、「自信」がもてるのである。かなり知り出せば（つまりかなり勉強し出せば）、あるいは体系的知識の修得に努め出せば、「自信」は、喪失するはずである。

そうした「自信」の喪失を経験したときに初めて、実は、研究の最初の一歩を踏み出した、ということになるのである。

## （五）

しかし、知らないということだけが、「自信」の源泉ではない。他方で、我々は、たしかに何事かを知っているからであるが、しかし、その「知っている」ということの内容にも、大きな陥穽が潜んでいるのである。

我々は、たしかに多くのことを知っている。しかし、我々が知識をもっているということは、一体どういうことなのであろうか。例えば、「地球が太陽の周囲を回転している」ということを人々は知っている、と誰しも考えているであろう。しかしながら、地球は、本当に、太陽の周りを動いているのであろうか。そのことを知っているとされるすべての人々は、その事実を本当に確信しているのであろうか。さらには、その妥当性を本当に論証できるのであろうか。そのように考えると、「地球が太陽の周囲を回転している」ことを人々は知っている、と本当に言えるのであろうか。

そのように突き詰めてゆけば、我々のもっている知識が、きわめて根拠の薄いものであることに、容易に想到するのである。結局のところ、我々の知識なるものは、極言すれば、それは正しいのだ、と他者から言いきかされ覚えさせられてきたものにすぎない、とも言えるのではないだろうか。つまり、一定の社会において妥当であると認知されたものあるいは合意されたものを、我々は、妥当な知識と思っているにすぎない。したがって、必ずしも、我々自身が形成したものでもないし、十分に得心して獲得したものでもない。誰かが考え出し、誰かが妥当だと言っているだけのいわば借物の知識にすぎない、とも言えるのではないだろうか。

こうした知識の実相に気付かないか、あるいは目をつぶってしまうときにのみ、多くの知識を得ているということによって、「自信」をもち得るのである。つまり、自己の知識なるものが、誰かが考え出したものを単に記憶したものにすぎない、ということを自覚しないから、あるいは逆に言えば、自分の考えたものでもないし自分が十分に得心したものでもない、ということを自覚しないから、「自信」がもてるのである。しかしながら、自己のもっているものが、借物の知識にしかすぎない、というそうした実相を知るならば、自己の知識の妥当性に疑問を抱かざるを得ないであろう。その妥当性を自分が得心ゆくまで検討し確信するに至るまでは、自信などもち得ないのである。

このように、自己のもっている知識の素性を真剣に問い詰めるならば、「自信」は喪失するはずなのである。そうした「自信」を喪失することによって初めて、本当の意味での知識修得（つまり研究）が始まるのである。

しかしながら、研究主体としての日本人の性格および研究対象としての会計学の性格を勘案すると、こうした「自信」喪失は、けっして容易なことではない。この点には、我々は、くれぐれも留意すべきである。

（六）

まず研究主体としての日本人の特質の側面について考えてみよう。第一に考えなければならないのは、日本の教育システムであろう。日本のように、きわめて多数の志望者を公平に選抜することに主眼をおく受験システムのもとでは、いきおい、○×式あるいはマークシート式等の形式を多用せざるを得ないが、その場合、どうしても、知識の多寡を問う形式になり易い。したがって、受験生にしても、このように解答すれば正解になるという一定の合意を前提条件に、ひたすらその正解なるものを覚え込む、という形態の学習にならざるを得ない。そこでは、その正解に至る道筋、ひいてはその正解なるものの妥当性ということは、疎かにされがちとなる。極言すれば、知識生産のプロセスについては一切問うことなく、でき上がったいわば製品としての知識を教えこむ、というのが日本の教育内容の一般的特質と言ってよいのではないだろうか。

そうした教育システムのもとでは、知識を自己の得心のゆくまで検討したり、ひいては自分の得心のゆく知識を創造する、といったことを学習者が経験する余地は、あまりあるいはほとんどない。そんなことをしていたら、とても受験戦争に勝ち抜くことはできないからである。したがって、そうした妥当性についての疑念は一切放棄し、正解とされる知識を覚え込む技術に、ひたすら磨きをかけるのである。それに成功することが合格へと導き、そして優秀とされる大学に入ることが、「自信」なるものを、学習者個人に植えつけるのである。いささか誇張しすぎているが、前記した「自信」の喪失とはある意味で真反対のことを、日本の教育は、行なっているわけである。したがって、そうした受験戦争の勝利者には、「自信」を喪失するということは、きわめて難しいことなのである。

第二に、そうした製品としての知識の記憶ということは、単に今日の日本の受験システムだけの問題ではなく、むしろ、日本の知識人のひとつの特質にも通底しているように思われる点である。それを端的に示しているのが、学者を評するに、しばしば「博覧強記」という語が用いられるという事実である。つまり、広く書物を読みよく記憶していることが、学者の重要な要件とされているようなのである。歴史に範をとれば、さしずめ、保元の乱における一方の主役である悪《あく》左府《さふ》頼長などを想起すればよい。すなわち、悪左府頼長は、学問好きとして有名であるが、その戦さの決定的な時点において、源為義の夜討ちの建策に対して、そのようなことは古来の史実にはない、とその博覧強記ぶりを発揮して、はねのけたのである。もっとも逆に平清盛側の夜襲を受けてあえなく敗戦を喫してしまったのであるが、それはともかく、こうした事例は、日本の知識人のひとつの在り方を示しているのではないかとも思われるのである。もしこれがひとつの文化的伝統であるなら、その克服は、容易なことではなさそうである。

そして第三に、受動的に覚え込むということは、さらに、日本人の行動様式（つまり日本社会の在り方）とも絡んでいるように思われることである。荒木博之氏は、日本人と西欧人との行動様式の相違を、集団・他律と個・自律という鍵概念によって対比されている（荒木博之著『日本人の行動様式』講談社現代新書）。こうした見方は、きわめて興味深い。たしかに、日本人の場合、個の論理と集団の論理とを使い分けている。そして、個の論理とは別物としての集団の論理を規範として受け入れ、個人は、そうした他律的な規範に同調するようにしつけられる、あるいは自己をしつけてゆく、という傾向があることは否めない。しかし、もちろん、集団の論理が自己に内化しないことも、さらには、自己の論理と対立してしまうことさえも、あり得る。むしろ、集団の論理と自己の論理とは、乖離しがちであるとも言えよう。いわゆる建前と本音との相克である。そうした対立がある場合、建前としての集団の論理（知識）は、けっして自己のものではなく、あくまで借物の論理（知識）にしかすぎない。そこでは、借物の論理（知識）が、公然と市民権を得ることになる。というより、社会的には、それがいわば正解とされる論理（知識）であるから、公式的には、借物の論理（知識）のほうが、大手を振ってまかり通るのである。本音つまり自己の論理（知識）の主張に対しては、往々にして、非国民といった非難、あるいは村八分といった制裁が、待ち受けているのである。

こうした社会システムのもとでは、自律的な個の論理（知識）を積極的に形成するというより、他律的に存在する集団の論理（知識）を受動的に習得するということのほうが、重要な意味をもつことになりがちである。これは、ある意味で、教育面において指摘した、正解とされるものを記憶するというパターンに似通っている。このように考えれば、借物の知識のルーツは、日本人の行動様式の根深いところにあるとも思われるのである。こうした社会では、そうした集団の論理（知識）に疑問を投げ掛けること、さらには異議を申し立てることを意味する「自信」喪失という行為は、なかなかに難しいことなのである。

（七）

次に研究対象側の特質について考えてみよう。これについても、いろいろ考えなければならないが、ここでは、会計学の境界科学性（border-line science, Grenzwissennschaft）という特質についてだけ、述べておこう。周知のように、会計学は、経済学、法学そして統計学（数学）のみっつの科学領域の狭間にあると言われている。この場合、これらの諸学は、いずれも、科学としての成熟度は、会計学よりはるかに高い。したがって、ともすれば、それら諸学の論理が、そのまま、会計学に導入されることになる。もちろん、より強固な理論的基礎をもつ他学の概念の導入ということ自体は、否定されるべきではない。その概念が、会計学にも妥当するかぎり、その導入により、会計学の理論的基盤も強化されるはずだからである。

しかし、問題なのは、そうした他学の論理の素性が、検討されたどうかという点である。はたして、それらが、会計学に援用できるのかどうかということ、あるいはどのような形での受容が可能なのかということが、真剣に検討されたと言えるのであろうか。もしそうした検討がなされていないとしたら、会計学は、（他学からの）借物の知識に依存している、ということになりかねない。

一例を挙げよう。会計学においても、「G—W—G'」という資本循環シェーマが、しばしば援用され、会計上の概念の理論的基礎とされている。しかしながら、この「G—W—G'」というのは、言うまでもなく、国民経済学において形成されたシェーマである。それに対して、会計学は、その対象を企業会計とみるかぎり、個別経済の会計にかかわる学問、つまり企業会計学である。そうであれば、このシェーマだけをそのままの形で受け入れてしまってよいのかということが、会計学に援用するにさいして、検討されなければならなかったと思われる。

ごく素朴に考えれば、国民経済のシェーマをそのままの形で企業会計に援用できる、とア・プリオリに前提することはいかにも無理である。結論的には、このシェーマを会計学に導入するためには、企業的変容と会計的変容というふたつのレヴェルでの変容が不可欠であるように思われる。すなわち、まず企業的変容、つまり国民経済のシェーマの、個別経済のシェーマへの変容(経済レヴェルにおける「国民」から「個別」つまり「企業」への変容)、および会計的変容、つまり個別経済のシェーマの、企業会計のシェーマへの変容(個別レヴェルつまり企業レヴェルにおける「経済」の「会計」への変容)を施すことによって、初めて会計学に援用できるのである。そうした変容がなされないかぎり、「G—W—G'」という経済学の知識は、会計学にとり、あくまで借物の知識にしかすぎないであろう。

こうした借物の知識が、会計理論の基盤をなしているとしたら、つまり会計理論の根底的知識そのものに借物の疑いがあるとしたら、会計学上の知識の借物性に疑問を抱くことは、容易ではない。こうした境界科学性との絡みで、実は、「自信」を喪失することすら困難であるという厄介な性格が、会計学には内在しているのである。

さらにもう一例だけ挙げておこう。会計学、とりわけ勘定理論ないし複式簿記理論においては、数式がしばしば利用されている。ここでは、「a—b＝c」および「a＝b＋c」というふたつの数式を考えてみよう。この両等式は、数理的には、bの移項により一方から他方が導ける。したがって、等価の関係にあるとみることは可能であるが、この数式上の論理がしばしば会計学に導入され、会計上の命題の妥当性の論証に、そのまま利用されているのである。例えば資本等式と貸借対照表等式との同一性の論証などが、その典型例である。すなわち、会計上の資本等式および貸借対照表等式は、数式的に表現すれば、それぞれ、［a－b＝c］および［a＝b＋c］に相当する。その点から、前述の数式上の論理を援用して、両等式を、本質的に同一の基本的等式とみなしてしまうのである。

しかしながら、数学というのは、本来、「花二本と本二冊とは同じ二である」という認識から出発する。すなわち、花とか本とかの対象の具体的属性を一切捨象し、そこに共通する「二」というきわめて抽象的な観念のうえに、数理は構築されているのである。そのように意味を捨象した記号間の論理的関係を問題にするかぎり、たしかに、［a－b＝c］および［a＝b＋c］の二式は、一方から他方を導出できるであろう。しかしながら、会計学において用いられている記号には、当初から特定の意味が含まれている。資本等式におけるa・b・cは、貸借対照表等式のそれとはまったく異なった意味を担っているのである。そうであれば、会計学上の問題に、数式の論理を安易に適用することはできないはずなのである。

そうしたことを踏まえながら、数理が、会計学に、どこまであるいはどのような形で援用できるのか、ということを慎重に検討しなければならないであろう。そうした検討がなされないかぎり、数学上の知識は、やはり借物にすぎないと言わざるを得ないのである。

このように考えると、会計学は、かなり、借物の概念のうえに存在している疑念がある。したがって、「自信」を喪失することが相当に困難な領域と言えそうである。

# （八）

以上のように、我々がもっている知識というのは、実は、相当に胡散臭いものなのである。自己の知識が、自己の考え出したものではないことを自覚するなら、逆に言えば、自己の知識が、誰かが考え出したものを単に記憶したにすぎないことを自覚するなら、要するに自己の知識の借物性に思いが至れば、「自信」を喪失せざるを得なくなるのではないだろうか。しかし、この「自信」喪失こそが、実は、研究の「初めの一歩」なのである。

三年生諸君は、自己の知識を徹底的に疑うべきである。自分が現在もっている知識は、確かなものなのか（どの程度確かなものなのか）、どうして確かなものだと言えるのか。そのことを徹底的に問い詰めるべきである。そのさい、通説であるとか、権威者の言説であるとかといったことは一切脇に置き、自分が納得できるかどうかということだけを、自分の心に問うべきである。そうすれば、自己の知識なるものがきわめて不確かなものである、ということに思い至るであろう。そうした知識は、一度は捨て去るべきである。けっして未練をもってはならない。そうしたいわばデカルト的懐疑に徹すれば、いかに自分は知らないか、ということを思い知らされるであろう。

それはそれでよいのである。というより、そうでなければならないのである。そうした丸裸の自分の想念のなかから生み出されたものこそが、いかに貧しくとも、真の知識、自己の知識なのである。埴生《はにゅう》の宿と言えどもわが宿を築くことこそ、研究の究極の目的なのではないか、と私は思う。こうしたわが宿を手にしたとき、本当の意味での自信が生まれてくるのではないだろうか。

もっとも、仮にこうした自信を得たとしても、そこに、どれほど安住していられるのか、定かではない。その先は、無間地獄に似たところがあるのかもしれない。しかし、それは、ここで述べた「自信」とはおよそ異なる次元の問題である。

とまれ、不確かな知識のうえに築かれたものは、いかに豪華な外観を誇ったとしても、しょせん、蜃気楼にしかすぎない。豪華な蜃気楼か、貧相ではあっても手造りのわが宿か、三年生諸君は、現在、その選択を迫られているのである。

（九）

一般に、若者には「自信」がつきものである。もちろん、それは、若さの特権でもあるし、またそれなりの効用もある。しかし、同時に、そうした「自信」の実相を直視する賢明さも、もたなくてはならないであろう。

「自信」をなぜもてるのか。一言で言えば、勉強が不足しているからである。すなわち、一方、知識の量の面から言えば、当面必要な知識しか得ようとしないからである。さしあたっては関係なさそうな他の領域の知識がなく、したがってそれらとの関係を置き去りにしているから、「自信」がもてるのである。他方、知識の質の面からいえば、自己の有する知識の借物性に気付かないからである。それらの知識の妥当性の根拠にまで思い至っていないから、「自信」がもてるのである。

しかし、こうした知識の量と質とを統合するものは、言うまでもなく、研究する人間である。

結局のところ、学問修得への熱意あるいは覚悟である。これがあって初めて、「自信」の喪失が可能になる。

「自信」の喪失を、三年生諸君には心からお勧めしたい。諸君の将来の飛躍のために、そのことを念願してやまない。

（『交差点』第二三一号、一九九五年九月）

# 自己評価は評価にあらず

今年度の夏合宿は、一言で言えば、気持の良い合宿であった。それは、春合宿の反省を踏まえて、四年生が、それなりに真剣に取り組んでくれたからだと思う。ホテルの支配人がつくづく感心して、「ウチでもゼミ合宿の客が少なくないが、こんなによく勉強する学生さんはみたことがない」という感想を、私にもらされた。たしかに、四泊五日の合宿期間中、規律を保って議論に専念してくれたと思う。しかしながら、反省すべきことも少なくない。この一夏の経験を、諸君が今後に活かしてくれることを念じつつ、若干の感想を述べよう。

（一）

この夏合宿について、内心、成功だったと思っている四年生があるかもしれない。しかしながら、そうした自己評価だけによって、最終的判断をくだすべきではないであろう。もちろん、合宿が終わった段階で、自分なりの評価を各自がもつこと自体は必要であるにしても、自己評価だけによって、自己の評価としてしまうことはきわめて危険であり、その点には、くれぐれも留意してほしい。

このことは、演技者が審査員をも兼ねてしまった体操競技などを想起すれば、容易に理解できよう。演技者がみずから採点することのおかしさは、明らかである。演技者は、自己の演技の評価については第三者たる審査員に任せなくてはならない。ましてや、ゼミ合宿の場合、ディスカッションの素材になったサマータスクの本質を理解しているのも、過去の合宿の水準を知っているのも、ゼミの教員しかいないのである。その最終的な評価については、ゼミの教員に任せなくてはならないであろう。演技者たるゼミ生諸君が、みずから成功だと言いつのることの奇妙さに気付くべきである。

こうした自明のことをここであえて指摘するのは、このことが、諸君たちの現在の在り方にかかわっており、したがって、これからの人生にも大きな意味をもっているからである。

（二）

昨今、根拠のない自信に溢れた人たちが増えているように思われるのであるが、それは、自分の仕事につき自分で下した評価に酔ってしまっている点に、その一因があるように思われてならない。もちろん、自分なりに一所懸命努力した場合、成功だと言いたくなる気持は、分からないではない。しかし、自分なりによくやったということと、社会的に認められた水準の仕事をしたということとは、言うまでもなく、まったく別のことである。つまり、主観的な評価と客観的な評価とには、乖離があるということである。ごく一般的に言えば、そのギャップを認識することがいわゆる大人になるということなのであるが、大人になり損ねた場合、自己評価をもって、自己の評価と思い込んでしまい、根拠のない過大な自信をもつことになってしまうのであろう。

もっとも、こうした過大な自信は、社会的に認められた実績に裏打ちされたものではないだけに、他人から見れば、コッケイなものでしかない。そうしたギャップの認識の欠如は、結局のところ、世間の失笑を買うだけなのである。しかし、そのことが、当の本人には届かないことも多く、気付かないのは、本人だけであり、いわば裸の王様になっているわけである。

最近、こうした手合いが増えているのではないだろうか。したがって、けっして他人事ではない。いわゆるエリートと言われる人々にありがちなのである（もっとも、現在の大学生がエリートであるかどうか、疑問がないわけではないが）。例えば我々研究者のなかにも、人に推薦できるような本は自著しかないなどとヌケヌケと高言する手合いもいないではないのである。ただし実際に読んでみれば、およそ業績とは言えない水準であることも多い。当人はおそらく大家のつもりなのであろうが、要するに自己評価と社会的水準との落差にまったく気付いていないだけなのである。自己評価をもってそのまま自己の評価と思い込んでしまう幼児性が、こうした自信過剰に陥らせるのであろう。

これは、ある意味で、厳しい訓練の存在しない現在の日本における現代病なのかもしれない。

（三）

自己評価に基づいて成功だと断定してしまうことは、別の視点から見れば、大きな視野あるいは大きな枠組でものを見ていないことの落し子であるとも言えよう。つまり、当面問題になっていることだけしか見ていない、あるいはそのことの解決だけしか眼中にない、ということの帰結であるようにも思われるのである。

サマータスクには、原則としてふたつの仕訳が示されているが、そのふたつの仕訳の妥当性を徹底的に追究すれば、本来、その問題の局面に限定していては解決がつかないはずなのである。貸借対照表借方の一項目の問題にしかすぎないように見えても、それを妥当に理解しようとすれば、当該項目の、貸借対照表借方項目全体のなかでの位置づけ、また貸借対照表貸方項目との関連性などを明らかにしなくてはならない。つまり、貸借対照表そのものの意義の理解、さらには貸借対照表と損益計算書との関連を含めた会計の全体像の究明が、本来は不可欠なのである。それを、当面の問題に限定するから、何やら解答らしきものが見えてくると、それで解決した気分になってしまうのである。

しかし、こうしたさいに大事なのは、「小さな解決より、大きな疑問」ということである。当面の問題にのみ妥当するような「小さな解決」に腐心するのではなく、その問題を含む会計学の大きな枠組の中で、ものを考えることである。そうした広い視野に立つかぎり、容易に解決など見つかりはしないのである。到る処、分からないことばかりであろう。自分がいかに無知であるかということに気付かされるであろう。そうした無知であることの認識が、実は、知的探究の出発点なのである。暫くは、そうした分からなさの重荷に耐えなくてはならないわけである。

もちろん、限定されたその局面局面においてある種の解決を見出しておくことは必要ではあるものの、そこに安住することなく、さらに他の領域との整合性・統合性を視野に入れて、大きな疑問を抱いてほしい。そうした「大きな疑問」は、当面に限定すれば自信喪失に繋がるかもしれないが、しかし、それに耐えたとき、本当の自信が醸成されるであろう。それに比べれば、「小さな解決」は、しょせん、根拠のない自信でしかない。いずれにしても、そうした「大きな疑問」を抱くかどうか、それが、その人の形成する枠組の大きさを規定することは確かである。「小さな解決より、大きな疑問」。このことの重要性をよくよく考えてほしい。

（四）

監査論では、「自己監査は監査にあらず」ということがよく言われるが、正に至言であり、同様に、「自己評価は評価にあらず」と言えそうである。しかし、その会計学の研究者に、先に述べたように、自己評価をもって自己の評価と錯覚してしまう手合いが見受けられるというのは、まことに皮肉なことである。社会的水準を念頭におきながら、客観的に自己を評価しようとする態度の重要性を認識すべきである。

そのことは、三田祭の出展にしてもまったく同じである。三田祭の展示に関し、最終的な評価を下すのは、大きな意味で言えば、見学者であろう。けっして、自分たちなりにやったから成功だなどという自己評価ではいけない。

人間は弱い。こうした自己評価を正当化したとき、人間の進歩は止まるであろう。もちろん、それなりの努力はしたにせよ、結局のところ、自己満足に終わってしまうであろう。社会的評価に堪えるものでなくてはならないのである。

しかしながら、この社会的評価というのも、実は漠然としていて正体のつかめないところがある。社会的評価と言えば、すぐさま一定の権威ある団体により与えられる賞などが想起されよう。たしかに客観的な選考が行なわれる場合などには、社会的評価の大きな拠り所となろう。しかし、派閥・学閥などが大きな力を発揮するタテ社会型の日本では、そうした選考が、派閥・学閥などの論理に振り回され、必ずしも妥当ではないこともあり得よう。この点につき、例えば醍醐聰教授は、次のように述べている（醍醐聰稿「二十一世紀の会計学のために」『企業会計』平成十年6月号）。

「わが国の会計学界の雑誌にもレフリー制を導入すべきとの声がある。しかし、今の学界にはびこる徒党主義をみるとき、筆者はレフリー制がその本来の目的からはずれて、徒党的利害の具になる惧れが強いと思う。また、学会賞ほか各種の賞についていうと、選考過程と選考理由を詳しく開示してもらい、会員が審査委員を審査することも必要と思う。それが不可能なら、いっそのこと、各種賞を廃止し、学問上の評価は少数の審査委員のジャッジにではなく、学会での論争にゆだねる方が公正であると思う。」

残念ながら、これは、正鵠を射ていると言わざるを得ない。さらには、人間の生活が慣習と革新との狭間に成り立っている点からすると、一歩進んだ業績が、その時点の人々に理解され受け容れられるとはかぎらない。一歩先を見越したものより、せいぜい半歩ぐらいの斬新性のほうが、社会的に大きな評価を受けるということもあり得よう。

したがって、社会的評価というのも、実は、とらえどころのないものなのかもしれない。その意味では、前述したことと矛盾しているようではあるが、評価とは、究極的には自己評価になるのかもしれない。その点については、アトランタ・オリンピックの女子マラソンで三位に入賞した有森裕子の事例が参考になるかもしれない。ゴールした直後に、有森の口をついて出た言葉、「自分で自分を褒めてやりたい」という発言は、本当に感動的であり、たしかに、最後の評価者は自己でしかないことを物語っているとも言えよう。なぜなら、自己の努力を本当に知っているのは、自己しかいないからである。しかしながら、この事例を、単純に我々の日常に援用することは妥当ではない。私の記憶に間違いがなければ、有森の先の言葉には、「今度初めて」という枕詞が冠されていたように思う。つまり、有森のあのことばが感動をよんだのは、常日頃は自分を甘やかさなかったであろうことが推察される有森が、発したからではないのか。自分は一所懸命にやっているという自己評価によって自己満足に陥ることを常日頃は厳しく律していたと思われる人物が言ったからこそ、感動させられたのではないだろうか。自己評価をもって自己の評価とできるのは、究極の姿であって、私のような凡人の日常においてではない。

社会的評価がとらえどころのないものであるのも、確かである。しかし、そうだからと言って、「自己評価は評価にあらず」という命題が、否定されるわけのものでもない。

この点について、私がいつも想起するのは、山桝先生がよく言われていた「具眼の士の眼を虞《おそ》れよ」ということばである。

## （五）

今夏も、通信課程の夏期スクーリングの講義を担当した。例によって、毎回感想文を提出してもらい、次回にその質問などに私なりの回答をし、受講者とのコミュニケーションを図った。最近の通信課程では、税理士・会計士等を目指して専門学校に通っている学生もいるらしく、「専門学校では、笠井の位置付けを〝異端〟としており、笠井の授業は百害あって一利なしという評もあるぐらいです」というまことに率直な感想文を記した学生がいた。

公認会計士二次試験委員であったころ、私の出題と推定される問題が、評判がかんばしくなかったことは、私もよく承知していた。資格試験にかかわりの深い大学教員からも、こうした問題では受験生が可哀想だ、と皮肉めいたことを言われたこともある。代表的な専門学校の解答集をゼミナールの学生がもってきてくれたが、そこにおける講師の論評の多くも、否定的であったし、さらに受験生にいたっては、「めちゃめちゃ試験委員の色濃いやんけー、笠井なに調子乗っとんねん」（ある専門学校の模範解答集の「受験生語録」）というものであった。また、好意的に、私の出題と推測される問題が不評であることを婉曲に伝えてくださった教授もおられた。具体的にどういうことですかという私の反問に、私を慮《おもんぱか》ってか言い澱んでおられたものである。

そうした状況から評判の悪さはつとに承知はしていたものの、私は四年間、自分の考えにそった出題を続けた。それは、単に暗記した知識ではなく、ものを考える力に関するテストを行ないたかったからである。日本の教育は、基本的には記憶中心であり、けっして思考力の涵養にはない。

そして、そのことは、いわゆる文化人を称賛する表現が伝統的に「博覧強記」（つまり広く読みよく覚えていること）であったことなどを勘案すると、日本文化の奥深いところに根差しているとも思われるのである。しかし、今日の国際化という状況を考えたとき、日本人に要求されているのは、外国産の知識によってではなく、日本人自らが考え出した知識による貢献であろう。つまり、「ものを考える力」という日本の教育にもっとも欠けていたものが、現在、日本人に要求されているのではないだろうか。会計士にしても、簿記に内在するポテンシャリティの開発あるいは新たな会計規範の形成に必要な思考力・構想力が問われることになろう。けっして、簿記のテクニックあるいは『企業会計原則』の丸暗記をこととした試験だけであってよいとは思われないのである。

私は、常々そのように考えていたので、何とか、ものを考える力があるかどうかを問う形式の出題をしたかった。しかし、ある程度の確信をもって出題しようとすれば、その素材は、どうしても、自分がこれまで研究してきた分野から選択せざるを得なかった。その意味では、問題は、たしかに試験委員色の濃い問題だったかもしれない。しかし、予め私の著作を読んでいなければ理解できないような出題ではなかったはずである。出題文を深く読み考えさえすれば、十分に理解し解答できるように配慮したつもりである。そのため、私の用語法が使えないので、どうしても、問題文が長くなってしまったのである。

その成否はともかく、私は、以上のような自分の考えに基づいて出題した。したがって、もし出題内容を理由として試験委員をやめさせられても、仕方がないと覚悟は決めてあった。自分の信念にそぐわない出題をしてまで、試験委員になっている意味がないからである。

しかし、そうは言っても、内心、不安であった。こうした出題で本当に良いのか。これは、誰にも相談できないことだけに、やはり不安であった。しかし、そうした悩みを抱きつつ、最後まで貫徹できたのは、私の尊敬する若干の研究者が私の出題と推定される問題を高く評価してくれたことであった。さらに、ある専門学校のテキスト二冊における次のような序を見出したからである。非常に重要な問題を含んでいるので、長文にわたるが、以下に掲載しよう（なお、私の名前の箇所は、書かれた方の推測である）。

「笠井昭次教授は現行の複式簿記の機構とその説明原理に、何の疑問を抱かずただその計算テクニックを磨くだけの現在の簿記教育に対して疑問を投げ掛けている。この事は公認会計士二次試験受験生に対して、平成五年度本試験の問題文で明言されている。

……（中略）……

笠井昭次教授の問題提起はまさしく正当なものであろうと思うし、我々は真剣に受け止めるべきである。簿記入門の授業の頃に生じていたはずの疑問をテクニックの習熟の前に隠蔽させてはならない。」

「しかし、平成五年度の本試験問題は、我々公認会計士受験の世界にいるものにとって、じつに耳の痛い出題であったことは間違いない。近年、受験者数の増加とともに合格者数の増加、若年化及び早期合格化の一途を辿っているこの業界にとって、またとない警鐘であったと私は理解している。確かに、近年の受験界は『短期合格』を錦の御旗に、『ここは出題可能性が低いですから……』というような安直な教育がまかり通り、受験生の方に支持されてきたこともまた事実である。

先日、司法修習が終了して一年がたち弁護士として活躍している従兄弟と話をする機会があった。私も公認会計士として一年がたったのであるが、そこで一番感じたのは、最難関国家試験と並び称されるにしては余りにも差がありすぎることである。会話の途中に、彼は『全体的に見て、我々弁護士は粒が揃っていますよ。』と自信を持って言ったのである。私もそのように言いたい気持があるが、言う勇気はない。業務の性格からして単純に比較することは容易ではないが、職業専門家として社会的な信用を得るには公認会計士はまだまだ努力をしなければならないことは間違いない。

また、数年前と比較して我々公認会計士を取巻く経済社会環境も変化してきている。しかし、我々公認会計士が業務を行っていく上で要求されるのは、いつの時代でも『あるべき適正な会計処理』である。それは、公認会計士第二次試験受験時代に会計学の基本を学びしっかりと身につけておく必要がある。したがって、本年度のテキストの編集方針は『基本に忠実に！』である。平成五年度本試験第二問の言葉をかりれば、『複式簿記においては……ある程度までは機械的に処理しうる。しかし、同時に、ともすれば、個々の簿記処理の意味理解あるいは複式簿記の統一的理解をなおざりにさせてしまう、という問題をも生じさせる。したがって、この点に留意しながら簿記を学ぶことが必要である。』という言葉の意味を十分にかみしめ、『単に複式簿記のテクニックに習熟するだけでなく、……ひとつの全体としての複式簿記の統一的な説明原理に関心をもつ……』ような一年間にしてゆきたいと思う。」

私は、このような感受性の豊かな人材が受験指導者にもいることに、感激を覚えた。自分たちが保持している受験指導用のテクニックの意義に何らの疑問をも抱かず、したがって、出題意図など考えようともしない専門学校の多くの講師のなかにあって、（会計士としては認めたくないにもかかわらず）二次試験の現状を司法試験との比較で冷静に認識しつつ、出題意図までをも適確に読み取っているのである。この業界にも、知的に誠実な方がいたのだということに、私は勇気づけられたものであった。

（六）

私は、現時点で考えても、自分の出題は、あれでよかったのだと考えている。しかし、そのことを確信にまで至らしめてくれたのは、私のもっとも尊敬する研究者の一人からいただいた次のようなお手紙である。私信を公表するというのは非礼と知りつつ、それを記さないことには、この文章は完結しない。そこで、そのご了承を得て、ここに掲載させていただいた。

「一番強く印象に残りましたのは、先生の問題作成の背後にある思想と態度ということについてでありました。

国家試験という性格をどう考えるかにもよりましょうが、受験専門学校の一定の（画一的）訓練を受ければマスターできるといった問題ではなく、真の意味で受験生の思考能力をテストする、そうした問題をつくることがどれだけ大変なことか。私は、国家試験であるからこそ、それだけの思想とそれに裏打ちされた準備が必要ではないかと思っています。その意味では、一定の画一的訓練で合格できる受験専門学校の存在はじゃまなものであります。

先生のこれまでの四回の試験をとおして一番印象に残るものは何かと問われれば、それはそうした思想に裏付けられた『媚びのなさ』ではないか。受験生にも、そしてアカデミズムにも、あるいはジャーナリズムにも『媚びない強い一貫性』といったものであります。言うは易く、行うは難しで、なかなかできないことだと思われます。

……（中略）……

ムラ的な社会ではそうした真摯な態度はなかなか理解されることもなく、むしろとかく敬遠されがちですが、それを承知で一貫性を貫くという強い精神性といったものを実感した次第です。」

この手紙を読んで、私は、もう十分であった。そして自分の出題につき最終的な確信を得たのである。私の返書は、以下のようなものであった。

「冠省　このたびは、二次試験問題に関し、過分な評価をいただき、まことに有難うございました。

山桝先生は、常々、『盲千人、目明き千人（現在では、適切な表現ではないかもしれませんが）という諺があるが、実は、目明きは、そんなにはいない。一人か二人かもしれない。しかし、論文を書くさいには、その一人か二人かの具眼の士の評価を虞れなさい』と言われていました。私は、現在でも、そのことを肝に銘じています。論文執筆・問題作成のさいには、幾人かの人を念頭においています。その一人である先生に、このような評価をいただき、これで良かったのだと確信をもちました。」

ちなみに、(五)の冒頭に紹介した通信課程の学生が、最終講義の後に提出した最後の感想文には、「先生の会計学の授業は刺激的です。受講前には、ある意味で噂が僕に悪影響を与えていた。…（中略）…異端、百害あって一利なしなどの評判が、先生に対してのイメージを悪くしていました。しかし、実際には、異端とも思えないというのが僕の感想です」とあった。

＊　＊　＊

昨年の夏合宿においても、宿の主人から諸君達の勉強ぶりを褒められた。よく勉強するというのは、たしかに事実なのであろう。しかし、それを今後どのように活かせるかは、諸君達が、夏期合宿の評価につき、どのような態度をとるかにかかっているのではないだろうか。

（『交差点』第二五号、一九九七年一〇月）

# Ⅵ　ものを書く・本になる

# 『会計構造論の研究』序文（抜粋）

ささやかながら、本書を上梓することができたのは、多くの先生方のご指導の賜物である。とりわけ、故山桝忠恕先生には、大学院で会計学の手解《ほど》きをしていただいて以来、会計学の研究の面においては言うまでもなく、先生の、求道者とも言うべき研究に対する真摯な姿勢を通して、人間としての生き方という面においても、計り知れない御厚恩に与《あずか》った。そして、故小島三郎先生にも、公私にわたり身にあまる御教導・御世話をいただいた。しかし、その両先生とも、すでに不帰の客となられてしまった。両先生の学恩に対して、今後の精進をお誓いするしだいである。

最後に私事ながら、これまでの人生をただ子ども達の為にのみ生きてきた八二歳の老母に、この書を捧げたい。

（拙著『会計構造論の研究』（同文舘）、一九八六年一二月）

# 『会計的統合の系譜』序文（抜粋）

筆者が、前著『会計構造論の研究』（一九八六年一二月）を公刊してから、既に二年余の歳月が流れた。すべてにつき愚鈍な筆者にとり、ザラ紙に書いては破り破っては書くという営みの果てにやっと文章の体をなす、何はともあれ二冊目をこうして上梓できるなど、まったく思いもよらぬことであった。それというのも、偏《ひと》えに、次のふたつの郵便物のお蔭である。

一九八七年三月一八日、私は一冊の雑誌を受取った。一枚の付箋のついた『企業会計』（第三九巻第四号、一九八七年四月）である。まったく思い当たらぬままに、付箋を辿って開いてみると、そこには、慶應義塾大学工学部教授（当時）高橋吉之助先生の、前著に対する書評が掲載されていたのであった。いかに所属学部とキャンパスとを異にしているとはいえ、大変失礼なことながら、当時、筆者は、高橋先生とは未だご面識を得ていなかったのである。それだけに、筆者の驚きはひとしおであった。『近代勘定理論』という名著をものされたこの分野の開拓者の一人である高橋先生から望外の書評をいただいたことに、筆者はどれほど力づけられたか判らない。

もう一通は、同年八月二一日に、立教大学教授茂木虎雄先生からいただいたお葉書である。前著についての書評を八〇枚に纏めたが、発行事情でその掲載は翌年になるであろう、という内容であった。茂木先生にも、筆者は、当時、御面識の機会を得ていなかった。ただ、茂木先生の名著『近代会計成立史論』から多くを学ばせていただいたことから、前著を御送付したことが機縁で、先生の知己を得ていたにすぎなかったのである。それだけに、やはり、大きな驚きと共に研究意欲をそそられたものであった。

前著は、ケーファー理論およびワルプ理論の再構成を企図したものであったが、その執筆中にも公刊後にも、これを出版してよいのか、よかったのかという迷いが離れなかった。両理論に対する筆者の理解は、これまでのいわゆる通説とはあまりに懸け離れていたので、両理論の対立のいまひとつ奥が見えなかったその当時は、そこで採用したアプローチの有意味性について、確信がもてなかったのである。それにもかかわらず、前著の基本的発想を、より一般化した類型論としてこの書に結実させることができたのは、ひとえにこの分野の泰斗である両先生の御激励の賜物である。今後の精進によって、両先生にお応えしなければならない、と決心している。

拙いながら、この書がなるまでには、多くの方々の恩恵を蒙っている。筆者は、一九八七年一二月に、日本会計研究学会第三五回関東部会において統一論題「会計上の資本と利益——会計情報・会計測定・会計制度との関連を考慮して——」の研究報告を行なったが、それを機縁として、明治学院大学の森藤一男教授より、同大学の会計学関係専攻のスタッフの方々および大学院生諸氏に、会計構造論についての話をするよう依頼を受けた。そのための草稿として、会計構造論について筆者なりの枠組を纏めたが、その構想が、本書において大きく役立った。もしそれがなかったら、本書の性格は、一変していたと思われる。そうした機会を与えてくださった倉地幹三教授、森藤一男教授、大島美留教授を始めとする明治学院大学の諸先生に厚くお礼を申し上げる。

また、中央大学の Accounting Forum のメムバーの方々、とりわけ中央大学石川鉄郎助教授には、筆者の諸論稿に対して、「さろん・ど・くりてぃーく」欄（『企業会計』第四〇巻第一二号、一九八八年一二月）などにおいて犀利なご論評をいただいており、研究の励みになっている。ここに、厚くお礼を申し上げる。

慶應義塾大学経済学部以来の畏友、須山敬君にも深く感謝の意を表したい。前著の公刊にさいし、その市場性に乏しいことを知った同君は、一冊でも多く売り捌くべく、友人知人に奔走してくださった。常日頃から諸事につけお世話になる一方であったのに、このたびも、持前の江戸っ子ぶりを発揮して、筆者のために一肌脱いでくださったのである。一介の研究者にすぎない筆者には、同君の御尽力に報いる術もない。ただ、自分なりに、一所懸命、机に向かおうと思い定めたことであった。同君の御厚志が、筆者にとり、どれほど大きな励みになったか判らない。

故山桝忠恕先生のもとで、筆者が会計学の研究時に従事してから、すでに一五年余の歳月が流れた。まったくの不肖の弟子であった筆者は、その遅々とした歩みのために、先生の御生前には、ついに研究を纏めることができなかった。ワルプ理論の研究に着手したのは、皮肉にも、ドイツ留学から帰国した一九八三年の暮れのことである。文字通り学を留める結果に終わった二年間にいささか慌てふためき、何はともあれドイツ語の文献にかじりつく必要に迫られたからである。ケーファー理論とワルプ理論との比較に関する構想が、おぼろげながらではあるにせよ、ひとつの輪郭をとったのはその翌年のことであるが、その矢先、先生は御他界されてしまった。先生に御報告する機会を永遠に失ってしまったのである。拙いながら、その発想の延長線上にこの書をとにもかくにも上梓することができた現在、なんとしても先生の御批判を仰ぎたい、という思いにかられる。もちろん、「笠井君は、未だそんなところを低迷しているのですか」と、お叱りを受けることは必定である。しかし、そうしたお叱りと御批判とをもう一度お受けしたい。そんなことを痛切に思う昨今である。

先生は、筆者にとり道祖神とでも言うべき御方であった。一度は敷いた公認会計士への道を変更したのも、先生にお会いしたからであるし、会計構造論の研究に志したのも、先生の名著『複式簿記原理』に感銘を受けてのことである。それ以来、先生が提示された「企業資本等式」に具体的な肉付けを与えることが、筆者の夢であった。しかし、その本格的展開は、筆者の能力と牛歩の歩みとを以ってしては、何時のことになるのか定かではない。日暮れて道遠しの感で、時に、絶望感に襲われることすらある。しかし、未だ暗中模索の段階ではあるが、まがりなりにもひとつのデッサンが思い描けた。そこで、本書において、おおまかながら企業資本等式に準拠した計算構造体系の全体像を素描し、ひとつの区切りとすることとした。

先生のこれまでの学恩に心からお礼を申し上げ、この書を先生に捧げたいと思う。

（拙著『会計的統合の系譜』（慶應義塾大学出版会）、一九八九年一二月）

# 『会計的統合の系譜』を上梓して

第二書『会計的統合の系譜――会計構造論の類型論的体系化――』が、当初の目論見より一年遅れの昨年（一九八九年）末に公刊された。私の手元に届けられたのは、一二月二二日であったが、刷り上げられたばかりの、それこそ「湯気の立った」一冊を手にしたときの感慨を、私は、終生忘れないであろう。

と言って、それは、刻苦勉励してその書がなった、というような想いではない。もっとも、たしかに、なんとなくできたという書ではなかった。一方、本文七一一ページというのは、こぶりながら枕になり得るヴォリュームである。心ない人から、内容を見ることもなく、その厚さについてのみ非難がましく言われたこともある。しかし、そうした定見のない人はどこにもいるのであるから、このさいは無視するとしても、我ながら、よくもまあ、こんなにも書いたものだと思う。この二年間というもの、平均睡眠時間は五時間を割っているであろう。研究者をグレース・ケリー型とマリリン・モンロー型とに大別できるならば、私は、まぎれもなく後者のマリリン・モンロー型に属している。つまり、知性派あるいは頭脳派ではなく、典型的な肉体派なのである。しかし、ただそのことだけであるなら、今いくら考えても、特に、つらかったとか大変だったとかという意識は、まったくない。

他方、内容的にみても、とりわけ全体の調整には難渋した。なにせヴォリュームがヴォリュームだけに、前後の論理的脈絡をつける作業がきわめて難航し、書き直し書き直しの連続であった。その途次において絶えず立ち往生し、自己の限界を痛感させられたが、しかし、不思議なことに、そのたびに、着想がどこからか舞い降りてくる、というふうだった。現時点で考えてみると、「論文を書いた」あるいは「一冊の書に纏めた」という意識はない。全体としてみると、「論文になった」あるいは「一冊の書に纏まった」という印象なのである。

したがって、この本を手にしたときの感慨は、刻苦勉励というような意識に繋がるものではない。その感慨とは、言ってみれば、「もう一人の自己」に対面している、という思いであった。自分はこの書に現在もっている自分の力のすべてを注ぎ込んでしまった、今はまったく何も書くものがないほどに自分はもぬけの殻だ、という思いであった。この書は、私がこれまで研究者として生活してきたことのいわば証しなのである。良い評価が得られれば、もちろんそれに越したことはないが、しかし、この書が私の研究の証しであるいじょう、その評価いかんにかかわらず、私は、この書が出版されたこと自体に満足できる（それに、評価とは、もともと歴史が決めることであろう）。そのように思い定められるほどに、この書は、私そのものなのである。

日本語の「かく」とは、もともと、自己の存在の客観化ということを含意しているようである。「冷汗をかいた」ときの冷汗とは、未熟な自己の外在化された姿であろうし、「恥をかいた」ときの恥とは、至らぬ自己の顕現化された実相に他ならない。私は、七一一ページの重さを手に感じつつ、この書には、自己そのものが書き込まれている。この書は冷汗も恥も包み込んだ自己の化身だ、という思いにとらえられたのである。

「黙々と原稿用紙に向かっているときに、おそらく、不意に何ともいえない孤独感に襲われることもあろうかと拝察します。……社会科学は、多くの場合、最後は一人々々の勝負です。」

第二書に対して、きわめて懇《ねんご》ろなお手紙を数多く拝受し、なかには、読み進むうちに覚えず座り直し、端座して読了したものもある。この種の手紙には一般に儀礼的な意味合いが強いが、そのなかにも、やはり、人となりがほの見えるものである。前記の文章は、私の尊敬するある先生よりいただいたお手紙の一部である。この一文を読んだとき、私は、自分の寝姿を見られたような気がした。原稿用紙に字を埋めてゆくとき、私は、たしかに、少なからず、正に「孤独感」ということばによって表現されるような心情に陥るからである。もちろん、この「孤独感」ということばにも、多様なニュアンスがある。

最近、論文を書くということは自分というものの正体を見定める営みだ、ということを痛感している。私の場合、自己の内部にある衝動に駆られて論文を書くことがほとんどなので、書き始めのときは、発想が指先からほとばしって出てくる。しかし、問題は、それが一段落したときである。そこで発想が枯渇したり、あるいは書き出した内容につき内的矛盾さらには自己の体系との非整合性に気付いたりして、立ち往生する。そんなとき、私は、自分の心の裡を覗き込んでいる自分を見出す。自分の内奥に潜む未定形なモヤモヤした何かを摑み出し、形象化しようとしている自分に気付くのである。その意味で論文を書くというのは、たしかに、自己というものの存在を確認ないし形成する営みといってよいであろう。あるいは、自己の限界を見極める（というより見極めさせられる）営みと言ったほうがよいかもしれない。深夜、自分の心のなかを惑い歩くそうした作業に疲れ果て、しばし、椅子の長い背にもたれたりする。そのように自己の思念から現実の世界に引き戻されたとき、ふと、原稿用紙を押さえている那智黒の文鎮と目が会う。今夜もまたお前と二人っきりだなあ、などと言いようのない懐かしさを覚える。論文を書くということは、たしかに、孤独な作業なのである。

また、この書の公刊を通して、孤独感ということばには、別のニュアンスも含まれていることに気付いた。すなわち、論文をものすという営みは、基本的には、何らかの意味での批判精神の発露ということでもあろう。つまり、論文を書くということは、言うまでもなく、ひとつの主張をなすことであるが、そこには多かれ少なかれ、他説への批判が含まれていると思われる。もっとも、完全に確立した特定のパラダイムのもとでの通常科学的な研究なら少しく異なろうが、会計学の現状は、そうした状況ではない。したがって、ひとつの理論の定立は、既往の諸理論に、何らかの意味で満足しないからであろう。とすれば、何らかの批判が隠伏しているはずであって、逆にそうした批判を包含していないとしたら、そうした理論定立の、つまり論文執筆のレーゾン・デートルが問われることにもなりかねない。ましてや、その企図がもともと現状批判とか論理一貫した類型（理想型）の構築とかにあるともなれば、個々の学説批判に直接的に繫がってくる。そして、言うまでもないことであるが、書くということは、本来的に、責任ということに結びついている。そのことは、アカウンタビリティの履行としての会計記録の意義を考えるだけでも、ある程度、得心がゆくであろう。そして、もちろん、書くのは、本質的には、一人一人の指で書くのである。書かれたものの責任は、あげて、書いたその個人に帰する。しかも、私は、世にいう学閥には属していない。一匹狼といえば聞こえはいいが、有体《ありてい》に言えば、はぐれ鳥である。とまれ、書くとは、正に自己の存在を賭しての自己主張なのである。そこには、本質的に孤独の翳が宿っている。

山桝先生は、「学問の寂しさに耐へ　炭をつぐ」という山口誓子の句をよく口にされたが、最近、その句の意味が、私にも、実感できるのである。

この頃、私は、よく考える。自分（人間）は何のために生まれてきたのであろうか、自分（人間）が世に生まれこの社会で生きてきたということは、一体どういうことなのだろうか、と。ごく単純に考えれば、やはり良い仕事がしたいと思う、エコロジー的にみれば、何が善なのか、今日の複雑な社会では見定めがつき難いということはあるにしても。人様に誇れるような仕事、あるいは社会に役立つような仕事を現実になし得たと確信できれば、どんなにか嬉しいことであろうか。しかし、自分の来し方を顧みれば、とうてい、そのようには考えられない。私のような者には、「全力を尽くした」という自己満足に甘んじるより仕方なさそうである。しかし、その「全力を尽くす」という営みにおいても、「孤独」に徹するあるいは徹しようという覚悟がいるのである。まことに、最後は、一人一人の勝負なのである。

＊　＊　＊

今年も、卒業の時期がやってきた。卒業生諸君が、どうか大成してほしい、たった一度かぎりの人生を大切にしてほしい、切にそう思う。それだけに、「孤独」ということの意味を認識してほしいし、さらにはその重さにも耐えてほしい、と痛感するのである。

最後に、総務としてゼミの運営に心を砕かれた寺田哲也君の労を、心からねぎらいたい。

（『大銀杏』第一六号、一九九〇年四月）

# 『会計構造の論理』序文（抜粋）

この書の出版にあたっては、多くの方々のお蔭を蒙っているが、とりわけ、大東文化大学教授茂木虎雄先生、慶應義塾大学教授清水龍榮先生、明治学院大学教授森藤一男先生、および神戸商科大学教授安平昭二先生に、深い感謝の意を表したい。

一九九〇年六月二日に覚えた感激を、筆者は終生忘れないであろう。それは、法政大学で開催された会計史学会において、懇親会会場に移動する道すがらのことである。茂木先生が、「笠井君、笠井君、ちょっと」と筆者を手招きされた。怪訝そうに近寄った筆者に、先生は、「今、君の『会計的統合の系譜』を読んでいるんですが、こんなものを作っているんですよ」と言われて、やおら、一冊の大学ノートをカバンから取り出された。それは、前著に関するサブノートであった。そして、パラパラとノートをめくりながら、「何せ、君の本は厚いのでね」と、誰にともなくつぶやかれたのであった。筆者は、一瞬目頭が熱くなるのを覚えた。まったくの異端の説であるがゆえに、立ち枯れるのを覚悟してこれまで書き続けてきたのであった。それだけに、茂木先生がサブノートまで取ってお読みくださることなど、夢想だにしていなかった。もっともっと勉強しなくては……。心に、そう思い定めたことであった。筆者が、まがりなりにも怠りなく机に向かってこられた一因は、先生によって与えられたそうした力のお蔭である。茂木先生に、心からお礼を申し上げる。

清水先生には、常々、種々の御配慮をいただいているが、とりわけ、昨今、お会いするたびに、「笠井君、君は、この頃少し書き過ぎなのではないかい」という耳の痛いアドヴァイスを受けている。いわばもの書きの宿命として、書く機会を与えられたときに、「書けません」と言うのは、いかにも口惜しい。そのため、ついつい引き受けてしまうのであるが、しかし、自分自身、インプット量よりアウトプット量が多くなっていることについての懸念を覚えていたのである。今は亡き恩師山桝忠恕先生も、何編かの論文をつねに手持ちしておき、新しい論文ができたときに手持ちの一編を発表している、と言われていた。山桝先生が御存命なら、きっと清水先生と同じ苦言を呈されたにちがいない。山桝先生がお亡くなりになられてからは、そうした耳の痛いことをあえて直言してくださる方は、きわめて少ない。それだけに、清水先生のアドヴァイスは、心に沁みた。そして、それが、筆者の研究意欲を燃やしたのである。先生の意に反して、このように著書をまた出版することになってしまったが、先生に衷心からお礼を申し上げるとともに、御忠告は、よくよく胸に畳んでおくつもりである。

森藤先生からは、教育および研究に対する真摯な御姿勢を通して、常々、大学教員としての在り方につき啓発されている（もっとも、このように言えば、「私は一介のものぐさな教員ですよ」と、森藤先生流の逆説的なお叱りを受けるであろうが）。先生は、一九九一年一一月一日に早稲田大学で開催された日本簿記学会全国大会において、「複式簿記の本質――『会計』との区別を中心に

──」と題して報告された。たまたま司会の任にあった筆者は、古武士の趣を湛えた先生の淡々とした発表を間近で拝聴したが、大家然とすることなくいわば現役として研究報告される先生に、「初心」ということの重要性を教えられたのであった。さらに、二回にわたり、明治学院大学において拙論につき報告する機会を与えていただいたうえに、その折、貴重な御教示にあずかった。そのさいに用意した草稿が、改稿されて、本書にも収録されている。先生に、深く感謝申し上げる。

安平先生には、日本会計研究学会特別委員会（「会計システムと簿記機構・簿記形態に関する研究──企業会計の本質への簿記論的側面からの考察──」）の会合において、複式簿記全般にわたる先生の該博な知識に接し、教えられることが多かった。もっとも、先生はあくまで複式簿記に即した体系化を企図されているようであり、複式簿記の会計構造的側面に着目しそれを会計に結び付けることに腐心している筆者とは、おのずから関心の所在を異にしているにしても、その懸隔を越えて、筆者の思考のこやしになった。また、三田の山に閉じ籠りがちな筆者にとり、同委員会は、いわば武者修行の場であったが、そういう機会を与えてくださった安平先生に、深く感謝申し上げる。

大阪市立大学石川純治教授にも、書簡の交換を通して、研究上のきわめて大きな刺激を与えていただいたことに、お礼を申し述べたい。石川教授との文通は、一九九二年七月に、同教授のきわめて興味深い御論稿「原価主義会計の構造と形態」につき卑見をを述べさせていただいたことに端を発しているが、以後約一年間にわたり、一二通以上の、しかも時にきわめて長文の書簡を相互に交わしたのであった。この間、筆者にとり、研究とは、文字通り石川教授との対話そのものであり、同教授のお手紙を心待ちにして郵便受け通いが楽しみな毎日であった。石川教授との対話は、方法論上の問題から個別的問題に至るまで多岐にわたっているが、そこから筆者が受けた恩恵は、計り知れない。とりわけ、拙論につき、通説とはまったく異なっているにもかかわらず、克明な読解により筆者の真意を汲み取ったうえで、その内在的な問題点を御批判いただいた。それだけに、筆者にとりきわめて有益であった。現実に、本書には、石川教授の御指摘により再考し書き直した部分が含まれている。筆者の体験では、超越的な批判の行き着くところ、結果的には、拙論は誤りであるから誤りであるといったトートロジーに終わっている批判（逆に言って、自説は正しいから正しい、というトートロジーに陥った論証）もないではない。相手の意図を正しく理解しその内在的批判を展開することは、言うに易く行なうに難きことなのである。それだけに、石川教授の御批判・御教示には、深く感謝申し上げる。

故高橋吉之助先生（元慶應義塾大学工学部教授）の学恩に、心から感謝申し上げたい。高橋先生は、恩師山桝忠恕先生がお亡くなりになって以来、筆者にとり、第二の恩師とも言うべきお方であった。若いうちは研究書の出版に専念することをアドヴァイスしてくださったのも、筆者の拙い研究をいつも温かく激励してくださったのも、先生である。本書の刊行にしても、筆者の第一書『会計構造論の研究』（一九八六年）に対する先生の書評に端を発している。いかにも高橋先生らしく、ひそかに『企業会計』誌に筆者の第一書についての書評を寄せられていたのであるが、突然送付されてきた同誌にそれを見出したときの驚きと喜びとは言い尽くせない。そこで指摘されていた会計構造と複式簿記との関係というテーマを、それ以後、筆者は考え続けた。しかし、第二書『会計的統合の系譜』（一九八九年）の刊行のさいには、はかばかしい進展がないままに、この点についての論述は、断念せざるを得なかった。内心忸怩たる思いであった。やっと、筆者なりの思案がひとつの形姿をとり、本書に収めたとき、先生は、すでに幽明境を異にされてしまっていた。筆者にとり、痛恨の思いである。

直接的には教えを受けたこともない筆者が僭越ではあるが、高橋吉之助先生に、本書を捧げたい。先生の御冥福を、心から祈念する。

（拙著『会計構造の論理』（税務経理協会）、一九九四年六月）

# 『会計の論理』序文（抜粋）

本書もまた、意図したことではないが、部厚いものになってしまった。それは、本書がいわゆるテキストではないからである。テキストなら、たしかに簡にして要を得たものでなくてはならない。しかし、筆者には、まだテキストを執筆する力量など、ない。本書は、自分を納得させよう、自分が得心し得る説明を見出そうという、いわば筆者のもがきを叙述したものである。研究生活における筆者のそうした思考の軌跡を、できるだけ本書に映し出したかったのである。そのため大部なものとなってしまったが、その意味で、本書は、研究者としての筆者の、人生の歩みとも言えよう。人生ともなれば、寄り道もするであろうし、回り道になっていることもあろう。無駄もあれば、不合理もある。そうしたことをも含めて本書の一切合切が、筆者が研究者として生きてきたことのいわば証しなのである。

このように、本書は、筆者の「心の葛藤」、さらには「思いのたけ」を語ったものであるから、田山花袋とか島崎藤村とかのいわゆる私小説に類していると言えないこともない。日本の自然主義あるいは写実主義には、私小説として矮小化されたという批判があるが、たしかに、そのとおりであろう。しかし、私小説に代表される日本の自然主義あるいは写実主義が、いかに欧米のナチュラリズムあるいはリアリズムという概念にはあてはまらなくても、そして、正にそのことによっていかに批判されようとも、日本人がみずから生み出した独特な文芸思潮であることもまた、ひとつの事実なのである。

私小説的という批判は、甘んじて受けなければならない。

それはともかく、本書において、筆者なりに企業会計の全体像を描いた。もとより、筆力の至らざるために自己の意を書き尽くせなかった部分も多いし、さらには不勉強のために書き得なかった部分も少なくない。そうした不満を述べればキリがないが、しかし、それでも、現在筆者の脳裏にある「あるはずの企業会計」像は、それなりに言語化したつもりである。筆者の初めての会計学の体系書である本書を書き終えた現在、やっと、研究者としての出発点に立ち得たような気がする。朧げにではあるにせよ企業会計の全体像を見渡せる地点に達したので、企業会計の諸構成部分の位置づけにしてもその含意にしても、それなりに明らかになったからである。しかし、このように会計学を多少とも理解できそうになったその時、皮肉にも、筆者の慶應義塾大学における研究生活は、あと僅かに五年が残されているだけとなってしまった。研究者としての出発点に立つために、研究生活のあらかたが、費やされてしまったわけである。まことに、牛歩に似た研究の歩みとしか言いようがない。

しかし、それだけに、そのようにのびのびと研究させてくれた慶應義塾大学商学部のスタッフの方々には、心から感謝しなければならない。とりわけ唐木圀和教授および赤川元章教授には、奉職時から大変お世話になっている。常に自己の信念を貫かれる唐木教授には人生の大道《たいどう》とでも言うべきものを教えていただいた。赤川教授からは多くのことを学ばせていただいたが、なかでも、「事態が混迷したときは、一度、単純化したほうがよい」という体験談は、筆者の脳裡に深く刻まれ、筆者の研究上の一指針となった。そして、その後に幾度となく訪れた筆者の研究上の行き詰まりを打開してくれたものである。また、科学哲学にかかわる筆者の稚拙な質問にも懇切丁寧にご教示くださった樫原正勝教授、商学部で山桝先生の衣鉢を受け継ぐ最後の研究者で、その真摯な研究姿勢には教えられることの多い黒川行治教授にも、お礼を述べたい。さらに、ことあらためて謝辞を述べることがはばかられるほどにたえず厳しい対論をさせていただいている大阪市立大学石川純治教授、茫洋とした大人《たいじん》の趣を湛え筆者の卑小さを痛感させられる近畿大学興津裕康教授、拙著の出版のつど率直な感想をお寄せいただく東京都立大学千葉準一教授、会計における歴史的感覚というものをご教示いただいている大阪経済大学渡邉泉教授に、感謝したい。

最後に、カーネギー・メロン大学教授井尻雄士先生に、お礼を述べたい。もっとも、筆者は、先生から直接の御教示をたまわったことはない。しかし、先生の所説における思考の広さと深さとには感銘を覚え、思考の在り方につき、大きな影響を受けた。考えることの楽しさは、先生の文献より学んだと言ってもよいであろう。そうした意味で、先生に感謝申し上げたい。

出版事情が厳しい昨今にもかかわらず、紙幅に何の制約をつけることなく、筆者の思念を思うがままに表現する機会を与えていただいた㈱税務経理協会取締役書籍部長定岡久隆氏には、心から感謝している。しかも、筆者の何回かの入院のため、脱稿がすっかり遅れ、大変ご迷惑をおかけしてしまったことにお詫び申し上げたい。

（拙著『会計の論理』（税務経理協会）、二〇〇〇年一一月）

# 『会計の論理』出版について思うこと

## はじめに——超模範運転の日々

二〇〇〇年一〇月二六日、私は、自宅で拙著『会計の論理』を手にしていた。背表紙に、「慶應義塾大学教授」という肩書きの冠されたその書を、仏壇の母に手向けながら、私は、ひとつの仕事をなし終えたという充実感を満喫していた。今回は、出版社に依頼して、わざわざ肩書きを付してもらったのだが、それは、慶應義塾大学における約三〇年間にわたる私の会計学研究の総決算を意識したからである。これまでに三冊の単著を公刊しているが、それらは、いずれも、会計構造論という部分領域の専門書にすぎず、かねてから、退職までには、会計全体をカヴァーする私なりの体系を纏めておきたかった。そうした体系の構築は、本当にのびのびと研究させてくれた慶應義塾大学に対する責務とすら感じられていたのであるが、定年まであと一桁を残すだけの年齢になったとき、はたしてその責務を遂行できるのか、この間、心の大きな重荷になっていたのである。

しかも、原稿を半分ほど出版社に引き渡した後に、心筋梗塞による入院を余儀なくされたばかりか、日本会計史学会第一八回大会（一九九九年四月、神戸大学）におけるワークショップ「複式簿記とは何か—その歴史と理論」、および日本会計研究学会第五八回全国大会（一九九九年九月、京都学園大学）における統一論題「時価主義会計・監査の系譜と二一世紀への期待」での報告が重なり、いったんは、執筆の中断やむなきに至ってしまった。やっと執筆を再開できるようになったのは、一九九九年の暮れであったが、年が明けてからは、異常な発熱が続き、挙句の果てに、帯状疱疹とかで顔面が腫れ上がり、再び入院する騒ぎとなった。そのため、病院のベッドあるいは自宅のフトンのなかで、寝ながら原稿を書き綴るという日が暫く続いたものであった。さらに、あいにくなことに転居も重なり、旧宅の売却に心を煩わされることも、多かった。

そんなこんなで、身体的にはすっかり消尽しており、それだけに、二〇〇〇年五月九日にすべての原稿を出版社に手渡したときには、虚脱感に襲われたものである。しかし、気持のうえでは、その後のほうが、苦しかった。というのは、刷り上った本を、自分は本当に手にすることができるのであろうか、何やらそんな不安に取り付かれたからである。今にして思えば奇妙なことではあるが、当時は、自分の研究生活の総決算でありかつお世話になった慶應義塾大学に対する責務とも言うべきこの書を見るまでは死ねない、といった切迫した強迫観念にとらえられていたようである。

私は、クルマの運転が好きで、講義日には、早朝六時ごろには、高速道路を走っている。常には、私は、何時の間にか、もっとも速い集団のなかにいるのであった。しかし、この間は、実に慎重だった。あらゆる交通法規に照らしても、これ以上の安全運転はあり得ない、という超模範運転であったと思う。この本を、何としても我が手にしたかったからであろう。

したがって、この書を目の当たりにしたときの達成感・安堵感は、筆紙に尽くし難いものがあった。それだけに、この書が生《な》るにあたっては、感慨なきにしもあらず、である。以下、その一端を記すこととしたい。

## (一) 自己の研究の在り方に疑問をもったこと

「(自分がそれまでに作った……笠井註) これらの作曲が彼を特別がっかりさせたわけは、彼がそれらの音楽によって嘘をついていることに在った。ほんとうに感じたものがちっとも現わされていなかった。教え込まれて暗記している空虚な表現様式、生徒の一修辞学 (中略) 恋についての聞き覚えを、ありふれたばかばかしいことの反復によって表現していた。」

(ロマン・ロラン著『ジャン・クリストフ』)

慶應義塾大学に奉職した当初、論文が書けないことに悩んだ。もともと研究者になるつもりなどまったくなかった私には、研究者としてグルントが欠けていたのである。しかし、その経緯については既に記したことがあるので省略するが、いずれにせよ、助手の当時は、研究者としてのいわば常識を習得するのに追われていたわけである。それなりの努力によって漸く何編かの論文をものし、助教授に昇進したのであるが、その頃には、もっと本質的な悩みに直面することになる。論文執筆あるいは講義のさなかに、それまでの学習で刷り込まれた権威ある学説におぶさっている自分を、見出さざるを得なかったことである。ある結論につき本当にそうなのか、と自問してみると、実は覚束《おぼつか》ないのである。ズブズブとぬかるみに足をとられるのに似て、確かな岩盤に立っているという実感がないのである。科学というものが、確かな知識の獲得にあるとしたら、自分の知識とは、一体何なのか。まるで確信がもてないのであった。そして、ひとたびそうした醒めた眼で見てみると、既成の権威あるとされている所説にしても、必ずしも堅固なものとは言えなかった。そのことに気付いたとき、私は愕然とした。

私は、青春時代、当時の学生のいわば必読書であったロマン・ロランの『ジャン・クリストフ』の「四反抗Ⅰぐらつく砂地」の章において、ジャン・クリストフが、既成の権威に対して、「彼がいちばん愛していた巨匠たちの中の或る人々が嘘をついているのに気づいて彼はひどくびっくりした。そんなことがあるはずがないと疑ってみ、自分が思い違いしていると信じようと努めた。――だが、どうにも仕様がなかった……偉大な一国民の芸術的至宝だとされているものの中に、夥しい凡庸さと虚偽とを見出して彼は啞然とした。吟味に耐えたものは何と僅かだったことか！」という落胆を吐露したとき、私には、どうにも理解できなかった。存在するものが、そのように軽々しいものであるはずがない、と訝しさを感じ、クリストフの若さゆえの客気あるいは衒気にすぎないと判断したものである。

しかし、彼の指摘は正鵠を射ていた。そのことを遅まきながら実感したのである。もっとも、私がこの場合に感じたものは、すぐ後に述べるように、ジャン・クリストフが認識した「ぐらつく砂地」とは異質な、日本特有のものなのであろうが。

さらに外国の文献を一通り当たってみた時点でそうした権威ある学説をみれば、外国人の研究と同工異曲という印象をもつことも、少なくなかった。その基本的着想が、まったく外国人研究者に依拠しているのである。いずれにしても、日本には、良かれ悪しかれ研究者の体臭を感じさせるような、個性的なあるいは独創的な学説が、あまりにも欠如している。ジャン・クリストフの指摘の妥当性をここでも確認せざるを得なかった。

こうした状況は、基本的には、欧米の近代的制度をひたすら模倣せざるを得なかった明治期の近代日本における科学の在り様が、今に尾を曳いているためなのであろう。今日でも、研究の基本的動向は、アメリカの会計基準設定主体であるＦＡＳＢ頼みであって、そのかぎりにおいて、日本のいわゆる財務会計論は、要するにＦＡＳＢ学なのである。それに加えて、日本の研究体制あるいは研究者養成体制が、学閥に依存していることにも留意すべきであろう。研究者の大学間の移動が極端に少ないわが国にあっては、考え方を同じくする研究者がいわばたまたま集まって、もっぱら考え方の視点からひとつの研究拠点を形成するということは、まず考えられない。日本の学閥は、こうしたスクールあるいはシューレとは似て非なるものである。研究面からいえば、師承を受け継ぐためのシステムであり、その路線から外れた研究は、異端として排除されがちなのである。そこでは、伝承の学説の衣鉢を受け継ぐことが重要であり、多かれ少なかれそこから逸脱しがちな独創的研究は、必ずしも重視されない。ある意味では、むしろ、賞とかポストとかの獲得にかかわる人脈システムとみることもできないわけではない。この点、醍醐聰氏が、「傘下の若手研究者が、宗主への忠誠の証しを立てるかのように、宗主の文献を、取り立てて必要もない箇所で引用する様は、卑屈を通り越して、痛々しい」（「二一世紀の会計学のために」『企業会計』平成一〇年六月号）と述べているが、残念であるが、これが、現在の日本の実情であろう。

自分の頭で考えた自分なりの学説を形成しようという雰囲気が、日本の現状には欠けている。しかし、もちろん皆無ではなく、例えば、石川純治氏の最近著『時価会計の基本問題――金融・証券経済の会計――』は、そうした稀有な著作のひとつである。私は、その書評において、この著作のレーゾン・デートルのひとつとして、次のように書いた（『会計』一九九九年一月号）。これは、当面の論点に深くかかわっているので、ここに引用しておきたい。

「第二は、石川が自らの頭で考えたことが、主張されている点を指摘したい。今日、FASBとかIASCとかにおぶさった見解、あるいはその引用文献により直ちにその出身校が判明するような見解（つまり学閥のドグマを鵜呑みにした見解）が、瀰漫している。その場合にも、知識という点からすれば、社会的に貢献することもあり得よう。そうした営みは、言ってみれば、『知識としての科学』とでも表現できるであろうか。

しかしながら、西欧近代にあっては、科学という営為は、まずもって自我形成にかかわっていたとも思われるのである。つまり、近代的自我は、啓蒙思想によって育まれたのであるが、その啓蒙思想を支えたのが、デカルトの合理主義などと並んで、近代科学（経験主義）であった。市民社会は、そうした近代的自我の存立を前提として、その延長線上に観念されたのである。そうであれば、近代科学の精神は、（社会に有用であるという意味での）『知識としての科学』である以前に、『自我形成の契機としての科学』ということになろう。

その点、日本の近代化は、周知のように、近代的自我の形成を素通りして、近代社会の建設に向かったという特殊性をもつ。そこでは、科学は、『自我形成の契機』というより、『知識としての科学』として出発した。つまり、自らの頭で考え出すというより、舶来の知識で間に合わせたわけであるが、そうした受容の在り方が、今日にも揺曳しているとみることもできよう。外圧としての世界の潮流とか学閥のドグマとかに追随するという雰囲気の中では、自由闊達な構想は生まれにくい。それに対して、ハイブリッド構造という石川の構想には、ただ自己の思考を恃みにして展開したことによる伸びやかさを、評者は感得するのである。」

（二）分厚くなってしまったこと

「いかなる事柄においても、そのものに何か不信を抱かせるような点については、ややもすれば誤解させそうな点についてもまた、べっして入念に反省を与えつつ、私の心からそれまでにそこに忍び込んでいたあらゆる謬見を根こそぎ抜き去るようにした。（中略）私の計画は、私自身に確証を与えることである。」

（デカルト著『方法序説』）

以上のように、刷り込まれた記憶に基づく自分の研究に嫌気をさしたことが、以後の私の研究を規定した。「自分なりに得心のゆくものだけを納得する」ということを指標として、自分の研究を進めたかった。その場合には、結論そのものではなく、前提から結論を導くプロセスの妥当性が、何よりも重要であることになる。しかしながら、社会科学においては、もっとも困難なことは、正にこの点にある。なぜなら、社会科学では、その概念に、当初から意味が含まれているからである。その点、数学のように意味が捨象されているのなら、命題間の関係の是非は、論理的に判定可能である。そして物理学のように、そうした数式の関係に物理的な意味を与えることによって、物理現象を解釈することができる場合には、命題間の関係は、そうしたかぎりで、明確なものになり得る。しかし、当初から経験的意味を含んだ会計学上の命題間の関係については、その是非を論理的に判定することはきわめて困難なのである。例えば会計学には、ゴーイング・コンサーン（継続企業）という概念（一般的には公準レヴェルにある概念と理解されている）があるが、この前提を根拠にして、原価評価と時価評価という相反する結論が、導出されているのである。この両評価概念は反対関係あるいは矛盾関係にあると思われるので、きわめて奇妙なことではある。どちらかが妥当ではないということが推測されても、その前提と結論との関係が、意味を含んだ文章によって説明されるかぎり、論理的にその是非を決定することは、けっして容易ではない。

このような極端な事例は別にしても、会計学において、ある前提から導出されたと主張される結論にしても、実は、いわゆる常識・通念とか他学の論理とかが忍び込んだりしていて、会計の論理からすると本当にそうした結論になるのか、という点になると首を傾げたくなることも少なくない。さらに言えば、その会計の論理ということの内容すら、曖昧なままに、その言葉だけが躍っているのである。

以上のように考えれば、会計学においては、諸命題間の関係のさせ方は、いわば無数にあり、そのうちのどれが妥当であるのかを見定めることは、実は、言うに易く行なうに難いことなのである。いささか誇張して言えば、それは、広大な海に秘匿された一粒の真珠を探し出す営みのようにさえ思われるのである。このように、意味を含んだ概念・命題間の関係については、ピンからキリまでの多様な解釈が可能であるいじょう、ああでもないしこうでもないしと否定に否定を重ねて、やっと自分にとっての一粒の真珠を見出すのである。しかし、その解釈の妥当性は、前記のように、数式の証明のような明確なものではない。それが本当に真珠なのか、それともただの石コロにすぎないのかは、正直のところ、紙一重の差と言ってよいのではないだろうか。しかも、部分的には真珠と思えたものも、会計の他の領域との関係を視野に入れた場合（つまり全体の論理を俎上に載せた場合）、まがい物ということが判明する場合もある。

このように考えれば、会計学上の命題の真理性・妥当性は、きわめて相対的なものとみなさざるを得ない。そうであれば、結論だけをポンと提示しても、さしたる意味がないのではないか、という思いが募ってきたのである。自分なりの結論だけではなく、そこに至るプロセスをも明示することによってのみ、その自分なりの結論の妥当性の根拠を明らかにしたことになるのではないか、そういう思いに辿り着いたのである。

このたびの第四書は、本文だけで八四八ページである。第一書『会計構造論の研究』こそ二〇四ページであったが、第二書『会計的統合の系譜』は七四五ページ、第三書『会計構造の論理』は四七五ページであり、いずれも中途半端な厚さではない。それは、以上のような私の考え方に基づいている。つまり、結論だけではなく、その結論を導出するに至った経緯をも明らかにすることが、研究書の役割なのではないか、というのが私の信念なのである。そうした信念に基づいて、私は、自己の思索のプロセスをできるだけ詳細に書き綴ろうと努めてきた。そうした研究書の公刊によって初めて私の提示した結論の論理的根拠が明らかになるであろうし、ひいては具体的に私の結論を反証することも可能となろう。そうした条件を作っておいて、しかしもし反証に耐えたとすれば、その結論は、当面、験証（corroboration）されたということになろう。こうした私の考え方には、科学上の主張は反証可能な形で提示されなければならないとする批判的合理主義が、強く影響していることは言うまでもない。

　こうした理解の仕方をとる私の場合、その著作は、どうしても分厚いものにならざるを得ない宿命にあるのである。

　もっとも、今日、要領よく自己の体系を纏める才気が、研究者の力量とみなされているのかもしれない。しかし、自己の学説を要領よく纏めたものとして定評ある著作のなかには、その狙いが教科書と研究書との中間にあるようなものですら、仔細に検討すれば、論理の飛躍あるいは理論的根拠の欠如がみられることも、少なくない。それは、結論だけを重視することの問題性をはしなくも示唆している。重要なのは、そうした結論を得るために、どれだけ迷路に踏み惑い、そこから脱出するためにどれだけ真剣な思索が試みられたかどうかであろう。もしそうした思索がなされているのなら、素直にそれを書き連ねるほうが、分厚くなったとしても、読者にとりはるかに有益なのではないだろうか。

もちろん、コンパクトに纏められたテキストの重要性それ自体を否定しているのではないが、現在のところ、私には、まるで関心がない。なぜなら、私にとり、ものを書くという作業は、自分が分からないものを分かるために行なう営みだからである。自分が分からないからこそ、書くのであり、その書くということによって何とか分かろうとするわけである。そうした心境にある私にとり、自分にとって既知の知識を要領よく纏めるという作業は、私の興味をそそらない。分からないことばかりの私には、それを分かろうとする営みのほうが、はるかに楽しいからである。さらに教育面に関しても、こうした思考のプロセスを記述した著作もそれなりに意義があると私は確信している。すなわち、この分厚い本を、私は講義でテキストとして使っているが、それは、私の講義の眼目が、私の結論（学説）そのものを説明することにあるのではなく、そうした結論を導出するに至った経緯を学生諸君に理解してもらうことにあるからである。さいわい、そうした講義の在り方は、受講生に大変好評であるが、その点は別の機会に纏めることにして、ここでは、これ以上ふれない。

いずれにしても、「筆者にとっての関心は、原価か時価かそれ自体にあるのではなく、そのいずれであっても、その論理の方にある」と喝破したのは、石川純治氏であるが（『時価会計の基本問題』）、このことばの重みを、今更ながら思い知らされている私なのである。

もっとも、著作の厚薄は、研究者の体質の問題にもかかわっているのかもしれない。拙著の公刊後まもなく、中村忠先生が、「『論理』と『理論』」というタイトルの付された、きわめて含蓄に富んだ随筆をご送付くださった（『経理教育ジャーナル』二〇〇〇年一二月号）。

「先ごろ慶応大学の笠井昭次教授から『会計の論理』という著書をいただいた。本文八四八ページの大著である。この人は典型的な長編作家で、これまでにも大著を出している。それと対照的に私は短いものしか書いていない。これは、その人の体質によるのであろう。

それはともかく、ここで話題にしたいのは『会計の論理』という書名である。「論理」は「理屈」のことであるから、ある問題について会計の理屈を考えていくと、これこれの結論になる、という形をとる。笠井氏の著書は、全くそれにふさわしい書き方をしている。

実は私も以前に『○×の論理』と題する著書をかいてみようかと思ったことがある。しかしあきらめた。私は論理よりも直感で判断するタイプなので、材料を集め、それを組み立てて結論にもっていく耐久力に欠けるからである。

論理をひっくり返すと、「理論」である。理論も理屈であるから、論理と理論は同じと考えてよい。そして『○○の理論』というタイトルの書物は、会計関係でもかなりある。しかし私は『理論』という書名を好まない。その著者が勝手な理屈を並べただけなのに、「○○の理論」というラベルを貼ることで過大表示をしているように思われるからである。

これまでにも私は多くの著書を出してきたが、そのたびにどんな書名にするかあれこれ考える。書名が内容とずれないように、また誇大といわれないようにすると、最後は平凡なタイトルになってしまう。」

内容的にもきわめて興味深いが、何よりも、拙著の書名というきわめてありふれた題材を素材にして、簡潔なしかし起承転結のあるひとつの文章にしてしまう冴えには、いつもながらのことではあるが、感嘆させられる。それは、短歌の御造詣が深いという先生ならではの手練《てだ》れの技であって、私などが容易になし得るものではない。

それはともかく、現在書きつつあるこの会報の巻頭言ですら、このように長文になってしまい、これからどれだけ続くのか自分でも見当がつかないところをみると、先生のおっしゃるように、体質ということも、かかわっているのかもしれない。

(三) 熟柿が自然《じねん》に生《な》るのを待つこと

「しづか成る物は不変のすがた也。動ける物は変なり。時として留めざれば、とどまらず。止むるといふは見とめ聞きとむる也。飛花落葉の散りみだるゝも、その中にして見とめ、聞きとめざれば、おさまるとその活きたる物だに消えて跡なし。…(中略)…物のみへたる光、いまだ心にきへざる中にいひとむべし」

（服部土芳著『三冊子』）

以上のようなわけで、私にとり、研究書というと、厚いものにならざるを得ないのであるが、しかし、このたびの著書は、なにせ枕にもなりそうな大部のものなので、完成までにどれだけの日数がかかったのか、というご質問が相次いだ。こうした会計全体に関する説明理論の構築を志してからは久しいが、しかし、実質的に書き上げた期間は、至って短い。とりわけ第四部の最初の四章および最後の二章の計六章は、前述のように、寝ながらの執筆を含め、二、三か月の間に一気呵成に書き下ろしたものである。それというのも、この三〇年間にわたり、私の脳裡にあったものを、筆の赴くままに原稿に移し替えたにすぎないからであろう。その意味では、「本にした」というより、「本になった」というのが、私の実感である。そして、この実感というのが、実は、私の研究の在り方を表徴しているようにも思われるのである。というのは、論文執筆においても、書き上げた後に覚える印象は、きまって、「論文にした」（論文を書いた）というより「論文になった」という感覚だからである。そこで、こうした実感の何たるかを少し考えてみよう。

私は、興が乗りさえすれば、徹夜をしてでも一編の論文を書き上げてしまう。しかし、その逆に興が乗らないかぎり、一行すらも書けないタイプである。こうしたムラ気な性格は、我ながら疎ましく、一時はそれを矯正しようと随分努力したものだが、しかし、あるとき、そこに問題の本質があるのではないことに気付いた。興が乗るとか乗らないとかは、いわば一種の点火剤にしかすぎず、この点火剤によって爆発させられるものがあるのかどうか、それが重要なのではないかということである。気が付いてしまえばそれだけのことではあるが、要するに、問題は、私に、書くべきもの、書きたいものが醸成されているかどうかであって、それなしには、いくら点火してみたところで、爆発は起きようはずがないわけである。もしそうしたものが自分に醸成されているならば、興の訪れがありしだい、おのずと「論文になる」はずなのである。

そうであれば、論文になるかどうかは、結局のところ、日頃の研究にどう対処するのかにかかっている、というごく平凡な事実に行き着く。この三〇年間の研究生活で体得したものは、正にこうした平凡な真実であったような気がする。論文の質を規定しているのは、日常的に営まれている文献研究の、その一瞬一瞬にあるのではないだろうか。その一瞬一瞬の文献との対峙の仕方が、勝負なのではないだろうか。

私の場合、文献を読むという営みの意義は、自分が得心できなかった内容、さらには自分では説明を与えられない研究対象を、自分自身に叩き込むことにある。つまり、自分に分からないところを自覚する営みに他ならない。この分からないところを分かるという営みも、けっして容易なことではない。対峙する文献に安易に立ち向かえば、たちまち、納得させられてしまう。タテヨコ十文字に読んで読み抜いたときに初めて、分からないところが分かるのである。その文献に読まれるのではなく、その文献の実相を読み抜くというのは、一種の真剣勝負であって、一般に考えられているほどに容易なことではない。

この分からないところを明確に意識することが、研究の第一歩であると私は確信している。疑問点の明確な自覚が、自分なりの解決をひねり出そうとすることの意欲にもなるであろうし、あるいは、別の文献を読んでいるときに、解決の手掛かりを得ることをも可能にする。逆に言えば、そうした自覚がないかぎり、自分で解決しようとする契機もないし、示唆に富んだ他の文献に接しても、見逃してしまうであろう。したがって、分からないところを明確に分かっておくことの重要性は、いくら強調しても強調しすぎることはないであろう。

しかし、ここで留意すべきは、こうして自覚された疑問に、性急に結論を与えてはならないという点である。つまり、半生りの柿をもぎ取るようなことは、してはならない。熟して自然に柿が落ちるのを待つべきなのである。なぜなら、そうした半生りの結論は、妥当な結論の導出を阻害しかねないからである。つまり、結果的に妥当でない場合にも、その半生りの結論が先入主となって、思考を縛ってしまい、その結論を成り立たせるようにすべてを解釈してしまう、ということが往々にして起こりがちなのである。こうした局部の正当化は、会計の体系全体を歪ませてしまうであろう。私自身、そうした道に踏み入れかけた体験が一再ならずある。半生りの柿をもぎ取ることを、私は厳禁しているが、それは、自らの体験から得た私なりのひとつの格率なのである。

私は、結論の導出は時間の流れにまかせることにしている。つまり、柿が熟して自然に落ちるのをひたすら待つのである。と言って、その間、無為にしているわけではない。そうした疑問を自覚しているかぎり、一見無関係な文献から思いがけない大きな示唆を与えられることも多いし、また、研究とはおよそかけ離れた生活の局面（例えば食事をしたり入浴していたりするとき）に、いわば天啓のように、ヒラメキが舞い下りてきたりする。それを直ちにザラ紙に書き留めておく。それらが、柿を熟成させるための養分になるわけである。もっとも、この天啓ほど、気まぐれなものはない。いつ何時、舞い下りてくるやもしれない。しかも、その一瞬に書き留めておかなくてはならない。後になれば、何か良い発想が浮かんだということは覚えていても、その内容は、ほとんどの場合、まったく想起できない。仮に想起できたとしても、気の抜けたビールのように、しらじらしく味気ないものになっており、何で天啓などと言って大騒ぎしたのか奇妙なことにすら思えてくる。したがって、天啓の降りてきたその一瞬につかまえておくより仕方ない。そこで、常に、エンピツとザラ紙とを用意して、二四時間体制で、その天啓を待つことになる。こうして書き留めたザラ紙がある分量に達したとき、突然、解決が訪れる。結論が、向こうのほうからやってくるのである。このように、自然に落ちてきた熟柿を原稿用紙に埋めてゆけば、おのずと「論文になる」わけである。

こうした天啓のヒラメキをザラ紙に書き留めるという作業は、研究の本質的部分をなしているように私には思われるのだが、この体験のさなかに、自己存在の不思議さをもしばしば感得させられる。すなわち、私の脳裡に或るヒラメキが訪れたとき（つまり考えたとき）、そこには、たしかに、笠井昭次という自己が存在したわけである。しかし、それをザラ紙に書き留めないかぎり、前述のように、そのヒラメキ（つまり思考）は、消失してしまう。その場合、はたして自己は存在しなかったのであろうか。跡形もなくなったヒラメキの消失は、自己そのものが消失したということなのであろうか。そうした存在の意味そのものは、哲学に疎い私などには、説明のしようがないが、しかし、書き留められなかった場合、自己の存在が確認できない、ということだけは確かである。自己が何を考えていたのかも、分からないのである。何とも頼りない自己という存在。ザラ紙に書き留めることによって、かろうじてその存在が確認される自己というものの寄る辺《べ》なさが、実感されるのである。そのようなとき、「自己とは、一体何なのだ！」と思わずつぶやいたりしている自分を発見したりするものだ。

いずれにしても、そのように「物の見へたる光」を書き留めたザラ紙によって、その時点の自己の存在の証しを見、そして現在の自己とのアイデンディティを認識するわけである。その意味で、書き留められたザラ紙は、いわば自己の化身に他ならない。そうしたザラ紙の集まりが、「論文になり」そして「本になる」としたら、その「本」とは、正に自己の化身と言ってもよかろう。私は、このたびの拙著の「はじめに」において、本書は、「筆者が研究者として生きてきたことの証しなのである」と書いたが、しかし、よくよく考えてみれば、著書は、単に研究者としての証し以上のものであり、笠井昭次という存在の証しと言うべきなのかもしれない。

私は、学生時代に、竹の会に所属していたが、ある先輩から、「尺八は、寝ている間にうまくなるものだ」という話を聞いたことがある。今にして思うと、実に、言い得て妙である。つまり、起きている間に意識的な努力をしているその現場では、けっしてうまくならない。そうした意識を喪失している間に、忽然とうまくなっている。うまくなるというのは、おそらく、そういうことなのであろう。意識的な努力がなければうまくはならないが、しかし、それだけではうまくはならない。その意識を忘れ去った「寝ている間」が必要だということは、きわめて興味深いことである。会計学の研究における疑問の解消も、それに類したところがあるのではないだろうか。

いずれにせよ、そうした思念が自己の内部に沈殿する最終段階に、私は、その思念に形姿を与えるためにエンピツを執るのである。もちろん、その段階でも、別種の問題が待ち構えているが、しかし、「分からないところを分からないままでいる」ことに耐えたことに比べたら、さしたることはない。エンピツが、いわば勝手に、思念に形姿を与えてくれるのである。それが、論文になり、本になるにすぎない。

## おわりに――批判の在り方

理論というものが、ひとつの仮説にしかすぎず、しかも、その反証過程を通して、当面、暫定的に験証（corroboration）されたと言えるにしかすぎないとしたら、本来、もっともっと説明理論どうしの論争があってしかるべきであろう。しかし、わが国の会計学界では、こうした論争が、活発に行なわれているとはとうてい言えないであろう。このような問題意識のもとに、私は、これまでに刊行した拙著において、日本人の会計構造学説（勘定学説）についても、すべて、提唱者の文献を明示したうえで、直接的に私の疑問を提起している。しかし、そうした私の流儀は、日本ではきわめて異例のことと言ってよい。そのことは、前著『会計的統合の系譜』についての茂木虎雄教授の書評における次のような一節から窺えよう（『立教経済学研究』第四四巻第三号、一七九ページ）。

「笠井教授はこのように学説の系譜を問題とするが、日本人研究者の議論を多く検討対象として論評することに敬意を表したい。会計学の世界では外国人学者の理論を対象として、きびしい批判をなしているが、日本人同士では必ずしもこのようでなかった。この点、笠井教授の研究の姿勢に学ぶところが大きい。」

しかしながら、茂木教授のこうした好意的論評は、日本では、むしろ例外であろう。前著では、メジャーな学閥に属する或る会計構造学説の批判を行なったが、その提唱者およびその門下生からは、学会で会っても挨拶もされなくなってしまったものである。学説の理論的是非と人間関係とが区別され難い日本では、日本人の学説の批判は、このようにきわめて気骨の折れる営みなのである。そのために、どうしても敬遠されてしまうのであろう。したがって、茂木教授のような見解は、いわば少数派であるが、同教授のそうした好意的論評の根底には、おそらく、次のような認識が潜んでいるからであろう（前掲書評、一七四ページ、ただし、傍点は笠井が付した）。

「これ（拙著が日本人研究者の会計構造学説批判を取り上げていること…笠井註）は学問発展の重要な仕事である。戦前に木村重義博士が黒澤清、木村和三郎、畠中福一の諸先生、戦争直後に山下勝治教授の理論の批判的検討をした仕事に似ている。討論の活発化のために慶賀すべきことと思う。」

私の批判は先学の行なったそれと比肩し得るものではないが、しかし、それにしても、批判的検討の必要性に関する茂木教授の前記のような認識は、きわめて卓見と言うべきであろう。こうした論争の欠如が、日本人の会計学説にその理論的欠陥を温存させる結果をもたらし、ひいては日本における会計理論の全体としての進展を阻害しているのではないだろうか。

こうした風潮は、けっして会計構造論の領域だけの傾向ではなく、むしろ会計学界全体に瀰漫していると言ってよいであろう。その点につき、醍醐聰教授は、次のように厳しく指弾している（醍醐聰稿「二十一世紀の会計学のために」『企業会計』平成十年六月号）。

「わが国の会計学界を見渡すと、出身大学（院）ごとに宗主を頂点にした人脈が形成され、互いにジャーゴンを交わす研究集団として割拠している。読者や同業者にとってつまらないのは、戦国時代に割拠した大名と違って今日、わが国の会計学界に割拠する徒党は、二次会の酒席で他集団をけなすことはあっても、公の場で互いに学問的な戦をしないことである。」

醍醐教授のこの指摘も、残念ながら、大筋で妥当であると言ってよいであろう。

もっとも、こうした論争不在は、ひとり会計学界だけではなく、日本社会に通有のもののようである。この点、外山滋比古氏は、「日本人や日本語は、どこか本質的に論争とはなじまないところがあるのだろう」と述べたうえで、次のような興味深い分析をされている（『日本語の個性』中公新書）。

「社会における人と人とのかかわり合い方を乱暴に二つに分けると、演劇的関係と〝なれ合い〟の関係になる。

演劇的関係というのは、ワレとナンジの対立をおもしろいと見る人たちのあいだで発達するものだ。他人と意見を異にするのはわかり切ったことで、それを率直にのべ合って何が悪いか、と考える。そういう人たちの社会で演劇が栄えるのである。

それに対して、〝なれ合い〟の社会では、心に思っても口には出さない。それどころか、顔色、素振りにも出さない。へたにほんとうのことを言えば、決定的対立を招くおそれがある。さわらぬ神にたたりなし。言うべきことも暗示的に遠回しに伝える。以心伝心が重んじられ、腹芸が幅をきかす。」

かくして、〝なれ合い〟の関係に属する日本社会は、論争不毛の地だというわけである。科学には、本来、論争がつきもののはずであるが、しかし、研究者といえども、日本人であるいじょう、こうした日本社会の掟には逆らえないということであろうか。そこでは、批判にしても、匿名性を帯びた隠微なものになるか、あるいはその逆に、（相手の全面否定に至る）過剰な攻撃性になることが予想されるのである。

いずれにしても、論争（批判）の在り方は、研究の進展にとり重要な意味をもっている。そこで、ここでは、若干の私の実体験を記しておこう。

私は、学説研究を中心に研究を進めてきた関係で、批判的検討という形をとることが多い。そのさい、前記のように、日本人の学説にしても、すべて、提唱者の文献を明示したうえで、直接的に私の疑問を提起している。しかし、それに対する反応は、多種多様であるが、次に取り上げるのは、おそらく私にかかわっていると思われる実例である。

私は、第二の単行書『会計的統合の系譜』において、これまで提唱されてきた会計構造学説の方法論上の問題点を、「貸借対照表的な感覚」、「超越的な批判意識」、および「概括的抽象的な分類意識」の三者に分類し、第一の「貸借対照表的な感覚」による理論構築につき、N教授の著作を取り上げて、批判的に検討した。それに対し、正式には何の反応もなかったが、その後、改題されて復刊された同書のはしがきにおいて、N教授は、次のように書かれている。

「このような問題意識をもつ前小著に対しては小著の批判のために書かれたと思われるような大著が発表された。小著があのような大著のきっかけとなれたことは以て瞑すべきである。ただ、評価はむしろ大方に依頼した方がよいように思われる。」

これを読んだとき、私には、何がなんだかさっぱり分からなかった。評価は大方に依頼した方が(評価は大方にまかせたほうが、ということであろうか)、なぜよいのであろうか。また「以て瞑すべし」とは、「苦労を重ねた末に目標が達せられたときなどに、もうこれで死んでも悔いはない、十分満足だなどという心境をこう表現する」(『成語大辞苑』)のだそうである。或る誰かが大著を出版できるように自著を出版したが、その念願がかなって、N教授は、喜びのあまり、自分はもう死んでもよいと思ったのであろうか。しかし、特にその大著の出版にN教授の具体的な支援があったようでもないらしいし、また特に喜んでいるのでもなさそうである。一体、この表現で、N教授は何が言いたかったのであろうか。それに、そもそも、この大著の著者とは一体誰なのか。もしかしたら、私なのであろうか。

もしそうであるなら、ここに、日本における「批判」の実体をみたような思いがした。すなわち、批判の具体的な内容は大方にまかせるという一片の指摘により、反批判しないことの釈明は済ませてしまい、返す刀で、その大著の契機となったと強調することによって自著のすごさまでをも印象づけているのである。

しかし、評価は大方にまかせるとは、いかにも客観性を装ってはいるが、要するに、仲間内には自説の追随者が大勢いる、ということであろう。みずからの意志的な論証なしには、たちまち大海の藻屑と消え去ることが必定である拙論などとは、大違いである。そこには、メジャーな学閥に君臨している、という衣の下の鎧がちらついている。研究者とは、しょせん一人一党であり、学説上の論議は、多数決によってではなく、その一人一党としての研究者の論理によって定まると考えている私とは、研究視点があまりにもかけ離れている。さらに、「小著の批判のために書かれたと思われる」という事実認識も、研究者としては、あまりに粗雑すぎる。『会計的統合の系譜』は、説明理論として有意味な諸学説を検討した対象理論の部が中心であり、それに、方法論的に問題のある諸説を論じたメタ理論の部を付け加えたものである。N教授の学説は、その後者のひとつとして取り上げたにすぎない。したがって、次著『会計構造の論理』では、取り上げる価値がないので、カットしたのである。しかし、そうした都合の悪い客観的事実は、まったく無視されてしまっている。

次にT教授の拙論批判を取り上げよう。T教授は、きわめて独特な会計構造学説の提唱者であるが、同時に、日本の諸会計構造学説に対する辛辣な批判でも知られている。その批判は、岩田理論、井尻理論、杉本理論等に及んでいる。それらの批判に共通しているのは、相手学説の内在的論理には立ち入ることなく、徹底的に自己の枠組に依拠して、相手学説の非妥当性を難じていることである。その点、相手学説の枠組の実相を知ることに眼目がある私の立場とは、根本的に異なっているようである。すなわち、私の場合、単なる批判のしっぱなしは避け、内在的批判を通して剔出《てきしゅつ》した欠陥を、その基本的理念に即して是正した理想型をも構築しようと考えるし、さらには、相手学説から、吸収できるものは吸収しようと努めるのである。そのためには、どうしても、相手学説の思考の内側に入らざるを得ないわけである。そうした私の視点からすると、T教授の批判は、超越的批判あるいは超越的非難の傾向を帯びているということになる。

そのT教授が拙論批判を含む論文を発表され、好意的なのかその反対なのかは分からないが、直ちに伝えてくださった方がいたので、私もすぐに読んだ。批判があったいじょう、反批判すべきではあったが、しかし、次のような理由で、当面は差し控えることにした。

まず第一は、例によってその批判が、前記したような超越的な批判だったことである。それだけに、拙論に対する誤解も少なくないばかりか、私の枠組に内在的な問題点があるという指摘ではない。当時、私は、自分の専門領域である会計構造の研究から会計測定の研究に重点を移し、会計全体をカヴァーする体系の構築に努めていた。そうでなくても、会計構造の研究をもっと早く切り上げ、会計測定の研究に従事すべきであったという反省もあり、会計測定にかかわる論文の執筆に追われている時期であった。

しかし、もちろん、その批判が内在的なものなら、当然、私の枠組の是正が不可欠であり、何らかの対応をしなければならない。しかし、「自分の枠組が正しいから、そちらの枠組は妥当ではない」といった類いの批判であれば、それへの対応は、さして意味あるとは思えなかった。あるいは少なくとも、当面、早急に対応しなければならないとは思われなかったのである。

そして第二は、そうした超越的批判に対しては、批判者の枠組それ自体を批判しなければならないが、実は、私は既にそれを行なっていたことである。すなわち、私は、それまでにT教授の会計構造に関する著作の書評をものしていたので、そこでT教授の学説の枠組についての問題点は既に明らかにしてあったにもかかわらず、その点については、ほとんどふれられていなかったのである。もう少し詳しく話せば、次のとおりである。書評を執筆するさい、私は、とりあえず枚数を度外視して自分の存念を思うがままに書き綴り、その後に、所定の枚数に圧縮するのを常としている。T教授の著作の場合にも、一〇〇枚ほどの素稿を書き上げてあり、そこには、T教授の枠組に関する内在的な問題点をそれなりに詳しくふれておいたのである。その素稿はT教授にもご送付したのであるが、同教授からは、「プリンターが故障しているので、お返事はいずれ機会を得て」という趣旨のお手紙をいただいたきりになっている。

T教授の理論は、日本が生み出した独創的な学説であり、企業会計、非営利法人会計、社会会計等の財務諸表の関係を明らかにした点では、大きな功績が認められる。しかし、企業会計プロパーに関しては、けっして妥当ではないと私は理解している。もし私が反批判するとなると、その点をも再び展開しなければならなくなるが、そうした作業は、前記のように既に行なっていたことであるし、さらにその学説の理論的妥当性に疑念を抱いているいじょう、私には、さしたる意味があるとは思われなかったのである。そうでなくても、私なりの会計理論の構築に追われている状況で、当面、そんな非生産的なことに時間をとられるのが、残念だったわけである。

T教授の著作についての書評は、さしたる面識もない同教授からの突然の電話依頼によりお引き受けしたものであるが、こうした書評についても、私は、まずもってその著者が抱いている会計の全体像を摑んだうえで、書評の対象である著作を妥当に理解しようと努めている。それだけに、一編の書評と言っても、かなり多くの時間をとられてしまうのであるが、しかし、その分、実りのある結果を得ることも多い。T教授の書評の場合にも、当面は関係のない会計測定論（損益計算一般論）に関する同教授の著作をも読んだが、そこで随分勉強をさせてもらった。

とりわけ資本維持概念と資産評価概念とが、それぞれ全体利益額と期間利益額とを規定するという見方は、大変参考になった。しかし、その見方の本質を内在的に理解しようとする努力のなかで、「同じ資本維持概念のもとで、資産評価基準の相違により期間利益額が異なってくる」という同教授の主張が、一般論としては成立しないことに気付いた。そして、その原因を私なりに検討して、同一レヴェルにはない資本維持概念と資産評価基準とを対比してしまったことに求めたのであった。

このようにして、T教授の枠組を基礎にして、ただし（資本維持概念と資産評価基準との対比に換えて）資本維持概念と損益認識段階概念とを対比させるという是正を施して、このたびの拙著『会計の論理』の体系に組み込ませていただいた。同教授の理論体系の内在的論理を理解し、吸収できるものは吸収しようという発想があったからこそ、こうしたことが可能になったと言ってよいであろう。内在的に批判検討するということの効用のひとつである。いずれにしても、資本維持概念につき、拙著は、T教授の業績に負っているのである。

しかし、T教授の批判の在り方は、明らかに異なっている。相手学説の内在的論理にはほとんど無関心であり、自己の枠組のいわば絶対的妥当性を前提にして、もっぱらその視点から超越的批判を試みられるのである。そうした立場からは、相手学説から何かを学び取ろうという発想など生まれようがなく、ひたすら全面的に否定するという過剰な攻撃性を帯びざるを得ないのであろう。しかし、これでは、正と反とのぶつかりあいによる止揚ということなど、生じようがない。

最後に、日本における勘定理論あるいは複式簿記理論の水準を大きく引き上げた、そして私の尊敬する会計学者の一人であるY教授の以下の論述を記すことによって、批判（反批判）の在り方に関する締めくくりとしたい。

「笠井教授の批判は、諸会計構造論の総合的検討の一環として、筆者の勘定理論を会計構造論的に徹底的に吟味してなされている。その焦点は、上で筆者が主張したような『財産法と損益法の統合』が論理的に矛盾無く成立しうるかどうかという点におかれている。しかも、その場合、筆者の理論の『原型』を問題にするだけではなく、その理論的破綻を繕って『理想型』をも構成して検討するという、周到な方法がとられている。主要な問題点は次の三点である。

……（中略）……

以上のような笠井教授の批判は、実体・名目二勘定系統説の論理上の問題点をそれなりに鋭く指摘していると思われる。それゆえ、それに答えるためには、その批判を十分に踏まえた上で実体・名目二勘定系統説を改めて詳細に展開することが必要である。それは、筆者にとっては、今後の大きな課題である。大きな宿題を投げかけられた感がする。」

（『交差点』第三一号、二〇〇二年一月）

# Ⅶ　異郷に遊ぶ

# 鍵と家と都市と

## 三〇年前、日本の地下鉄では

中学生の頃、私は、当時東京で一路線しかなかった地下鉄で通学していたが、今でも鮮明に覚えているのは、車掌のズボンの脇ポケットから垂れ下がっていた、ドア開閉用の鍵である。当時、地下鉄の車両には車掌専用室がなく、ドアの開閉装置も乗客が乗り降りするドアの脇にあった。したがって、次駅のホームが反対側になる場合、車掌は、乗客の間を縫って反対側ドアに移動しなければならず、ラッシュ時の苦労は並大抵ではなかった。とにもかくにも反対側に辿り着かなければドアが開かないのだから、車掌は、人の壁を押し分け掻き分けつつ、その形相たるや凄まじかった。

それはともかく、我々乗客は、車掌の姿をいつも目の当たりに見ていたのであるが、彼等のまずほとんどが、ドア開閉用の鍵をズボンのポケットから垂れ下げていた。それは、私にとり何か奇妙な光景であった。三〇年余りを経た今も、鮮やかに覚えているというのは、よほど印象に残ったからであろう。たしかに、日本人の日常生活では、そのように鍵を人前に顕示することは、ほとんどないと言ってよいであろう。

## そして今、ドイツの街でも

私は、一九八一年七月より二年間、西ドイツのフランクフルト大学に留学した。そのとき、私の印象に強く残ったことのひとつは、鍵にかかわることであった。そこで、ドイツで見聞した鍵に絡む話題を縦糸とし、それにまつわる諸々の体験を横糸にないまぜつつ、私の留学生活の一端を記すことにする。

さて、ドイツに着いたばかり、何もかもが物珍しく好奇心の塊となってフランクフルトの街を徘徊していた頃、いち早く私の目に留まったのは、多くの若者が腰にぶら下げている鍵束であった。それも四個とか五個とかの数ではない。どう少なく見積もっても一〇個以上の鍵がついていそうな大きな鍵束なのである。ドイツ人は、一般に背が高く、かつがっしりしている。その彼等にして目立つ鍵束なのだから、その大きさが想像できよう。

当初見たときには、何かしら異様であった。彼等は、その鍵束をジャラつかせて、内心恰好良いと思っているらしいが、一体、あれだけの鍵をどうするのか。趣味で集めているのだろうか。私は、ふと、少年時代ビールビンの栓を集めては、勲章代わりに上着の胸に沢山つけたことを想起した。しかし、彼等は、前記のような体格のよさに加えてヒゲを生やしていることもあって、日本の若者に比べ、ずっと大人びている。異様だと感じたのは、そのアンバランスさにも一因があったのかもしれない。

## たちまち六個の鍵の所有者に

しかし、ほんの暫くドイツの空気を吸っただけで、ドイツ人の鍵に対する感覚が、日本人のそれとはまったく違うのに気付いた。

大学で助手達との付き合いが始まるようになってまず驚いたのは、彼等の在室中にも、研究室のドアには必ず鍵がおりていることだった。日本にいた時には、さすがに講義にゆく場合などは研究室に鍵をするが、例えばトイレに行くときなどには掛けない。ましてや在室時に鍵を掛けることなどまったくなかった。ところが、ここでは、助手を研究室に訪れノックすると、鍵束をガチャガチャいわせながら鍵を開け、私を招じ入れるや、直ちにまた閉めてしまう。これは例外なしである。

私に与えられた研究室は、主ドアを入り、その内廊下に面した五室のうちの一室だったが、もちろん、主ドアと自室ドアとには鍵がある。また図書室も同じような配置の一室だったので、私は、つごう四個の鍵を渡された。さらに、私の住居にも、玄関に共通ドア、二階に自室ドアがある。かくて、私は、好むと好まざるとにかかわらず、六個の鍵の所持者になっていた。ついでながら、住居の備え付けの家具は、おそろしく立て付けが悪く、素直に両扉が合わさるような代物ではなかったが、それでも、律儀にも、鍵だけは鍵穴に嵌まっていた。

とにかく、いたる処に鍵がある。ドイツ人は、鍵に囲まれて生活している。そう言っても、けっして過言ではない。

## ドイツ人はなぜ仕切るのか

また、どうやら、ドイツ人は空間を仕切るのが好きらしい。例えばエスバーン（都市と郊外とを結ぶ高速電車）の車両は、日本の国電のそれと長さはほぼ同じなのに、中央に仕切りがあり、完全に二分されている。これに乗るたびに、なぜわざわざこんな仕切りをするのか、訝しく思ったものだが、考えてみれば、遠距離列車のコンパートメントにしても、一両の中仕切りをさらに細分化したにすぎないともいえ、そのかぎりで、同じ発想にたっていると言えないでもない。

さらに、小都市に降り立ち、駅の便所に入れば、そこでもまた、幾つかのドアのお世話になる。そのなかには、もちろん手洗い場のように、仕切られていても不思議ではない空間もあるが、何のためにドアが付いているのか、理解できない場合も少なくない。

彼等は、一体なぜこんなに仕切るのか。寒さへの配慮であろうか。たしかに、ドイツにおける冬の厳しい寒さを考えると、十分に理由のあることである。そこで、脇道にはそれるが、ドイツの気候にふれておこう。

＊　＊　＊

俗に「サッポロ・ミュンヘン・ミルウォーキー」と言われるが、北緯四八度のミュンヘンは、四三度の札幌より北にある。ごく大まかに言えば、西ドイツは、日本がその札幌を北端として南方に横臥しているのに対し、ミュンヘンを最南端として北方に蟠踞している。さらに基本的には内陸国なので、気候は苛烈で、とりわけ冬の寒さは耐え難い。

フランクフルトでは、真夏でも、真っ赤な太陽がよく見られた。それも眼鏡をつけたまま凝視できるのである。日差しが弱いためであろうか。日陰にでも入れば、ヒンヤリとすら感じられる。そして冬の到来は早い。九月に入るともう肌寒さを覚え、一〇月にマイン川沿いの街路樹がいっせいに黄葉し、蒼惶として散り尽くせば、既に雪がある。ゲルマン語には、元来、「夏」と「冬」との二語のみで、「春」と「秋」という語はなかったという。たしかに、新緑と黄葉もあるのだが、きわめて短く、存在感が薄い。「春秋」という語が、「一年」を意味するほどに、むしろ春と秋とが主調をなす日本の四季感とはおよそ違う。しかも、冬のほうが圧倒的に長いだけに、夏の間に陽光を吸収し尽そうとするドイツ人の貪欲は、凄まじい。

一例を引こう。ドイツで奇妙に感じたのは、至る処にあるベンチの位置である。一様に日向に置かれているのである。日本でなら、真夏に「ちょっと一休み」と言えば、木陰にきまっている。「緑陰」という語のもつ爽やかさは、日本人なら直ちに感得できる。したがって、公園でも、ベンチは、多く木陰にある。しかし、ドイツでは、ベンチは、どうやら日向ぼっこの用具らしい。真夏ともなれば、ベンチのみならず、公園等の芝生は、ビキニ姿の女性、上半身はだかの男性の甲羅干しで埋まる。道路を見やれば、同じく上半身を晒した男性が闊歩し、さらには電車の中にすら、そうした風体の若者を発見できる。女の子でも、かなりの年齢まで、そんな恰好で自転車を乗り回している光景は、そう珍しいことではない。これらを見ていると、ドイツ人の陽光への渇仰がひしひしと伝わってくる。

したがって、家ごしらえにしても、ドイツでは、もっぱら冬に焦点が当てられる。「家の造りようは夏を旨とすべし。冬はいかなる所にも住まる」と兼好法師が喝破した日本とは、およそ異なっている。

＊　＊　＊

空間を幾つかに仕切り、ドアで繫ぐ、というドイツ人の嗜好を、私は、当初、寒さのためとのみ考えていた。しかし、ドイツの家や都市を見てゆくにつれ、果たしてそれだけなのだろうか、という疑問が湧いてきた。彼等の仕切りの感覚は、どこかで鍵の感覚とも繫がっているのではないだろうか、と。

### 病院を訪ねたら

留学中に難儀したことは数知れないが、その最たるものは、病気である。会話のまったく進歩しなかった私には、医者は鬼門であった。もし注射でもされて痛かったら、なんと言うのか。すぐ辞書を引く。どうやら、“Au weh!《アウ、ヴェー》”と言うらしい。しかし、こんな見知らぬ言葉をさも痛そうに発音することは無理だし、第一とっさにでてくるはずがない。「マア、行くのはやめにしとこう」ということになる。

ちなみに、そういう折に、病状を表わす日本語に、擬声語が多いのに気付いた。お腹はチクチク痛むし（ドイツ語では「刺すような」腹痛と言う）、歯の痛みはズキズキする（「脈打つような」歯痛と言う）といった具合である。しかし、こんな暇なことにかかずりあっていられるうちはともかく、そんな余裕がなくなった時が問題なのである。私も、つごう三度、医者の厄介になった。

さて、初めて病院を訪ねた時のことである。その病院は、高い厳重な鉄柵に取り囲まれた広い敷地にあった。鉄柵正面の門柱脇のインターフォンで姓名を告げると（電話で予約しておいた）、ブザーが鳴り始めた。その間だけ鍵が開くのだ。中庭を通り建物の入り口に立つと、戸が内側から開き、看護婦が出迎えている。玄関に続いて踊り場があり、その右手のドアを通れば、待合室に繋がる廊下に出る。

待合室で待っている間に、次のようなことが分かった。門脇のインターフォンで、まず誰であるかを確認し、予約等の合理的根拠があれば通過させる。そして、どうやら庭を横切り建物に辿り着くまでに、看護婦が、その人物の人相風体を観察しているらしい。だから、玄関口をなんなく突破できる人もいれば、そこにも設置されてあるインターフォンで再度の尋問を受ける人もいるのである。

こうした厳重な造りは、ドイツではそう異例のことではないらしい。それどころか、アメリカ人L嬢およびR君とミュンヘンに旅行したさいに泊った安ホテルときたら、これはもう要塞だ。アメリカ人はドイツでも受けがよくない。しかし、見知らぬ旅行者にも、今日はと声をかけてくるのがバイエルンである。R君もそれに惹かれて、ミュンヘンに来ては、かのホーフブロイハウスで憂さを晴らすらしい。私もそこで大変愉快な体験をしたが、その話は長くなるので、ホテルに直行しよう。フロントでキーを受取り奥に進むと、大木戸とでもよびたくなるような無骨な扉に遮られる。それを両手で押して潜り抜ければ階段で、それを三階まで上るとふたつのドアに対面する。その左側の鍵をあけて中に入ると、細長い内廊下に再び四個のドアが並んでいる。その一室が私の部屋だったのである。こんなに厳重では、いかなる怪盗といえども、忍び込むことはできまい。

＊　＊　＊

このように、ドイツの建物は、幾重にも仕切られている。仕切られればドアが生じ、ドアがあれば鍵が必要になる理《ことわり》である。しかし、こうした建物を見るたびに、私には、屋上屋を架すという印象が拭えなかった。ヨーロッパの建物がみなこのように厳重であるのなら、かのルパンが知恵の限りを尽くして侵入したくなるのも分かるし、成功の暁には、たしかに、かのガニマール警部に対し凱歌をあげたくもなるであろう。

それはさておき、私は、ドイツのこうした家に入るたびに、いつもある特殊な感情が湧出するのに気付いた。それは日本ではついぞ感じなかったものであるが、要するに、「隔絶感」とでも言えようか。そういう感覚は、前述の建物の構造によるのであろうが、鍵をかけるという行為によって最高潮に達する。しかし、奇妙なことに、この隔絶感は、一方、安堵感に繋がるとともに、孤独感さらには不安感にすら結び付いているようなのである。

## ローテンブルクの市壁を巡れば

「小都市」は、ドイツの粋《すい》である。大都市の多くが二度の戦火を蒙り、現在はアメリカナイズされているのに対し、小都市は、中世期の古い家並みを残し、我々エトランゼをお伽噺の世界に遊ばせてくれる。ロマンティック街道の華ローテンブルクは、その典型であろう。

今、その市庁舎の高楼に登り、眺望をほしいままにすれば、ほぼ同じレンガ色の、しかし、濃淡のそれぞれ異なった屋根の群れがまなかいに拡がり、その美しさに覚えず息をのむ。その錆色の拡がりを追って果てに至れば、おのずと、それら家並みをすっぽりと囲繞している建造物が目に留まる。市壁である。それは、一番新しい第三市壁で、一四世紀に建造された。ものの本によれば、第一市壁は一二世紀に建造されたが、その外辺に住み着いた手工業者保護のため、第二市壁が新築され、さらに南部を含む第三市壁が増築されたのである。

これらの市壁は、その要所にある塔の木戸に鍵をかけることによって、幾重もの完全な防御ラインになる。鍵は、文字通り、この都市の死命を制する、と言ってよいであろう。

この街の好きな私は、市壁に沿ってもよく散策した。市壁外側の芝生でサッカーに打ち興じる子供達、陽だまりにつくねんと座っている老人達。そうした光景を目にすれば、日本人なら、夏草や……、と芭蕉の心境にもなる。すると、のどかな日差しの中に時がしだいに溶けてゆき、ふと、いま現実に敵に包囲されているかのような錯覚に陥る。そんな時、最初に抱くのは、市壁の堅固さに対する信頼感である。しかし、その堅固さは、逆に敵の攻撃の凄まじさと自分たちの孤立無援とを悟らせる。重圧感さらには不安感が高まる。

このような矛盾した感覚を建物にも感得したことがあるのに、ふと気付く。幾重もの市壁の仕切りと厳重な鍵、たしかに、それらは、家の構造を彷彿とさせる。両者の構造には、ある種の類似性があるのではないか。

＊　＊　＊

留学前には、外国の都市の市長が鍵を贈呈するという新聞記事を読んでも、鍵の重要性はごく常識的に理解していたにすぎず、しょせん、儀式という感覚でしか受け止めていなかった。

しかし、ドイツで、その家や都市を垣間見て、日本との違いがそれなりに分かってみると、ドイツ人における鍵の意義が、少し見えてきたような気がした。

ドイツの都市を見るにつけ思ったことは、市壁が、支配者のみならず都市住民の防御施設でもあった、ということである。それは、ローテンブルクの第一次市壁拡張が、旧市壁の外側に発展した手工業者の保護にあったことにも窺える。また、屋根裏部屋の辺りで壁から通りに向って支柱の突き出た家をよく見かけるが、それは、戦時用備蓄品を屋根裏部屋に引き上げるための滑車用支柱であったという。すなわち、各家庭に一定量の生活必需品の備蓄が義務付けられていたのである。市壁の外に、住民の安住の地はなかった。当時、市壁さらには鍵は、住民の運命そのものであった。

そうした市壁がいかに心強いものであったかは、例えばギリシャ神話のトロイアの木馬によっても、ある程度の推測がつく。周知のように、掠奪されたスパルタ王妃ヘレネーを奪還すべく、トロイアのイーリオスを包囲したギリシャ軍は、一〇万の余を数えたという。それにもかかわらず、イーリオスの堅固な城壁の前には苦戦を重ね、九年の歳月が流れてしまう。オデュッセウスの奇計により、その体内に戦士を潜ませた巨大な木馬を残し、ギリシャ軍は陣を引き払う。計略とも知らず、木馬を城内に引き入れ、トロイア人が酒に酔いしれたとき、体内より現れた戦士が城門の鍵を開き、ギリシャ軍を手引きする。かくて、トロイアは、一夜にして壊滅してしまうのである。

この物語からは、鍵のかかった城壁の堅固さと、鍵の破られた城壁のもろさとが、如実に窺える。鍵は、運命共同体としての都市の住民の、文字通り生殺与奪の権を握っていたわけである。この点、城壁の保護したものが、領主であり領民ではなかった日本では、極言すれば、領民は、領主の栄枯盛衰とは無関係に生活してきたのであり、この意味での鍵の意義は、ついに知らなかった、と言ってよいであろう。

## 日本人は外来文化を選別しなかったか

市壁に対するドイツ人のこうした感覚は、彼等の建物の構造にも反映されているように思われる。とすれば、家の鍵の、ドイツ人にとっての意義が推し量れよう。

他方、私が帰国して驚いたことは、外国人による空き巣等の犯罪の増加である。彼等の供述によれば、日本人の家屋はきわめて侵入し易いという。そして、その一因は、家屋の鍵の備えが不十分な点にあるらしい。この事実は、たしかに、日本人の鍵に対する態度を端的に物語るものであろう。

日本人は、一見、外来文化を無差別に受容してきたように見えるものの、その実、相当根強い抵抗・選択があったとし、靴等とともに、鍵が日本には渡来ないし普及しなかったと説いたのは、石田英一郎氏であるが、ドイツ人の鍵に対する感覚を垣間見た私には、この見解は、説得力があるように思われる。

＊　＊　＊

ドイツの企業では、地位が上がるほど、多くの鍵を持つようになるという。鍵は、正にステイタス・シンボルになっているわけである。

ヒゲを生やしいかにも大人然としたドイツの若者が、大きな鍵束を腰にして闊歩していた姿を思い浮かべては、微笑を禁じ得ない。できるだけ早い機会に、再び懐かしいドイツの地を踏み、彼等の姿を見てみたい、そう念じつつ、拙い私の留学記の筆を擱くことにする。

（『塾』第二二巻第三号、一九八四年六月）

# ロットヴァイルにて

ロットヴァイル（Rottweil）に滞在したのは、昨年（一九八三年）の一月のことである。ロットヴァイルは、スイスからもさして遠くない、西ドイツの南端に位置し、中世の面影を残した静かで清潔な都市である。そして、ドイツのそうした都市の多くがそうであるように、街の規模はいたって小さく、ものの一五分もあるけば、街の一端から他の端に辿り着き、そこからは、畑が広がり、恰好の散歩道を提供している。その乾いた畑の間をさらに十分ほども散策すれば、もう、隣接する都市の煙っているような家並みや、その間に佇立する教会の尖塔が遠望できる、といった典型的な小都市（Kleinstadt）のひとつである。

私の留学先であるフランクフルト大学で親しくなった一人の友人は、ほとんどすべてのドイツ人と同じく大変なお国びいきで、常々、「ドイツで美しいのは南ドイツだが、その中でももっとも美しいのが、わが故郷ロットヴァイルなのです」と言ってはばからなかったが、私がその地を訪れたのは、直接的には彼女の招きがあったからである。しかし、心の底では、ドイツの正月というものを、多少とも味わえるのではないか、という期待感があったのも否めない。

私がドイツに滞在したのは僅か二年のことであり、いわば傍観者的に外側からドイツの生活の一端を垣間見たにすぎないが、しかし、その程度ですら、一二月のクリスマスと二月のカーニヴァルとは、ひときわ鮮やかな印象を残している。

一一月末の第一アドヴェント(待降節、降臨節)から、クリスマスの市が華やかに開催される。軒を連ねて仮設された商店には、寒々とした空間に凍てついたような硬質的な灯りがともり、クリスマスの必需品、ちょっとした贈答品、さらには陶器等の日用品までもが、所狭しと並べられている。そこを、雪が降ろうが寒さがどんなに厳しかろうが、あるいは熱燗のワインを口にしながら、あるいは白い吐息の跡を作りながら、買物客がひきもきらない。こうして四回にわたるアドヴェントを経てしだいに賑わいを増してゆくが、一二月二四日に至ると、突如、暗転して、まるでそれまでの人通りが嘘であったかのように死の街と化す。私も、ある教授の自宅でクリスマスの一夕を過ごす機会を得たが、色鮮やかに飾られた樅の木の側で、食事を共にし賛美歌を歌っているうちに、静かに時が更けてゆく。そして零時近くになると、教会にミサに行くが、その途次、峻烈な寒さに身を置くとき、クリスチャンではない私ですら、覚えず厳粛な気分になってしまう。ドイツでも最近は、キリスト教の規範力は弱くなっているということではあるが、しかし、ミサに参加する老若男女の表情を見ていると、あるいは説教を終えた牧師が、正門の扉の前で、帰宅する会衆の一人一人と握手を交わしているさまを見ていると、キリスト教とドイツ人との関係が、仏教と我々のそれとは、およそ異なっているのを認めざるを得ない。そして少なくとも、生活行事としても、クリスマスが最大の意義をもってなされているのは事実である。

それに対して、二月のカーニヴァルは、それ自体としては、たしかに復活祭と結び付いた宗教的意義をもっているが、バラの月曜日（Rosenmontag）における狂騒を見てしまうと、ドイツ人の、春を希求する血の騒ぎとでも表現したくなる。私は、お祭り好きの友人と、マインツとフランクフルトで、カーニヴァルの行列を見ただけであるが、そこでは、見る人（観衆）と見られる人（行列の参加者）との間には、画然とした区別は無きがごときである。見る人々自体が、既に自己のサイケな化粧と趣向を凝らした仮装とに酔い痴れている。もちろんドイツ人とは切っても切り離せないビールを片手にしながら。ドイツのカーニヴァルも、最近は観光化されつつあるとのことであるが、しかし、見られる人々の「ヘロー」という呼びかけに、見る人々の「ヘロー」という叫びが反応してゆくさまは、たしかに、「冬はもう沢山だ」というドイツ人の鬱積の深さを示しているかに見える。ドイツ語では、カーニヴァルをファストナハト（Fastnacht）またはファーゼナハト（Fasenacht）とも言うが、その語源は、ファステン（fasten：断食する、精進する）から来ているとも、ファーゼルン（faseln：馬鹿げた振舞いをする、酔って浮かれ歩く）に由来しているとも言われているらしい。傍観者として見るかぎり、後者の実感のほうがはるかに強い。

こうした強烈な個性をもつ一二月と二月との狭間にあって、ドイツの正月は、いかにも影が薄い。一月六日（公顕節）に、フランクフルトでは三王礼拝の行事がなされているのかどうか分からないが、私は気付かなかった。キリスト教の教理に疎い私には、それが宗教上いかに重要であろうと、生活行事化されていないと、関心の対象からはずれがちである。その意味で、正月に特別の思いを寄せる日本人の一人である私には、ドイツの正月は、すこぶる物足りない。そこで、友人の招きを奇貨として、ロットヴァイルまで出かけたのであるが、彼女の家庭からも、特に正月の匂いを感じとることはできなかった。ヨーロッパでは、古くは、クリスマスと新年とが同じ日だったので、グレゴリオ暦になって両者が分離された以後も、以前の感覚が跡をひいているのであろうか。

正月を意味するドイツ語ヤヌアール（Januar）とは、頭の前と後ろとに顔をもつローマの神ヤヌス（Janus）に由来しているが、それは、ふたつの明確な個性、すなわち去りつつある冬と、来つつある春とを両ニラミしていることの象徴と思われる。しかし、自分自身が何者であるかについては、一人の凡庸な旅人にはついに語ることはなかったのである。

（『三色旗』第四三〇号、一九八四年一月）

# 西ドイツにて

「主体における無意識的なものは、
他者の論述である。」
ジャック・ラカン

（一）

私のドイツ留学は、ドイツ語会話に悩まされ続けた二年間であった、というのが実感である。日常生活のなかで頻繁に使われるもっとも基本的な言葉ですら、ついに馴染むことができなかった。その典型的な例が、「今日は」とか「さようなら」とかの挨拶語である。

ドイツに行き、現実にドイツ語しか通用しない状況に身を置いてみると、東京では想像もつかなかった体験ばかりする。例えば、"Drueken"（押す）・"Ziehen"（引く）というような対になっている言葉を実によく間違えたものだ。大抵のドアには、これらの表示がついているのだが、私は、郵便局やデパートの入口で、幾度、あるいはドアと鉢合わせし、あるいはドアを引こうといたずらに足を踏ん張ったことであろうか。確率からいえば、半分ぐらいは、正しく「押す」か「引く」かしてもよさそうなのに、奇妙に反対のことばかりしている。

しかし、挨拶語の場合は、それとは異なり、一応は正しく理解しかつ使えるようになったのだが、言うたびにいつも、なにか奇妙な違和感に襲われるのである。すなわち、言った瞬間、きまって「これで良いのかな?」という感覚が生じ、しかもドイツ語としてはそれで正しいと確認した時にも、何かしら心の内奥に、釈然としないものがオリのように沈澱しているのに気付くのである。

＊　＊　＊

私は、一九八一年七月より二年間、西ドイツのフランクフルト大学に留学した。その当初の一年間は、ドイツ人M老の許に寄宿した。M老は、当地に滞在した多くの日本人留学生の面倒をみたことで知られ、私が住居の斡旋を依頼したドイツ人の教授も、そうした評判を伝え聞いて、私に紹介してくれたらしい。

彼は、自ら所有するビルの二階に一人で住んでおり、その住居は三室よりなる。私は、その中央の一室を占めたが、右隣の居間とはカーテンで仕切られているにすぎず、いわば下宿と言ってよい。そこで、大学にいる間を除き、四六時中、M老と鼻つきあわせることとなった。それに加えて、M老は、「自分は半分は日本人だ」と言うほどに、親日家をもって任ずるだけあって、私にも、いささか煩わしいと思うぐらい親切であった。なにせ、ドイツ語会話のままならぬ身が、右も左も分からぬ地にいわば突如放り出されたのである。M老が、日ならずして、私にとり肉親のごとく感じられるようになったとしても、不思議ではないだろう。

ところで、ドイツでは、相手が家族であろうと行きずりの人であろうと、一般的には、会った時には、概ね時刻に応じ、"Guten Morgen"、"Guten Tag"、"Guten Abend"（それぞれ英語のgood morning, good afternoon, good eveningにほぼ相当する）、別れる時には、"Auf Wiedersehen"（英語のgood byeにあたる）と言う。私も、当初は、出宅時・帰宅時に、M老となんのこだわりもなく、これらの言葉を交わしていたのであるが、三、四か月が過ぎ、M老に、日本語流に表現すれば「お爺ちゃん」とでも呼びかけたくなるような親密感を覚えるようになった頃から、それらの表現にひっかかりを感じ始めた。そして冒頭に述べたような違和感が生じ、それは、しだいに増すばかりであった。

＊＊＊

しかし、こうした挨拶語に関しては、私は、さらに別種の違和感をも体験している。それは、病院の待合室においてである。見知らぬ人々の居合わせる病院の待合室に入室したさい、日本であったなら、どのように振舞うであろうか。むろん、いかに面識がないとは言え、電車の車両に乗り合わせた時とは違って、病気にかかっている（あるいはかかっているかもしれない）という共通意識（仲間意識）はあろうし、また、普通はそこに居合わせる人達も少人数であろうから、まったく挨拶抜きというわけにはゆくまい。したがって、例えば、座席に腰を下しながら、頭を下げて、「失礼します」ぐらいのことは言うであろう。それは、会った時に交わす挨拶の意味を含んでいるのかもしれないし、それも、差し当たっては、両隣の人に対してだが、それを通じて、その部屋に居合わせた人達全体に、それとなく挨拶しているとも考えられないではない。さらに、丁寧な人なら、入室するさいに既に、軽く頭を下げ、しかも、「今日は」というような意味のことを、小声でつぶやくかもしれない。

このように、日本だとて、ある意味での挨拶をしないではないのだが、待合室にいる全員に対してかつ明瞭に、「今日は」（あるいは「さようなら」）と挨拶するであろうか。もちろん、なかには、そうする人がいて、待合室のともすれば澱んだ空気を一遍に明るくさせてしまうような場合もあろう。しかし、日本では、そうした挨拶が良きマナーとして確立している、と言えるだろうか。むしろ、そうした挨拶は、一般には、少し仰々しいと映るのではないか。だから、前述のように、軽く頭を下げるか、または言葉を使っても、人々に聞こえるか聞こえない程度でつぶやき、それとなく自分の意思を伝えるというのが、むしろ日本人の心情に適っているのではないか。それを、知人に対するのとまったく同じように、こと改まって丁寧に挨拶をされてしまうと、日本人はなにか戸惑いを覚えてしまうのではないか。例えば、肩にホンの少し髪の毛がついている人に、その旨を知らせたら、馬鹿丁寧にお礼を言われて、却ってドギマギし、こんなことなら、黙ってソッと取り除いてやった方が良かった、と内心思う時に感ずるような戸惑いを。あるいは、初対面のアメリカ人から、百年の知己のような親愛の情をふりまかれ、「この人とは、文字通り、いま、知り合ったばかりなのにナー」と内心つぶやくような時に、覚える戸惑いを。

実はこのような戸惑いをドイツの病院の待合室で、私は感じたのだ。私も何回かドイツの病院の世話になったが、その経験の範囲内では、待合室に入ってくる人と居合わせる人々とは、たいてい、グーテン・ターク、アウフ・ヴィーダーゼーエンという挨拶を交わすのである。しかし、私は、この習慣にはついに馴染めなかった。初めて行った時には思いもよらぬことであったからだが、二度目に行った時には、心の準備をして出かけたのにもかかわらず、結局、言わずじまいであった。無言の内に軽く頭を下げたのみであった。日本では、そういう習慣がないだけに、まったく見ず知らずの人に挨拶をするのが、面映ゆかったのだろう。

これと全く同質の面映ゆさ・戸惑いを、私は、商店に出入りする時にも体験した。ドイツでは、デパートなどは除き、いわゆる商店に出入りする時も、待合室の時と同様に、売子と客とが挨拶を言い交わすのが、普通である。日本であったら、売子の「いらっしゃいませ」に対し、客は、ニッコリ笑うか、会釈するぐらいが相場なのではないか。そのせいであろうか、この種の挨拶の交換が、日本人には、かなり苦手のようである。なにかの旅行案内書で、日本人は、商店に迷い込むようにフラリと入り、店員の挨拶にも応えず、幽霊のように黙ったままスーッと出てゆくので、ヨーロッパで顰蹙を買っている、という意味のことを読んだ覚えがある。さもありなんと思う。というのは、私も、かなりの場合、そのように振舞っていたと思うからである。その原因は、一体どこにあるのだろうか。

私（そしておそらく日本人一般）が、病院の待合室で挨拶を省略した原因のひとつは、たしかに日本人のはにかみという点に求められよう。それについては、私は、いろいろな所で痛感したが、例えば、テレビなどを見ていても容易に感得できる。ドイツでも、一般市民がゲスト出演する番組がかなりあるが、そういう場合、ゲストといえども、司会者を相手におめず臆せず実によくしゃべる。私などには、両者が百年の知己のごとくにすら見えることがあるし、また少し大袈裟に言えば、どちらが司会者なのか判別つかない場合もないではない。日本の番組の場合だと、しゃべりかたの生硬さ、あるいはその逆の目立ちたがりで、ゲストは、はっきりと分かるものだが、それとは随分異なっている。我々日本人とは、日常の言語生活、ひいては言語観が根本的に違うのを感じざるをえない。

さらに、私の言語コンプレックスも原因のひとつに数えられよう。たしかに、印欧語と一般にウラル・アルタイ語に属するとされている日本語との相違は大きく、とりわけ会話は、私にとり鬼門であった。いきおい、しゃべるのは、どうしても億劫になる。

これらのことも、たしかに、多かれ少なかれ影響しているにちがいない。しかし、本当の原因は果たしてそこにあるのだろうか。私の体験では、病院の待合室では、ほとんど挨拶抜きで終ってしまったが、しかし、商店の場合には、相当程度、挨拶をするようになった。それは、多分、商店の場合、相手（売子）の数が少ない、という点に起因していると思われる。したがって、待合室と商店とにおける私の態度の相違には前記の羞恥心等が反映していると言えよう。しかし、その商店でも、やはり、私は、売子の挨拶に対して、かなり当方の挨拶を省略してしまった。その点からすると、基本的には、日本人には、こうした場所で言葉によって応えるという習慣がない、という点に原因が求められるのではないだろうか。そうだとすると、日本では、一体、こういう場合、なぜ挨拶を交わさないのだろうか。

＊　＊　＊

M老の場合には、挨拶の言葉を交わすことには問題なく、ただその表現に関する違和感であったが、待合室・商店の場合には、むしろ、挨拶をすること自体に違和感を覚えたのである。いずれにしても、私は、ドイツで、挨拶語につき、このような奇妙な感情を体験したのであるが、こうした違和感の正体はなんなのだろうか、また、一体なぜこんな違和感を覚えたのだろうか。

私は、挨拶語についてのこうした違和感に興味を覚え、自分の心の内奥を覗き込んでは、そこに潜むものを探りだそうと努めた。しかし、それを述べる前に、まったく別の局面ではあるが、それと関連あると思われる体験を記すことにする。

（二）

私は、滞独中、なにかにつけてはドイツ語の文章を綴り、フランクフルト大学の学生T君とM嬢とに、毎週一回ずつ添削してもらっていた。そのさい、私は、ある不愉快な思いを体験した。それは、まだT君と知り合ったばかりの頃、大学のカフェテリアで添削をしてもらっていたときのことである。約束の二時間が経過した正午近くに、一人の女子学生が我々のテーブルにツカツカと近付き、T君に話しかけながら、その隣に坐り込んだ。どうやら、彼等は食事の約束がしてあったらしく、添削が遅れているので、メンザ（学生食堂）に行く時間をきめ直しているようだった。しかし、彼女は、私のドイツ語文にいささかの好奇心を覚えたのか、その打ち合わせが終っても立ち去らず、しきりとT君に質問を始めた。彼は、時折、私に問い質しては、彼女に答える。そんなことが暫く続いた。それから再び、彼は、添削の作業に移ったが、それが終るまでの三〇分ほど、彼女も、あらぬ方向を見ながらそのテーブルに居続けたのである。

私は、彼女がT君の友達と分かってから、ニッコリ笑って、「グーテン・ターク」と言うくらいの用意はあったのだが、彼女はソッポを向いたままだし、T君もいっかな紹介しようとしない。そして、別れ際にも、彼女は何も言わずに立ち去り、私はT君と握手をしただけであった。

この体験は、当時、私には、ショックだった。日本であったなら、そうした場合、T君は彼女を紹介するであろうし、仮にそこにまで至らなくとも、彼女が「今日は」「さようなら」ぐらいの挨拶をするのが、あるいはせめて会釈ぐらいはするのが普通であろう。もしその程度のことすら煩わしいと思うなら、T君を手招きでよび寄せて打ち合わせをし、別のテーブルで待つ、というのが礼儀というものではないだろうか。彼女の、そしてT君の応対は、日本的には、非礼とも言えるのではないだろうか。少なくとも、けっして良き風儀とは言えまい。

正直言って、私は、その時、大変不快だった。挨拶もなしに勝手に人のテーブルに坐りこみ、T君と私とが添削にかかわりあっているのに、一向平気で坐っている。もっとも、彼女は、ドイツ人特有の能面のような無表情さであらぬ方向を見ており、我々の話などまるで聞いていない様子だ。すると、今度は、その歯牙にもかけていない態度が小面《こづら》憎くなる。彼女の無神経さ、さらには、無関心を通り越して無視しているとしか思えない態度。もう本当に腹が立ってならなかった。T君自体は、それまでの印象では人柄も良く礼儀正しい人であったが、やはり、私が非ヨーロッパ人であるために、このような処遇を受けたのであろうか。右も左も見当のつかぬ異郷にあっては、秤はとかくペシミスティックな方向に傾いてゆく。

＊　＊　＊

そんな体験をしてからほどなく、私は、シュトゥラーセン・バーン（日本の都電・市電にあたる）の中で、次のようなシーンを目撃した。それは、大学から帰宅する時に乗り合わせた車両でのことである。突然、二人の若い男女の声高な話し声が聞こえてきた。シュトゥラーセン・バーンの多くの車両は、車内中央の通路をはさんで、一方の側に向い合わせの四座席が、他方の側に同じく向い合わせの二座席が、それぞれ四シートほど配置されているのだが、その時の状況は、四座席のシートの通路側に女性二人（A・B）が相対して席を占め、二座席のシートのひとつに男性が坐り、Aと男性とが通路越しに話していたのである。やがて、ある駅でBの隣の人が下車するや、くだんの男性は、素早くその席に移動し、再び話し込み始めた。電車に乗っている間中、終始Aと彼との会話が続いていたので、私は、てっきり、BはAとも男性とも赤の他人と思いなした。しかし、あにはからんや、とある駅で、Aは、まずBに握手をし（ドイツ人は、大変な握手好きで、女性同士でもちょっとした知合いになれば、挨拶として握手をかわす）、次いで男性と握手をしたのち、下車したのである。驚いたことにAとBとは知合いだったのである。というより、もともとはAとBとが同行者で一緒に話していたところに、たまたまその男性が乗り合わせた、ということらしい。いずれにしろ、その間、Aは、Bと男性とを引き合わすでもなく、男性と話の華を咲かせていたわけである。私は、にわかに好奇心をそそられ、その顚末を見届けようと決心した。男性とBとは、その後、さらに二〇分ほども隣り合わせていたのであるが、その間、おたがいにソッポを向いたまま、ついに一語をもまじえなかったし、男性が下車したさいにも、Bに会釈ないし目礼をすることもなかった。要するに全く無縁の人に対する態度で終始したのである。

＊　＊　＊

どうやら、私がT君とその女友達とから受けた処遇は、ドイツ人同士の場合にも適用されるらしい。しかし、これが本当にドイツ人の一般的な対応と言ってよいのであろうか、私は、未だ半信半疑であった。しかし、さらにたまたま、そのことに関連して、直接質問する機会があった。私が研究室でG嬢と話していた時、助手のE氏が昼食を誘いに来てくれた。私は、彼を招じ入れ暫く立ち話をしたのち、先に行ってもらった。そこで、こういう場合、ドイツでは二人を紹介すべきなのかどうか尋ねたら、彼女の言うには、「その必要はない。なぜなら、彼は、あなたの友人であり、私には全くかかわりがない（あるいは、関心がない）のだから」ということであった。

もっとも、E氏との会話は立ち話であり、いささか事情が異なる。したがって、G嬢の返事を、私や私の目撃したケースに直ちに適用することはできないかもしれない。しかし、T君は、結果的にも非常に誠実な人だった。その故に、彼との交際は今も続いている。滞独中は、週に二、三回は会い、月に一、二回は自宅に招かれ、彼の母をまじえて談笑するほどになったし、帰国にさいしては、私が何度断っても、空港まで自分の自動車で荷物を運んでやる、と申し出てくれたような人である。そうした彼の人柄、特に悪意があったとは思えないT君の女友達の態度、さらには、「かかわりがない」あるいは「関心がない」（Er interessiert mich nicht.）という表現のニュアンスなどから綜合的に判断すれば、私が受けた処遇というのは、少なくともそう異例のことではない、と言えそうである。

そうだとするなら、その価値判断はさて置いて、日本とドイツとにおけるこうしたさいの対応の相違は、一体何を意味し、何に由来するのであろうか。私は、そのことに関心をそそられ、考え続けた。

（三）

私は、滞独中、何か気付いたことがあると、すぐその場でメモし、帰宅してから、それを日本の文物・日本人の行動様式等と比較しつつ、文章化していった。そして、前述のように、それをドイツ文に翻訳し添削してもらっていたので、私は、帰宅しても、何時も、何かしら書き物をしているかタイプを打っていた。そのため、M老から、よく、“Sie schreiben sich tot!”（文字通りに訳せば、「あなたは書き死んでしまいますよ」の意。ドイツ語では、「書き疲れる」という表現とまったく同一の構文で、このような表現が可能である）と言われたものである。

それはともかく、（一）・（二）で述べたのは、そうした私のメモのうち、とりわけ心に残ったもののうちの幾つかであるが、折にふれ考え続けていくうちに、私には、このふたつの事例は、どこかで繋がりがあるように思われてきたのである。

まず（二）の事例につき、私の考えたことを纏めてみよう。私が、友達たるT君の女友達にまで、ごく自然に「今日は」と挨拶する用意があったということは、私の心のなかに、俗に言えば、

「友達の友達は、また友達」というような心理的機制が潜んでいたからではないだろうか。すなわち、自己を原点として、その周囲に、自己といわば「信頼関係」によって結ばれた人間関係が成立する。そして、その関係を形成する契機が「信頼」であるがゆえに、その友人達がやはり「信頼」により形成する人間関係も、第二次的間接的にせよ、自己の友人関係として、第一次的直接的な友人関係の外側に同心円的に配列されてしまう。こうした同心円の網に引っ掛かった人々は、いわば自動的に、自己の人間関係のなかに組み込まれてゆくのである。

こうして、自己を中心とする同心円的な人間関係が遠心的に形成されることになる。信頼する亭主が招いた客とあらば、たとい自分は一面識なくとも、一座の仲間であり、同じ茶碗で茶を喫する関係が無条件に形成される。さらには、場合によっては、「袖振り合う」だけであっても、それは、「他生の縁」であって大切にしなければならないのである。日本人の社会関係は、このように同心円的に拡大しつつ形成されてゆくのではないだろうか。

＊　＊　＊

いま例えば、結婚したいが、差し当たって適当な相手がいないという場合、どのような行動をとるであろうか。日本人なら、まずほとんどの人が、信頼できる上司・先輩等に依頼するという方法をとるのではないか。洋画などでは、よく、それまでまったく見ず知らずの二人が、たまさかの邂逅に、相手の職も地位も家族も分からぬままに灼熱の恋を燃え上がらせる。そんなシーンを見ていると、すべてを自己の判断に従って行動する彼等に畏敬の念を覚えつつも、しかし、他方では、何かしら危なっかしいという思いも拭い去ることができない。その点、「見合い」というのは、仲介者の信頼性を媒介にしている点で、安心できる面もある。もっとも、見合いの相手が、仲介者の同心円の最末端にあったりして、後でとんでもない騒動が持ち上がるようなことが、ままあるにしても。それはともかく、私は、ドイツで、何度か「見合い」につき質問されたが、どう説明しても結局のところ分かってはもらえなかったようである。この制度が、前述した日本人の社会関係に根差したまったく日本独特のものだからであろう。

それに対し、もしドイツ人であれば、多分、新聞広告を出すであろう。例えば西ドイツの有力日刊紙「フランクフルター・ノイエ・プレッセ」の毎土曜日には、一ページの半面、「彼女は彼を探している」「彼は彼女を探している」という広告欄がある。その文面には、「彼（または彼女）」で始まる形式と、「私」で叙述する形式との二種類があるが、それぞれ一例ずつ紹介しておこう。

「大変愛くるしい二〇歳の女性、彼女はこれから長く未婚のままでいることを望んではいません。彼女の切なる希望は、素朴で誠実な男性で、そういう方なら、彼女は、大切にしかつ愛するでしょう。あなたが早くお手紙をあげるなら、最上のチャンスをものにできるでしょう！」

「孤独を知る人だけが私を理解してくれるでしょう！　当方、六一歳の身寄りのない寡婦。家、高額の年金、貯金、そして自動車はありますので、何も不足なものはありません。しかし、愛すべき良きパートナーが私には欠けているのです。私は、すぐに再び、誠実な男性の世話をし彼と幸福になることができるでしょうか?」

詳しいことは分からないが、私の聞いたかぎりでは、この欄は実際それなりに機能しているらしい。私など、この欄を見た時にまず感じたのは、結婚詐欺の心配であるが、そのような懸念が生ずるというのも、つまるところ、信頼による同心円的な社会関係を前提にしているからであろう。

＊　＊　＊

こうした日本人の社会関係の特質は、結婚披露宴にゆけば、もっとよく理解できるであろう。文字通りあるかなしかの関係によって出席した有力者が、ごく一般論的な祝辞によって、列席者の欠伸を誘うことなど、そう珍しいことではない。そのような人々ですら、ある人の人間関係に含まれているわけである。

しかし、ドイツでは、例えば何かの会合で同席しそれなりに歓談したとしても、それでは、そのことのゆえに、自動的に(いかなる程度のものであれ)友人になるかというと、けっしてそうではない。それどころか、次にどこかでたまたま出会ったとしても、きわめてよそよそしく扱われたり、場合によっては挨拶をされないことすら、十分にあり得るのである。私も、随分戸惑ったものだが、ドイツ人と知り合いドイツについての認識を深めようとする意欲的な日本人が困惑してしまうのは、ひとつにはこの点にあるようだ。つきあいが、なかなか継続しないのだ。そのため、この前の会合で何か失礼なことをしたのではないか、彼等はそのため本当は内心不愉快に感じたのではないか、などとあらぬ憶測をたくましくしてしまう。そのためにノイローゼになってしまう日本人も多いようであるが、いずれにせよ、日本人の感覚よりすると、そうした点で、ドイツ人は冷たい、ということになる。

このような感覚というのも、この前の会合で歓談したという事実によって、日本人は、そのドイツ人を最末端にせよ既に自己の人間関係の中に組み込んでしまっているので、逆に、自分もまたそのドイツ人の人間関係の同心円に含まれた、と錯覚してしまう点に由来しているのではないか。しかし、ドイツ人は、どうもその会合で生じた人間関係は、その時かぎりのことで、その会合が終われば、その人間関係も一応は消滅する、というように考えているのではないか。私には、少なくとも原則としては、そのような基本的思考がドイツ人には潜んでいるように思われてならないのである。

## (四)

それでは、ドイツ人(さらには、おそらく欧米人一般)の社会関係は、どのようなものなのであろうか。私には、もっとも広い意味での目的によって形成される人間関係のように思われる。すなわち、人々は、自己の関心に従って、そしてそのかぎりでの種々の人間関係を形成してゆく。したがって、会合にしても、一般的には何らかの目的によって設定されるのであるから、その会合が終焉したからには(目的が果たされたからには)、その場で形成された人間関係も、原則としては終焉した、ということになるのではないだろうか。

そして、このような人間関係の場合には、自己の周囲に形成された各グループは、それぞれその目的が異なっているいじょう、直接的な関係はもたない、ということになろう。(二)で述べた体験に即して言えば、T君とは、その時点では、ドイツ語の添削という目的によって結ばれた関係であり、T君の女友達としては、私に挨拶をするいわれはない。どうも、そのようにでも考えなければ、私には辻褄が合わないのである。

事実、大学の助手達同士のつきあいをみていると、(非常にゆるやかだが大学の研究室にいる刻限が定められているので)帰りに、「ちょっと一杯」という機会は多いはずなのであるが、そういうことは、ほとんどないようである。そのことは、もちろん、ドイツでの交際の基本が、家庭に招いて妻をも含めてお茶を飲むかあるいは会食することである点とも関連しているであろう。しかし、それと同時に、ドイツ人が、勤務後は、自分の趣味に応じたクラブで活動したり、勤務先とは特に関係なく気のあった仲間との歓談を楽しむという点にも由来していると思われる。仕事先での関係は、ドイツ人にとり、単なるひとつの人間関係にしかすぎないのである。

＊　＊　＊

ドイツ人は、一般に酒好きだし、また大の話し好き(というより議論好き)である。特に夏ともなれば、路上に並べられたテーブルで、大ジョッキになみなみと注がれたビールをいとも軽々と飲みほしながら、談論風発の情景が、いたるところで繰り広げられる。他方、フランクフルトには、二千人とも三千人とも言われる日本人が滞在しており、日本料理店も二軒ある。そこを訪れるたびに、会社員風の日本人が会食しているのに出会うが、彼等の話題は、ドイツ人のそれとはおそろしく違う。日本人の場合、会社の業務、とりわけ上役と覚しき人の悪口が非常に多い。それに対して、ドイツ人の話頭に上るのは、圧倒的に政治(それにサッカー)のことである。

話は幾分それるが、ドイツ人は、本来的に政治論議が好きのようである。フランクフルトの旧オペラ劇場に演劇を見に行った時のことであるが、その談話室に大きな掲示板があり、その全面にビッシリと新聞の政治欄の切抜きとか政治上のアジビラのようなものが張ってあった。日本であれば、そのような場所に政治向きのことは似つかわしくないと感じられるのではないか。そこで、同行したドイツ人に訊ねたところ、「でも、劇場というところは、人が沢山集まりますからね」というのが、その答えであった。

それはともかく、こうしたことからも、退社後、日本人は勤務中と基本的には同一の人間関係の延長線上で生活しているのに対し、ドイツ人は、会社とは別に培われた(すなわち異なった目的のもとに形成された)人間関係のなかで、あるいは(仮に同僚だとしても)別の立場で形成された人間関係のなかで時を過ごしている、と言えそうである。

(五)

次に(一)で取り上げた問題であるが、ドイツ語の「アウフ・ヴィーダーゼーエン」には、一般に「さようなら」という訳語があてられている。しかし、実はこのドイツ語には、「行ってきます」という意味もあるのである。言うまでもなく、日本語の場合、この両語の区別は厳然としていて、日本人なら感覚的に誤用することはあり得ない。両語がもつニュアンスが、根本的に異なっているからである。

すなわち、「さようなら」という語が、他方で永遠の別離をも意味し得るのに対し、「行ってきます」という時には、当然「帰ってくる」ということ（「ただいま」という挨拶語）を前提としている。したがって、我が子が災禍によりもの言わぬ身になって戻ってくれば、「今朝、『行ってきます』とあんなに元気に家を出たのに」という嘆きが、母親の口から洩れることになる。さらに、そうした嘆きから窺えることは、その場合の「帰ってくる」という語が、単に場所的に一緒に生活しているという事実だけではなく、精神的心情的な一体感を覚えるほどの親密感すら含意し得るという点である。すなわち、「行ってきます」と言うとき、その戻ってくるべき場所あるいは相手は、発言者の本拠地・存在基盤としての意味あるいは発言者ともっとも細やかな親愛の情により結ばれた人々という意味をも付与されている。だからこそ、実子のように慈しんでいるにもかかわらず、貰い子が、「さようなら」と言って登校すれば、養い親の深い落胆を誘うことになる。「さようなら」という語には、身内の者には使用することのできない冷ややかさ、よそよそしさが付き纏っている。

さらに、「行ってきます」と「さようなら」とでは相手方の挨拶も異なってくる。

日本人のこうした挨拶語の用法あるいは挨拶の仕方とドイツで体験したそれとを比較すれば、左の表のようになる（ただし、別れる場合だけに限定した）。

| | 発言者（自己） | 対話者（相手） |
|---|---|---|
| 家人関係 | A.W.「行ってきます」 | A.W.「行ってらっしゃい」 |
| 友人関係 | A.W.「さようなら」 | A.W.「さようなら」 |
| その他　待合室 | A.W. ×又は会釈・目礼 | A.W. ×又は会釈・目礼 |
| 商　店 | A.W. × | A.W.「有難うございます」 |

A.W.：Auf Wiedersehen
×：挨拶省略

ドイツ語ではきわめてすっきりとしていて、すべて“Auf Wiedersehen”で済むのに対し、日本語はきわめて複雑である。この表だけに限っても、第一に相手が家人、友人、その他（商店の売り子等）に応じ、「行ってきます」、「さようなら」、省略ないし会釈・目礼の三通りの使い分けが、第二に家人相互の場合には、出かける人と見送る人とでは、「行ってきます」と「行ってらっしゃい」という使い分けが必要になる（家人関係の場合には、帰宅した時にも、発言者と対話者とは、それぞれ別の表現になる）。

日本語は、なぜかくも複雑なのであろうか。その原因は、どこにあるのであろうか。

＊　＊　＊

ところで、大野晋教授によれば、日本語の代名詞は、「ウチ」と「ソト」との区別に対応した明確な体系をもっているという。すなわち、コ系の代名詞（ここ・これ等）は、「話し手が自分のウチと見なすところを指す」ものであるのに対し、カ系およびア系の代名詞（かしこ・かれ等およびあそこ・あれ等）は、「ウチという輪の外のものを指す」（カッコ内の引用は、いずれも、大野晋著『日本語の文法を考える』岩波新書、七三ページ）のである。

ドイツに来て痛感したことのひとつは、日本人ないし日本文化を理解するうえでの、この「ウチ」・「ソト」という概念の重要性であるが、この概念自体は、やはり前述した日本人の社会関係の在り方に由来するものであろう。すなわち、その社会関係が自己を基点とする信頼性を規範とした同心円をなしているからこそ、自己からの親疎（一体性を感じる程度）に従って、「ウチ」と「ソト」とが区別され得るわけである。それに対して、ドイツのような、目的により糊付けされた社会関係であれば、極言すれば、ウチとは、目的設定者たる自己だけであり、それ以外は、すべてソトとなる。そこでは、親疎に従って連続的に形成されるウチ・ソト関係が成立する余地など、本来的にないとも言えよう。

さて、前述した日本人の挨拶語ないし挨拶の仕方の多様性もまた、同心円的人間関係における、このようなウチ・ソトという概念に対応するものではないかと思われる。すなわち、まず自己を中心としてそれと直接に隣接する外周部分は、自己ともっとも近しい関係にあり、いわば自己の本拠地ともいうべき核となる部分である。したがって、そこでは、出かける時にも戻ってくるべき場所として観念されるがゆえに、一方で、出かける者にも「行ってきます」と「ただいま（帰りました）」という使い分けが、他方で、出かける者と見送る者とに「行ってきます」と「行ってらっしゃい」および「ただいま（帰りました）」と「お帰りなさい」という使い分けが不可欠になる。

次に、それに続く外側の部分は、いわゆる友人・知人であるが、ここでは、挨拶当事者がいわば対等であるから、後者の使い分けは不要であるし、また前者に関しても、戻ってくるというニュアンスに対して中立的な「さようなら」「今日は」という挨拶語になる。そして、そのもうひとつ外側の部分はと言えば、それは、知己でこそないが同じ共同体に属しているという仲間意識（同胞意識）はあり、たまたまにせよ何らかの原因により席を同じくするような人々であろう。この部分に対しては、言葉は交わさず、単に会釈・目礼ぐらいにとどめておくことになる。ここで、日本人にとり、貴人から「お言葉をちょうだいすること」がいかに栄誉であったか、あるいは今でも栄誉であり得るか、ということを想起すべきであろう。さらには、かつては、貴人に対しては直接に話し掛けてはならず、お側の用人等に語り、伝達してもらうという形で間接的に会話が進行した、という点にも留意すべきであろう。こうした局面では、日本人にとり、言葉というものは大変な重さをもつものだったようである。逆に言って、知己以外のグループには、言葉を交わすこともなく、会釈等で済ますことになっても、異とするには当たらないであろう。

そして、さらにその外辺に至れば、これは、共同体には属さないのだから、いわば化外《けがい》の地の人々に等しいであろう。荒木博之氏によれば、日本文化の性格形成につき決定的な役割を果たしたばかりか現在もなお果たしつつあるのは、水稲栽培的共同体たる「ムラ」であるが、そのムラ境とは、単なる隣村との境界ではなく、自分達とまったくかかわりのない他界との境を意味していた。そのことは、例えば、ムラの外へと旅だつ人に与えた餞別を「ワラジ銭」と称したが、それは、死者の棺に入れる小銭の名称と同じであること、あるいはムラ境に立つ道祖神が人間界と霊界との境界を司る神でもあることなどに窺えるという（荒木博之著『日本人の行動様式』講談社現代新書、二八―二九ページ)。ムラ境の外は、いわば冥府の世界にも等しいと観念されていたわけである。したがって、そこでは、挨拶をする必要がないどころか、むしろその逆であり得る。少し違った側面があるものの、「旅の恥は掻き捨て」という心理も、そのひとつの顕れとみることもできよう。

(六)

それに対し、ドイツでは、「さようなら」という場合だけでなく、日本人なら「行ってきます」と言うべき場合にも、共に「アウフ・ヴィーダーゼーエン」と表現する。相手方も同じく「アウフ・ヴィーダーゼーエン」である。ドイツ語では、相手が、(日本人的にみれば)ウチに属する者であろうとソトに属する者であろうと、あるいは出かける者であろうと見送る者であろうと、言語表現上、何ら選ぶところはないのである。

私には、ドイツ語表現のこうした特色もまた、先に述べたドイツ人の社会関係の在り方に通底しているように思われる。すなわち、人間関係の形成がいわば(もっとも広い意味での)目的によってなされ、その原点があくまで「自己」である場合には、極言すれば、肉親といえども、自己の形成する人間関係のひとつにしかすぎないとも言えよう。もちろん、自己を囲繞する諸グループ間にはおのずと親疎の別があり、そのうち肉親関係は、もっとも基本的なものではあろうが、その一体感のゆえにともすれば自己喪失の危険すらある日本人のウチの観念に基づく関係とは、およそ異質なものではないか。

例えばドイツで知り合ったある大学生が自動車で登校してきたので、「君のこの車はすばらしいね」と声を掛けたところ、即座に、「この車の所有権は、僕ではなく父に属している」と訂正されたものである。また、これはドイツ人ではなくノルウェー人であるが、会話学校で知り合ったH嬢の招きでオスロに行った時にも、同じような体験をした。彼女の家庭はノルウェーではごく平均的な中産階級に属しているようだが、別荘を持ち週末にはそこで過ごすことが多いらしい。そこで、「別荘を持っているなんて、あなたが羨ましい。日本では別荘を持てるのは、ごく限られた人々だけです」と話したら、やはり、「あれは、しかし、父のもので私のではない」という反応がすぐに返ってきた。二人ともまだ学生であるから、私は、当然に、親のクルマであり親の別荘であることを前提にして、「あなた（の）」という表現を使ったのであるが、彼等にしてみると、そういう表現は、きわめて気になるもののようである。親のベンツをあたかも自分のベンツであるかのごとく利用して、ガールハントに励む日本人大学生の感覚とはおそろしく異なっているようである。

親と子との関係も、ドイツ（欧米）と日本とでは相当違っていることが、このことからも類推できそうである。

＊　＊　＊

ドイツのこうした人間関係にあっては、自我が早くから確立されていることが予想される。幾分寄り道になるが、この点についての私の経験を記そう。

フランクフルト大学は、ヨーロッパ諸都市の多くの大学と同様、大学と街との境が定かではない。校内の通りにしても、市民が日常的に利用しており、窓際の教室では、講義風景が自由に眺められる。しかも、開かれているのはそればかりではなく、大学の施設もそうである。例えば外国語のラボ教室である。多くの市民が気軽に利用しているが、あるとき、一〇歳ぐらいの少年が母親に連れられて訪れたことがある。その時、七、八人の利用者がおり、もちろん不躾に見るようなことはなかったが、しかしこのような年少者が来ることは異例なので、それとはなしの視線が彼に注がれていた。そのさいの少年の態度が、実に清々しかった。背筋がシャンと伸び幾分お尻が出たドイツ人特有の姿勢は、ゆったりと安定感があった。あの年齢の日本人だと、他人の目を意識すると、髪の毛に手を当てて妙にテレたり、逆に虚勢を張るものだが、彼にはそれがなく、たださすがに頬が幾分紅潮していたが、しかしそれとても、一層、少年の平静さを裏付けるものでしかなかった。実に見事な小紳士ぶりであった。

年端もゆかぬ少年があのように身を持せるというのも、ひとつには、早くから親離れし、自己を原点とした人間関係を形成する場に身を晒さざるを得ないからではないか。そのことは、繁華街に暫く立って親子連れを観察すれば、何となく得心がゆく。例外なく、手をとり肩を寄せ合っているのは夫婦であり、子供は、一人でその前後左右を飛び回っているのである。これでは、日本流の親子一体感が生じる余地などない。

そういう目で見ると、日本人の親の、とりわけ母親の子に対する密着ぶりは、異常というほかない。さらに、昨今の受験戦争の激化は、子供を机に縛り付けておくために、母親にすべてを背負いこませる。母親の意識としては、いわば銃後の守りを固めたのであり、そのことによって子供との一体感を享受するのであろう。しかし、こうした乳母日傘《おんばひがさ》で育った子供に、自我形成の契機が与えられないのも、当然のことである。そして、自己の道をみずから切り開けなくなったとき、その苛立ちを母親に向けて爆発させるのが、今日、問題になっている家庭内暴力であろう。

もっともドイツでも、最近は、若者の、親に対する反抗が問題化している。したがって、電車のなかで、「家庭内の暴力があったら、当協会に相談を」という広報が目に入ったとき、私は、てっきりドイツでも子供の家庭内暴力がここまで深刻化している、と早合点してしまった。しかし、よくよく読んでみたら、まったく逆で、親の、子供に対する暴力のことなのである。実際、親の子供虐待（Misshandlung）も相当の問題であるようだ。そのために子供のアル中も多いと聞いている。そのため、ドイツでは、こうした親の暴力がある反面、親に対する子供の暴力がみられるようになったのである。後者の激化のために、両親保護協会（Elternschutz-Gesellschaft）というような民間組織が存在するという。

以上のことは、雑誌・テレビ等からの読みかじり聞きかじりであるから、どの程度の拡がりと深刻さとをもっているのかは、私には定かではない。したがって、俄かに結論を引き出すのは危険であるが、それを承知であえて言えば、ドイツにおける子供の、親に対する暴力は、抑圧する親の自我に対する子供の自我の反乱、要するに自我と自我との対立という側面をも具えているのではないかと思われるのである。

そうだとすれば、自我喪失の裏返しである日本の家庭内暴力とは、およそ異質のものであろう。

そして、その原因は、人間関係の在り方の相違、とりわけウチ・ソト関係の有無に関連しているように思われるのである。

＊　＊　＊

いささか主題とは逸れ、独り歩きしてしまったが、ドイツ人の自我意識は、以上のように日本人のそれとはまったく異なる。そこでは、自己を巡る各グループ間には、もちろん、それなりの親疎関係があろうが、しかし、そのもっとも「親」の関係にある親子関係にしてからが、ともすれば自己埋没にまで至りがちな日本のそれに比べれば、「自己」を巡る一関係と言ってもよいのではないか。したがって、そこでは、親子関係でも友人関係でもあるいはその他の（「疎」に近い）関係であろうと、挨拶語としても何ら選ぶところはない、ということになろう。

そして、挨拶の根拠が親疎関係ではないいじょう、ドイツ語の挨拶語は、日本語のそれとは違い、より乾いた意味合いしかもっていないことが予想される。あるいは、より符号化されているとも言えよう。事実、ドイツ語には、その他にも、より符号化された言葉の交換が、日本より頻繁に行なわれている。それについての私の経験を述べよう。

私は、渡独した当初、多くのことに戸惑いを覚えたが、その逆に帰国してから暫くの間、まごつくことが多かった。そのひとつは、デパート等で買い物をし売り子に「有難うございます」と言われた時である。私は、何時も何か言おうと思って、しかし、結局「ウッ」と詰まって絶句してしまうのが常だった。日本語には、そういう場合に相応する適切な言葉がないのである。それに対して、ドイツであったなら、"bitte schoen"（ビッテ　シェーン）という実に便利な語がある。売り子に対してのみならず、一般に、"danke schoen"（ダンケ　シェーン）つまり「どうも有難う」と言われたら、必ず「ビッテ　シェーン」である。最初は戸惑ったが、使い慣れてみると、実に便利である。それに親しんだ立場からすると、日本では「有難うございます」と言われたとき、それに対する適切な立場がないので、なんとも半間《はんま》な気分になってしまうのだ。なにか返事をしたいのだが、「どういたしまして」ではいささか大仰になってしまう。とにかく挨拶を返さないと非礼になると思い、なにか言おうと思う。しかし、ない。そこで、「ウッ」ということになってしまうわけだ。

この「ビッテ　シェーン」という言葉は、辞書的な訳としては、一般に、「どういたしまして」とされているが、ドイツでの私の体験の範囲では、それのみならず、ごく軽い意味で日常茶飯に使われている。日本でなら、むしろ会釈・目礼さらには無視してよいような状況においても用いられているのである。もう二、三例を示すと、ドイツでは、エスカレーターを利用する場合、普通は右側に立ち、急ぐ人はその左側を通り越してゆく。これは、破られることも往々あるにせよ、かなり確立したルールと言ってよい。もし左側に立っていて、背後から来る人に気付き右側に身体をずらして通過させやすくした場合、通り越してゆく人の「ダンケ　シェーン」に対して、やはり「ビッテ　シェーン」で応えるのである。また、書店でもたえず耳にする。書店に行くと、店員が、"Kann ich Ihnen helfen?"（「お助けしましょうか」すなわち「何をお探しですか」）と言って近寄ってくるので、希望の書名を言えば、その所在棚を指示してくれる。そこで、「ダンケ」と言えば、やはり「ビッテ　シェーン」が返ってくる。

この「ビッテ」という返事をしないことは、ドイツ人にとり、不躾な行為のようである。しかし、前述の用例を考慮すると、その言葉自体は、特定の感情が込められているというよりは、むしろ、それから自由な、いわば中立的な表現なのではないか。事実、「ダンケ　シェーン」に対しては、“Nichits zu verdanken”（ニヒッ　ツ　フェアダンケン）というニュアンスの異なる表現がある。これは、字義どおりには、「感謝に値することではありません」というほどの意味であるが、実際の用例では、ひどく恐縮した場合とか丁寧に表現したい場合とかに使用されている。したがって、この言葉は、いわば価値的な表現であり、このほうが、むしろ日本語の「どういたしまして」というニュアンスに近いようである。「ビッテ　シェーン」は、それに比較すると、「言葉によって問い掛けられたからには、言葉によって応える」といった程度の意味しかないのではないかと思われるケースも多いのである。極言すれば、人間の社会関係を可能なかぎり言語化するために発生した表現なのではないか、さらにはその背後には、世界は言葉により埋め尽くされ得る、または表現され得るという確信が潜んでいるのではないか、というような印象すら受けたのである。

## （七）

私が、M老に対し、当初、「アウフ　ヴィーダーゼーエン」（グッド　バイ）と言って出掛け、帰宅にさいし「グーテン　アーベント」（グッド　イヴニング）とごく自然に言えたのにたいし、

三、四か月してからは、違和感を覚えるようになったという事実は、M老が、私にとり、「ソト」なる人から、「ウチ」なる人になってきたからであろう。

留学する以前には、日常生活面はまったく母に依存していたので、ドイツでの初めての単身生活には何かと不安を覚えていたのであるが、M老は、食事・洗濯・掃除を始めとして、文字通り何から何まで世話してくれた。その意味ではまったく不自由はなく、東京では母だったのが、フランクフルトでは祖父に代わったにすぎない、という按配だった。したがって、私がM老をしだいに「ウチ」なる人として感ずるようになったとしても、不思議ではないであろう。そして、それ以後、ドイツ語の挨拶語に違和感を覚えるようになったとしたら、そうした言語表現の相違や私の違和感が、日本とドイツとの人間関係の在り方の相違、文化の基本的な相違に由来していると言ってよいであろう。

とまれ、私が、留学前にドイツ語会話をかじったときには、この会話の相手は、言うまでもなく私にとり「ソト」にある人々であった。したがって、辞書通りに「アウフ　ヴィーダーゼーエン」（グッド　バイ）を「さようなら」、「グーテン　ターク」（グッド　アフターヌーン）を「今日は」とのみ理解し、そしてその理解に従って実際に使用しても、なんら不都合は生じなかったし、違和感を覚えるはずもなかった。またドイツに行ってからも、一軒家を借りていたなら、事情は、まったく同じであったろう。たぶん、両語に、それぞれ「行ってきます」（行ってらっしゃい）および「ただいま」（お帰りなさい）という意味もあることに深く留意することもなかったろうし、またそれらの挨拶語をウチなる人々に使ったときの違和感を感得することもなかったであろう。

したがって、日本人とドイツ人との社会関係の相違に思いを巡らすということもなかったにちがいない。

私がドイツで考えこの拙稿で纏めたことが、どの程度正鵠を射ているかはさておき、このような相違に思いを致す契機を与えてくれたことに対しても、私は、M老に感謝しなければならない。M老のご健康を祈らずにはいられない。

（『笠井研究会会報』第五号・第六号、一九八四年一一月・一九八五年三月）

# 身に付くということ――西ドイツの思い出

人間は、ひとつのいわば限界状況とでも言うべきものに身をおく時、その人が身に具えている特質が、おのずと発露するものである。

私は、西ドイツの留学中にしばしば旅行した。私のように会話力のまったく進歩しなかった者にとり、仮に西ドイツ国内であっても、旅行は、大変な消耗を伴うものであった。ましてやドイツ語圏外の諸国への旅行は、並大抵の苦労ではなかった。本拠地のフランクフルトであれば、言葉がいかに頼りなくても、街路名も商店の所在地もそして電車の路線も、身体が覚えていてくれる。そのかぎりで、日常生活には、さしたる不安はない。しかし、初めて訪れる異郷の地ともなれば、話はまったく別である。言葉の不自由さは、そのまま不安としてのしかかってくる。さらに一人旅なので、旅行している間中が、重圧感との闘いである。私の場合、ノルウェーに旅行したときが、その最たるものであった。

それは、鉱山町特有の、何かうら寂れた雰囲気をもつレロスというノルウェー中部の小都市に一泊してオスロに帰ろうとした朝のことである。オスロ行きの発着するホームには、既に何人かの人々が待っていた。しかし、列車の到着時刻間近になって、なにやらアナウンスがあった。もちろん、私には何のことやら分からない。しかし、そうこうするうちに、ホームに待っている人々が、しだいにいなくなっていった。こういう現象は、危険な徴候である。そこで、不安なままに、駅員に尋ねた、まずドイツ語で、次いで英語で。しかし、まったく分かってもらえない。だが、人間とは窮すれば通ずで、直ちにキップを見せることを思いついた。キップを見た駅員は、駅舎の外を指差した。その指先を目で辿ってゆくと、そこには、一台のバスが停車しており、車掌が既にドアを閉めようとしていた。他の駅員が大きな声で何かわめくと、車掌は、再びドアを開けて降りてきた。それに呼応して、くだんの駅員は、キップを私に手渡しながら、しきりに急げというゼスチャーをする。

いかに鈍感な私でも、どうやらあのバスに乗れということだとは分かった。しかし、はてどうしたものか、事情がまったく分からないのだ。列車は運行中止になったのか、それとも単なる遅延なのか、後者だとすれば、へたにバスに乗ったら、取り返しのつかないことになるかもしれない。それよりも何よりも、あのバスに乗ったとして、一体どこで下車したらよいのだ、そしてそこにはどんな事態が待ち受けているというのだ。皆目分からない。途方に暮れるばかりだった。しかし、駅員のせかし方は、既に有無を言わさぬ決断を迫っていた。こうなれば、もはや、運を天に任せるより仕方ない。エイ、とばかり荷物を持ち上げて駆け出した。と言うと、いかにも威勢がよさそうにきこえようが、実はそうではない。頭の天辺から爪先に至るまで、不安に戦いていたのである。「お母さん、私は、一体どこに行くのでしょうか」というのが、その時の私の偽らざる心境だったのである。そんな私の心細さに頓着なく、バスは発車した。それでも、道路が鉄道の線路に雁行しているときは、まだ良かった。しかし、道路が線路から遠ざかりはじめると、俄かに不安が頭をもたげ、そして再び線路が見えると、ホッと安堵の息を吐いた。私は、ノルウェーでも、その寡黙な風景の美しさに打たれ、下手なドイツ語で詩もどきを書いた。しかし、この道程ばかりは、どうにも思い出せないのである。

さて私の悪い癖で、当初は確かに合宿のための一文を草するつもりでいたのだが、どうやら、筆が独り歩きしてしまった。山本リンダ風に言えば、「どうにも止まらない」という状況である。しかし、当初の意図にいずれ引き戻すつもりではいるので、まあ、これも「運命」とあきらめて、いま暫く、付き合ってほしい。

要するに、言葉のままならぬ異郷の地での一人旅とは、言ってみれば、こんなこととの連続なのである。この拙文を読む諸君には、いささか胸のドキドキする冒険譚のように思えるかもしれないが、当事者のそのときの心境からすれば、もう「生きた心地がしない」というのが実相である。今にしてみれば懐かしい思い出話であるが、その当時は、もう旅行などコリゴリだ、と一途に思いなしたものである。これと言うのも、フランクフルトに落ち着いて研究に専念していればよいのに、やれ遊学だ、やれ留学（学を留める）だと屁理屈をこねて旅行に来た天罰だ、と心から改心したものである。しかし、フランクフルトでしばし平穏な生活が続くと、再び旅心が芽生え、道祖神の招きに取るものも取りあえず、旅の計画を練り始めるというのは、私の意志の弱さのしからしめるものなのであろうか。それとも、シンドバッドのごとき好奇心の、ひいては若さの発露とでも言うべきなのであろうか。

閑話休題。以上は枕詞であり、本題は、ここから始まる。このようにして、フランクフルトに帰り着く列車のコンパートメントの一隅に身を埋めるときには、心身ともに疲労の極にあるのが常だった。車窓の風景を見るとはなしに眺めつつ、望郷の思いに涙が溢れんばかりになったことも、一再ならずあったものである。

そういう、いわばひとつの限界状況にあるときに、私はあることにふと気付いた。それは、私が何時の間にか座席のうえで正座していることであった。田舎のおばあちゃんが山手線の電車の座席でチョコナンと正座していることを想像してもらえばよいであろう。私は、どういうわけか、正座の習慣に馴染んでいた。足のしびれは未だに苦痛ではあるものの、姿勢あるいは呼吸の点からは、例えばあぐらより正座のほうが、はるかに楽なのである。日本の自宅でも、私は、デスクと回転椅子とを利用しているが、疲れたさいには、回転椅子のうえでよく正座する。このように、正座というのは、留学以前から久しく、私の生活の一部になっていたわけである。

ドイツに留学したときにも、前記のような疲労困憊の状況になったとき、覚えず知らずその正座の習慣がでたものらしい。そのように考えると、身に付いた習慣とは、実におそろしいものである。それが身に付いたものであるかぎり、自己の意志とは無関係に、おのずと顕れるのである。逆に言えば、身に付いていないかぎり、顕れようがないということになる。鈴木教授によれば、こうした習慣は、「隠れた文化」というのだそうである（鈴木孝夫著『ことばと文化』岩波新書）。日本人と西洋人とのスプーンの使い方の相違がさしずめその好例で、同教授によれば、西洋人は、スプーンを顔と直角になるように近づけ、その先端から飲むのに対し、日本人は、スプーンを顔に平行に近づけ、その横に口をつけて吸い込むようにして飲むのだそうである。要するに、日本人は、無意識のうちに、箸の使い方を応用しているということであろうか。これは、きわめて正鵠を射た指摘である。私も、滞在中、スープを飲んだとき、よくたらしてしまったが、それも、このような日本人的なスプーンの使い方によるものであろう（本書は、かつてゼミナールの読書会で取り上げたが、種々の示唆に富んだ名著であり、現役生諸君にも一読をお薦めする）。

要するに、ここで私が言いたいのは、自覚していないがしかししっかり身に付いた習慣の積み重なりが、一国の文化を形成し、一個人の人間総体を規定している、ということである。

ゼミ生諸君は、将来、何事かをなし得るという自信に溢れているであろう。それはそれで、大切なことである。しかし、冷静に考えれば、なし得ると当人が思っていることと、現実になし得ることとは、まったく別のことである。とりわけ、いわゆる「目立ちたがり屋」の傾向のある現代っ子には、この懸隔は拡大しつつあると言ってよいであろう。なぜなら、現実になし得る力を身に付けるためには、実は、目立つこととはおよそ対極にあるきわめて地味で孜々《しし》とした営為が不可欠だからである。そうした営みのうちにおのずと形成される「何か」こそが一個人の「力量」を形成するのである。一個人にとって自覚的になし得るのは、その「努力」だけであって、「力量」の形成そのものではない。「力量」とは、そうした「努力」の果てに、おのずと身に付くものであり、ひとつの結果なのである。

そうした過程を経験していない諸君が今もっているかにみえる「自信」なるものは、いわば幻想であり錯覚でしかない。ゼミナールは、真の力量を身に付けるためのひとつの修行場と言えよう。そして、夏季合宿は、そうしたゼミナール活動の中核をなす営みなのである。前期のゼミナール活動は、いわば合宿のためになされたと言ってもよく、その意味で、合宿の成否は、一方で前期のゼミナール活動のバロメーターであり、他方で後期のゼミナール活動の水準を規定するのである。ここに、前期と後期とのゼミナール活動を結節するものとしての夏季合宿の重要性が認められるのである。

また内容的にも、学期中のゼミナール活動とはまったく様相を異にしている。学期中の場合には、まず第一に、教室使用の制約がある。したがって、どうしても得心のゆくまでの議論がなされぬままに、打ち切りとなってしまうことが多い。次週に持ち越されたとしても、その間の一週間という時間的断絶はあまりにも大きい。その点、合宿は、そうした制約からまったく自由というのではないが、かなり解き放たれているので、論議は、気力、体力、知力の限りを尽くして、行きつくところまで行く。そういうときに顕在化する気力、体力、知力こそが、その時点で各人が具えている掛け値なしの力量なのである。そうした掛け値なしの自己の力量を確認しておくことが、諸君の今後の発展に繋がるのである。

ともあれ、諸君には、万全の準備をなして合宿に臨むことを、心から望みたい。そして、今年度こそは、合宿コンパで、美味き酒を酌み交わしたいものである。

(『一九八五年度夏合宿栞』一九八五年七月)

# Ⅷ　いろいろ書いてみる

# 複写文化について

最近、試験監督をしていて目に付くことは、持込可の場合、コピーを持込む学生がとみに多くなったことである。さらに、講義の出席者が少なくなったことや、授業でノートをとる学生がめっきり減少したということも、しばしば耳にする。これらも、奇特にもよく出席し克明に書き取る学生のノートを、期末に複写すれば事足りる、という発想に由来するものであろう。今や、(映像文化と並んで) 複写文化という背景を抜きにして、現代の学生生活を語ることは不可能のようである。

複写文化が余暇をもたらしたという理解とか、それに基づく複写への安易な依存とかほど、現在の世相の浅薄さを物語るものはないが、ここでは、それには深入りせず、「複写」それ自体の意味を尋ねてみることにしよう。

等しく「写す」という語により表現される営みにも、少なくとも次の三者が識別され得る。まず第一には、臨写・模写などのように書き写す行為、すなわち書き移すことである。手写という語もあるように、それは、文字通り手を用いて「移す」という人間の身体的営みであるが、同時に、指先の感覚と大脳との密接な関連を通して思考作用と結び付いている。書き写すことが我々の思考と深い関連にあることは、経験的にもきわめてよく理解できる。

第二の「写す」とは、写真などのように、器具を用いて真実ないし事実を映す行為である。フィルムでの映像化現象はカメラが行なうのであるから、そこには「移す」という人間の身体的営みがあるわけではない。いわばカメラが「移す」のであって、人間の立場からすれば、フィルムに「映る」という単なる光学的現象が生起するにすぎない。したがって、フィルムでの映像化自体は、けっして認識行為ではない。しかし、何をどのように切り取るかは、主体たる人間の選択行為であるから、フィルムの映像を真実ないし事実として認識する営みは、人間の側にある（写真が視覚言語とも言われるゆえんである）。活写という語があるが、視覚の選択により対象を活き活きと摑み切るところに写真の生命があり、その根底には、オリジナルへの限りない憧憬が潜んでいる。

そして第三は、複写のように、複製を作り出す「写す」という現象である。言うまでもなく「移す」のは複写機であるし、単に一年間分の講義ノートを複写する場合であれば、そこにはもはや主体の選択行為もない。したがって、複写されたものは、一年間の講義ではなく、その影にしかすぎない一年間分の講義ノートである。すなわち、複写とは、オリジナル（実在）の影を化学的に複製する現象にすぎず、そこでは影（虚像）が独立的に歩み始めたのである。

私は簿記論の講義を担当しているが、最近痛切に感ずることは、成績の、上下への両極分解である。簿記は、内容たる会計を記録する技術的用具であるから、多くの規約のうえに成立している。そのため、規約の階層においてその前段階までの約束事を習得しておかないと、次に至ったときまったく理解できなくなるという事態も生じ得る。ちょうど数学において、自然数から整数・有理数・実数を経て数の全体系を会得するには、その各段階をひとつずつ習得することが不可欠で、どの段階をもゆるがせにできないのと同じである。

したがって、簿記論はもともと成績が分極化しやすい科目だが、最近の激化の傾向は、よく出席し丹念に筆写した者と期末に一括複写した者とのひらき、すなわちオリジナル（講義）への接近度合いの質的相違を端的に示すものであろう。

日本には、古来から、写経という営みがあるが、その書き移すという行為には、経典の心を悟得しようとする、祈りにも似た思いが込められているにちがいない。その点、複写という現象それ自体によっては、オリジナルに接近することは原理的に不可能なのである。

およそ目隠しをして撮った写真は、即物的には写真であっても、人間の営みの結果としての写真ではない。また、書物の購入とその内容的理解とは同じではない。これらのことは自明であるのに、講義の場合には、なぜ、ろくに出席もせずしかもノートを書き写すでもなく、期末に単に複写することにより事足りるような誤解ないし錯覚を抱いてしまうのであろうか。

このような筆写の回避と複写に対する安易な依存とは、人間の思考力を退化させているのではないだろうか。やはり最近学生と話していて気になるのは、当方の「なぜか」という反問に対して、「だから……」「結局……」「やはり……」と言って、そのまま絶句するか又は結論をおうむ返しする学生をまま見受けることである。要するに、前提と結論とを感覚的に結び付けるだけで、その間の論理を埋められないのである。つとに指摘されている思考の短絡化ということも、あながち複写文化と無縁ではあるまい。もっとも、「やはり」「だから」という語は、日本語さらには日本人の特性を示しているという理解もあり、もっと根深いものがあるのかもしれないが、複写文化が思考の短絡化を増幅しているのも事実であろう。

米国でも、複写の利用による思考力の衰弱化が指摘され、必要なとき以外はなるたけ使用しないことが提唱されているようである。本来、人間の便宜のために人間の思考力により案出されたものが、人間の思考力を衰退させているとは、まことに皮肉なものである。

ロボットなる語を造語したチャペックは、人間が自己の便宜のために造り出したロボットが、逆に人間を滅ぼしてしまう物語を描いている。問題の次元や状況は異なるにしても、この警鐘は、複写文化にも当て嵌まる面がある。

もって銘記すべきであろう。

（『慶應義塾大学報』第八二号、一九七七年八月）

# 表現形式としての「マンガ」に関する一試論

「『マンガ』って何だ」ということを、マンガの「意味」と理解しますと、マンガの定義や固有の意味としての論理的意味・心理的意味の検討が必要になります。しかし、それらに従って系統的に述べることは、記号論・言語学の知識が不可欠ですので、門外漢の私には、とうてい不可能です。ただ、便宜、ストーリーの展開を目的とする物語マンガとそれ以外のマンガ（一齣マンガ、諷刺マンガ等）とは区別しておきたいと思います。

いずれにせよ、私はその道の専門家ではありませんので、これからの話は、きわめて感覚的です。また、私は外食の折にマンガをよく見ますが、現在発行されているマンガに比べれば、もちろん、九牛の一毛にしかすぎません。したがって、特殊性を一般化してしまうおそれがあります。そうした独断については、お許しいただきたいと思います。

## （一）物語マンガとマンガ形式

石子順造氏が、ある評論で、「じっくり作品（マンガ）を読み終えると……」と表現されていましたが、それを読んだとき、私は、あるひっかかりを感じました。というのは、私には、マンガは、「読む」というより「見る」という表現のほうが適切に思われるからです。もちろん、読むという言葉を単なるひとつの符牒とみなせばそれまでのことですが、これまで、「マンガを論じる人達は概してストーリーやその思想を論じることが多くて、絵について論じることは少ない」(渡辺一衛氏)という事情を考えますと、マンガを読むという表現は、現状を端的に意味しているとも思えるのです。

一体、マンガとは、本質的には、言葉を「読む」ものなのか、それとも絵を「見る」ものなのでしょうか。

少なくとも物語マンガの場合は、そこに描かれるストーリーが問題になりますので、言葉の比重が大きくなります。例えば、白土三平の『忍者武芸帳』において、影丸は、「われらは遠くから来た。そして遠くまで行くのだ」という有名なセリフを残して処刑されます。そして、この言葉による表現を通して、影丸の、さらには白土の思想や歴史観が明確に理解されるに至ります。この場合、絵だけであったなら、そのような思想の明確な把握は、困難でしょう。したがって、言葉は物語マンガの本質的要素であり、マンガとは、言葉を読むという行為に近くなります。

しかし、このように、描かれる思想それ自体あるいはそれを担う人間像それ自体が重要であればあるほど、したがってその理解に言葉の比重が増せば増すほど、私には、なぜ、その内容を、絵と言葉とを配合したマンガという形式によって表現するのか、という点に興味が湧いてくるのです。さらに言えば、それは、マンガ形式でなければならないのか、あるいはマンガ形式によってしか表現できないものなのか、という点です。

團伊玖磨氏は、音符と文字との関係についてですが、次のように述べています。

「音符がどうしても果たせぬものを文字はいとも簡単に実現してしまうし、又逆言すれば、何万の文字を以てしても説明出来ぬ一瞬の感性を音符はいとも簡単に実現出来るのだ。いとも単純な増三和音の響きを文字は如何にしても説明出来ない。又何万の音符を構成しても〝犬〟というものを音楽は聴衆に伝えられない。」

音とか言葉とかのシンボルは、それぞれ一長一短あるわけです。そこで、ごく素朴に考えて、物語マンガが言葉を読むものであり、主としてそれによって作品の意図が把握できるのなら、あえて、絵を含むマンガという形式をとる必然性はあるのでしょうか。逆に絵を中心とするものなら、もっぱら絵をして語らしめるべきであって、言葉の使用は、絵の使い方の敗北、さらには絵そのものの敗北なのではないでしょうか。

物語マンガにおいて、言葉と絵とを併用することの意義は何なのでしょうか。きわめて単純なことですが、これが、私のマンガに対する問題提起です。

## (二) 絵と言葉との関係

一体、マンガでは、絵と言葉との関係をどう理解したらよいのでしょうか。そこで、絵と言葉とを併用するジャンルにおける両者の関係を考えてみましょう。ただし、同じ平面にあったとしても、言葉と絵とが、共に鑑賞者の視覚に訴えるとは限りません。例えば絵本の言葉なども、本来は、母親が子供に読んで聞かせるための文字であり、絵を見る者の視覚にではなく、聴覚に訴えるためのものと思われます。この場合には、絵と言葉とは、視覚と聴覚という機能分担をする関係にあると言えます。いわば紙芝居的世界です。

しかし、マンガにおける言葉は、読者が黙読するためのものですから、そこでの絵と言葉との関係は、絵本におけるそれとは違います。そこで、絵と言葉とが共に視覚に訴える場合ですが、次のようなふたつの関係があり得るように思われます。まず第一は、絵と言葉とが融合・分担するのではなく、それぞれの固有の形式で同一対象を幾重にも描写する重層的関係が考えられます。そして第二は、両者が何らかの形で分担し合い、全体としてひとつの描写をする、分担関係です。

## (イ) 重層的関係

これには、例えば俳画などがあります。もともと漢字は、事物を象《かたど》ったものですから、一種の絵と言えます。ですから、漢字かな混じり文たる日本文は、黙読することが比較的に容易であるといわれています。ちなみに、印欧語では、言葉は発声と密接に関係していますので、文字を見る場合も発声を伴っており、したがって、黙読は、一定の訓練を経て始めて習得されるそうです。このように、日本語は、書き言葉が話し言葉から相対的に独立していますので、絵と言葉とが、本来的に同居し易い性質をもっています。

ところで、絵というのは、線と色とによって、事物の諸関係をシンボライズするものですから、対象を全体的に表現することになり、その解釈につき、多義性を帯びることになります。それに対し、言葉とは、元来、対象の一属性を取り出し、その表象に与えたシンボルですから、対象を個別的に分節化します。そのかぎりで、絵などに対し、一義性があると言えます。ただし、そうした言葉を綴り合わせた場合、散文と俳句等の短詩型文学とでは、性質がかなり異なってきます。文字数が極度に制限された短詩型文学は、一語一語の言語空間を膨らませなければならず、そのため、切れ字等の技法を用いて、いわゆる余韻を作り上げることになります。

芭蕉の「いひおほせて何かある」という有名な表現は、正に俳句の本質を衝いており、西欧文学における、ありとある言葉を駆使して「言い尽くそう」とする態度とは、対蹠的です。字数を五・七・五にまで切り詰める、そして、その一語一語の「間」に最大限の意味空間を設定するわけです。しかし、それだけに、その間にいかなる意味を投入するかについても、かなり大きな幅が生ずる余地があることになります。

この点につきよく引き合いに出されるのは、去来の「岩鼻やここにもひとり月の客」という句の解釈です。作者の去来が、「名月に乗じ山野吟歩し侍るに、岩頭又一人の騒客を見付けたる」と述べたところ、師の芭蕉は、「ここにもひとり月の客と、己と名乗り出でたらんこそ、幾ばくの風流ならん。ただ自称の句となすべし」と言ったそうです。すなわち、去来が、「自分が名月を見に行ったら、岩鼻に月を愛でる風流人が既にいたことよ」と解釈したのに対し、芭蕉は、「岩鼻で、私という風狂人が月を愛でていることよ」と解釈すべきであるとし、そして、作者の去来自身が、芭蕉の解釈は自分より数段勝っている、と認めたのです。
これは、正に俳句の在り方の本質を言い得ています。作者と読者との関係は、近代文学にとっても重要な問題ですが、その点、俳句では、作者の作意すらひとつの解釈にすぎず、しかも必ずしも最善の解釈とは限らないわけです。言い換えると、作句時に居合わせなかった読者が、そこに最善の解釈を投入できるほどに、一語一語の間が大きいわけです。その意味で、多義性があると言えます。

このように、俳句にしても絵にしても、その解釈につき多義性があります。したがって、両者を重ね合わせることによって、俳画は、微妙なイメージの形成が可能になると言えます。ここでは、絵と言葉（俳句）とが分担してひとつの世界を構築するのではなく、両者が、それぞれ相対的に独自の世界をもちつつ、オーヴァーラップすることによって、ひとつの世界ができあがるのです。

しかし、物語マンガにおける言葉は、ストーリーの展開に関連していますが、典型的な抒情詩である俳句では、ストーリーを描くことは不可能です。したがって、俳画における絵と言葉との関係は、物語マンガのそれには、当て嵌まらないと思います。

**（ロ）分担的関係**

これは、絵と言葉とが、それぞれ自己の表現形式に適した対象を分担して表現し、相互に補い合う関係です。

絵と言葉とは、表現形式として、それぞれ長所短所をもっています。私は、学生の頃、小説を読んでいて、風景描写のくだりになると、どうにも退屈で辟易してしまったものです。これは、言葉の流れからその表現対象を復元する感性が、私には乏しいことによるのですが、しかし、ひとつには、言葉から空間を想像することが、本来的にかなり難しいことにもよるのではないかと思います。言葉を読むということは、分割された対象を、言葉の順序に従って組み立てることです。したがって、それは、部分から全体に至る認識であり、かつ時系列的な認識です。こうした特質は、論理的過程・時間的過程の表現には適しています。しかし、われわれの空間認識は、全体把握的（対象を直覚的にひとつの包括的な事物として把握する方法）であり、いわば無時間的です。したがって、言葉から空間を再構成することは、本来的にかなり厄介な作業です。その点は、絵であれば容易です。

そこで、絵は空間描写、言葉は論理過程・時間過程の描写というような分担関係が考えられます。ただし、それにも、両者が対等に分担する補完的関係と、分担に軽重の差がある補足的関係とが一応は考えられます。

しかし、このうち補完的関係がマンガに成立することは、かなり困難です。私には理論的にうまく説明できませんが、私の体験から申しますと、マンガを読んでいて、言葉を読むことと絵を見ることとが、私にはうまく繋がらないのです。両者は、合体してひとつのイメージを形成するというより、むしろ、排斥しあっているかのようなのです。

絵を見る場合、私はそこに何が描かれているのかを理解しようとしているのですが、その状態を言葉で表現しますと、「感じとろうとしている」「思い巡らしている」「作者の心を尋ねている」という感じです。それに対し、言葉を読んでいる場合には、前にこう書いてあったが、それとここに書いていることと本当に結びつくのかなどと、その論理関係を追っています。もちろん、その場合にも、最終的には、内容を「感じとる」のであり、作者の心を「尋ねている」のでしょうが、直接的には、絵を見ることとは明らかに違います。

私には、この両者がうまく溶け合わず、いずれかへの興味に分散し、どちらかだけを追っているのです。例えば絵を中心に見ますと、言葉の存在自体が煩わしくなります。言葉は、絵のイメージを薄っぺらなものにしがちなだけではなく、さらにイメージの形成それ自体に干渉すらします。

補完的関係がマンガに成立すれば、マンガの新生命が拓かれるのでしょうが、今述べましたように、私の実感では、かなり困難です。となると、マンガにおける絵と言葉との関係は、補足的関係と思われます。これにも、絵が主の場合と言葉が主の場合とがあります。

マンガでの関係は、本来絵が主である補足的関係ではないかと私は思います。この場合には、両者の関係は、絵の多義性に対して、言葉が解釈の方向付けないし限定付けを与えるということになるでしょう。しかし、そのさい、解釈の限定付けそのことが重要なのであれば、最初から言葉を使用すればよく、本来的に曖昧な性格の絵をあえて使用する意義は少ないとも言えます。そこで、言葉は、絵の多義性を本質的に損なわない限りにおいての限定付けとして、使用されるべきことになります。ここでは、対象の描写は、基本的には、絵が請け負っているのですから、言葉は少ないほどよく、極言すれば、絵の描写力が充分なら、言葉は、さして必要ないことになります。言葉の多用は、絵の敗北に繋がります。こうした絵と言葉との関係の場合には、マンガ固有の意義が生じるのではないでしょうか。この系列に属すると思われる林静一の『赤色エレジー』とか永島慎二の『新雨月物語』とかに、小説などの言葉だけによる作品では味わえない何かを感得できた、という感じを私はもつのです。

それに対して、ストーリーの展開それ自体を企図する場合には、どうしても多くの言葉が必要です。したがって、物語マンガは、言葉が主である補足的関係としてみるのが妥当のようです。しかし、そうしますと、物語マンガは、もっと言葉中心になるべきですが、そうなると、現在の物語マンガとはずいぶんイメージが違ってきます。さらに突き詰めると、この典型は、小説と挿絵との関係ですから、この類型としての物語マンガがマンガの範疇に入るのか、疑問が生じます。

このように考えますと、マンガとしてはストーリーものは不向きであり、もし物語マンガが成立するとしたら、それは、既にマンガではなくなっていると言えそうです。

ただ問題は補完的関係の成否ですが、理論的には私にはよく分かりません。また、これは表現形式についての話ですから、物語マンガにおける新しい人間像の造形化それ自体までをも否定するものではありません。

## (三) マンガと大学生

大学で学ぶべきは、言うまでもなく科学ですが、それは、分析を通じて得られた体系的かつ正確な知識のことです。それが分析を通して得られるものであるいじょう、対象が分割され、概念として把握されなければなりません。体系的知識であるからには、ここの概念につき論理的操作が可能であり、ある基本的命題から他のすべての命題を導出し、そのうえでひとつの全体像を描けなければなりません。そして正確な知識であるためには、それらの概念が特定の対象(についての表象)と一意的関係をもつことが必要です。

そのために、科学は、一般に言語によって記述されます。すなわち、対象の構成要素のそれぞれにつき個別的に与えられた名前が言葉ですから、言語は、ひとつの完結体としての語彙があります。したがって、言語を用いれば、対象は、名前によって分割され個別的に把握されますので、言語は、分析手段たり得ます。そして、その語彙が、意味論的に、対象(についての表象)と一意的に関係づけられているかぎり、言語は、一応、正確性をもっています。また文法によって、それらの言葉は論理的に操作され、ひとつの全体像を描くことができます。

それに対して、絵は、言語ときわめて対蹠的な性格をもっています。すなわち、それは、対象の諸関係を、線と色とによって、全体として描くものですから、対象は、基本単位に分割できません(すなわち語彙がありません)。そして、それらの諸関係相互を、またその絵と他の絵とを、論理的操作により組み合わせることは不可能です(すなわち文法がありません)。さらに、他の単位による定義が可能ではありません。それらの結果として、ひとつの全体としての絵の解釈は、一義的ではないので、絵は、一意的対応という意味での正確性もありません。

絵と言葉とは、共に対象についての観念を指示するシンボルですが、その性格は、以上のようにきわめて相違しています。したがって、当然のことながら、絵によって科学を記述できないばかりか、その発想を異にしています。

ところで、現在、大学生の読書生活に、マンガとりわけ物語マンガが相当の比重を占めてきているようですが、それは、他方の活字離れ・文字離れと関連していると思われます。このこと自体、既に述べた言葉と絵との本質的相違から、大きな問題ですが、さらに、もし言葉だけの小説は読むのが面倒くさいので、その代用として、きわめて少数の言葉で手軽にストーリーが摑めるマンガが読まれているとしたら、状況は、一層深刻です。

もちろん、マンガが弊害ばかりだというのではありません。言葉は、一方、物の属性を一面的に捉えるものですから、どうしても偏りが生じます。他方、伝達の役割を果たすために公共性が必要なので、言語的表現は、ともすれば通俗的になりがちです。

その点、マンガは、その鋭い諷刺や小味の利いた諧謔によって、言葉のそうした独善性・通俗性に制約されがちな人間の認識を打ち破り、世界の新しい見え方を提示することが可能です。例えば佃公彦の四齣マンガには、実にほのぼのとした味わいがあります。言葉で表現してしまえば何の変哲もない、動植物に対する思いやり等が、彼のマンガを見ていると、そくそくと胸に沁みてくるのです。従来、日本では、活字文化偏重のため観念的思考が中心でしたが、イメージによる思考も重要だと思います。

ただし、それは活字文化が基調であることを前提にしての話であって、もし大学生の多くが、漫画的発想を中軸に認識の世界をもっているとしたら、由々しき問題です。大学生活の本義に立ち戻り、活字・映像（マンガ等）の意義を再検討すべきだと私は思います。

（シンポジウム「マンガって何だ!?──マンガの問題性と可能性」

（慶應義塾大学大学生活懇談会（一九七九年六月一三日）の講演草稿）

（付記）一九七九年六月一三日（水）に開催された、慶應義塾大学大学生活懇談会主催のシンポジウム「マンガって何だ!?──マンガの問題性と可能性」に、余儀なく講師として参加したが、本稿は、そのための心覚えとして纏めておいた草稿である。当初は、その企画立案の相談に乗るだけという約束で参画したのであるが、講師として予定した教員の方々に相次いで断られてしまったために、やむなく、自分自身が講師を引き受けざるを得なくなってしまったのである。わが身の不運を嘆きながら、やむなく一か月ほど、関連文献の読破に専念した。そうした一夜漬けの俄か勉強ではあったが、こうしたことでもなければ手にしないような文献をも読了し、いささかながら視野が拡ったような余慶を覚えたものである。

しかし、現時点で読み直すと、論旨が明確ではないばかりか、あまりに稚拙であり、掲載するには忸怩たる思いがある。本来ならば、大幅に書き直さなければならないものではあるが、しかし、現在その余裕がないこと、および前記の経緯から私にとっても懐かしい拙文なので、あえて当時の草稿のまま掲載することにした。

# 公共的会計人の意義

近年、公認会計士・税理士等の資格の取得を志す塾生・塾員がとみに増加しているが、この小冊子は、そうした諸君に資する目的で編まれた。まず公認会計士を例にとり、その社会的意義をみておこう。

（一）

複式簿記さらには会計は、経済社会の発展に多大な貢献を果たしてきたが、とりわけ資本主義社会の生成・発展とは深いかかわりがある。言うまでもなく、この資本主義社会というのは、個々人がそれぞれ独自に創意工夫した活動を行なえば、見えざる手に導かれて社会は全体として調和する、といういわゆる予定調和説あるいは自然法思想を基本的理念として生成した。それだけに、そこでは、近代的自我の形成がその前提条件となるが、それを経済的側面からみれば、私的財産権の確立ということになる。つまり、ともすれば対立しがちな自由と平等という理念のうち、主として個人の自由に力点のおかれる資本主義経済にあっては、自己の判断に従って自由に意思決定できるような、すなわち神からもあるいは封建領主からも自由である主体の確立が不可欠であるが、私的財産権の確立は、正にその制度的基盤となったのである。

こうした財産の私的所有に基づく活動の創造性・卓越性は、ロビンソン・クルーソーの中にきわめてヴィヴィッドに描かれている。すなわち、ただみずからを恃みとして、目的と手段との関係を細心に探りつつ、自己の人生を切り拓いてゆくのである。今日ですら、ただ伝統的にそうなっているからという理由だけで、訳も分からずに行動することが少なくないことを思うとき、ロビンソン・クルーソーの、徹底的に目的と手段との関係に基づいた行動は、きわめて革新性を帯びていたと言えるのである。それは、良き意味での資本主義的な経済人（ホモ・エコノミクス）の原型であった。

そうした目的と手段との関係づけがいわゆる目的合理性であるが、それを数理的に把握すれば、さらに的確な行動が可能となる。そのように計数的に把握された目的と手段との関係づけは、とくに形式合理性といわれるが、複式簿記ひいては会計は、正に、私的財産の把握手段としてこうした形式合理性に導かれて生成したのである。

ちなみに、複式簿記あるいは会計と資本主義経済の発展との深いつながりを洞察していた経済学者ゾムバルトは、複式簿記と資本主義との関係を内容と形式との関係になぞらえつつ、資本主義がその効果的な用具として複式簿記を創り出したのか、それともその逆に複式簿記の精神から資本主義が生まれたのか、定め難いという趣旨のことを述べている。

以上のように考えれば、複式簿記ひいては会計が、資本主義経済の成り立ちさらにはその存立にいかに深くかかわっているか、ということが理解できよう。

（二）

しかし、以上のことは、理念レヴェルにおける意義であって、その域にとどまるかぎり、現実的には、簿記・会計、したがってそれらの携わる会計人は、しょせん、個々の企業に対する私的な役割を果たすにすぎない。しかし、株式会社の発展は、会計人をそうしたプライヴェートな役割にとどまることを許さず、パブリックなそれをも課すこととなった。つまり、株式会社というのは、必要な資本額を小口の株式に細分化することによって、零細な一般投資大衆から巨額な資金を調達し得る経営体であるが、それだけに、この一般投資大衆は、株式会社の運営自体にはまったく関与できず、ただ株式の売買という手段によってしか自己の意思を表現できないことになる。株式会社が国民経済の担い手となるにつれ、こうした一般投資者層は市民社会のすみずみにまで拡大し、ここに彼等の利害をどのように保護するのかということが、本質的に重要な課題として浮かび上がってきたのである。そして、その重要性を直接的に認識させたのが、周知のように一九二九年の世界大恐慌であった。その時に大損害を受けたのが、企業の活動内容について正確な知識を持ち合わせていない彼等一般投資者層であったため、彼等が企業の経理内容につき判断できるような資料の提供、しかもその妥当性に一定の検証を経た資料の公開が必然的に要請されるに至った。そのことなくして、国民経済の健全な発展を期し得ないことが、一般に理解されるようになったのである。ここに、経理内容の妥当性の検証にかかわる監査というものが、ひとつの社会制度として生成し、そしてそれを担当するものとして公共的な会計人、いわゆる公認会計士が出現したわけである。それは、とくにアメリカにおいて著しい発展を遂げた。同国では、個人の創意に充ちた活動の自由を尊ぶ気風が強いが、そのことは、他方、活動の結果についても、個人が責任を負うべきことを意味する。したがって、例えば老後の生活にしても基本的には各人がみずから対策を講ずべきものと考えられており（少なくとも当時は社会保障制度は、アメリカでは未発達であった）、その重要な手段が証券投資だったのである。一九二九年の世界大恐慌による証券価値の暴落は、その意味でもアメリカの社会秩序の根幹にかかわる危機であり、監査の著しい普及をもたらしたのである。

以上のように、公認会計士の成り立ちは、そもそもパブリックとのかかわりにあるのであり、パブリックへの役立ちにおいてこそ、公認会計士のレーゾン・デートルが認められるのである。その意味で、今日の経済社会の動的秩序の形成に不可欠な位置を占めている、と言っても過言ではないだろう。公認会計士等の道を志望するかぎり、こうした会計の意義、それに従事する会計人の役割を、まずもって心に銘記すべきである。

（三）

前記のように、公認会計士等に期待されるものがパブリックへの役割であるため、公共的な会計人には一定の資質が要求される。すなわち、個々の利害に惑わされることなくパブリックな立場に徹底し得る独立不羈な精神（独立性）のもとに、公正な判断力を行使しなければならない、という点である。つまり、今日の企業会計は一定の期間を対象とした期間計算であるが、しかし企業の経済活動そのものは、切れ目のない継続的な流れをなしている。したがって、そうした継続的な流れを人為的に切断することによって形成される期間計算は、技術的にみて多くの判断を必要とする。しかも、企業そのものが、多くの利害関係の錯綜した組織体であるいじょう、実質的にみても、それらの利害関係に関する公正な判断というものもまた必要になってくる。そうであれば、公正な判断力の行使ということにこそ、公共的な会計人の要諦があるとも言えるのである。

そうした判断力の形成は、会計にさらに広範な役割が期待されるようになるにつれ、ますます重要になっている。(二)で述べた公認会計士の役割は、パブリックな側面ではあるにしても、基本的には、国内経済を場としつつ個々の企業(ミクロ経済レヴェル)にかかわっている。しかし、今日では、企業の活動が国際化するにつれ、各国の会計制度の調整ということも、重要な課題になっている。とりわけ日本経済の伸張に伴い、そうした側面に対する日本の会計士の関与が、各国から期待されている(会計の国際化)。さらに価格の自動調整機能の欠陥、公害等の顕在化に伴って、好むと好まざるとにかかわらず、国家が、経済秩序に大きく関与せざるを得ない。そうした動向のなかで、会計にしても、国家の経済政策(マクロ経済レヴェル)とのかかわりを余儀なくされているのである。かくして、企業を巡る利害関係は一層錯綜したものになり、公正な判断というものの必要性は、ますます増大しているのである。

このように、公共的な会計人にとり公正な判断力は不可欠な要件なのであるが、それは、受験科目に関する片々たる知識を単に合格のために獲得する、という姿勢ではとうてい身に付かないであろう。企業の経済現象を、広い視野にたって冷徹に認識・分析する眼が、どうしても必要である。したがって、学部のカリキュラム上の諸科目に対しても関心をもち、その基本的思考をマスターすることも重要なのである。公共的な会計人たる公認会計士・税理士等の資格の取得を希望する塾生諸君にも、ぜひそうした発想で勉強してほしい。

より広い視野のもとにより深い知識の習得を通して資格を取得することを、本研究室は切に希望し、かつそのための一助になりたいと考えている。

（商学部会計研究室編『会計人への道』室長挨拶、一九九〇年三月）

# 塾生の公認会計士志向の現状

一．

慶應出身の公認会計士第二次試験合格者は、一九九一年度も一〇八名の多きを数えた。これで、一七年間連続して、出身大学別合格者数のトップを占めたことになる。したがって、業界において慶応出身者の占める位置は、きわめて重いといわざるを得ない。しかし、翻って、慶應義塾大学の教育と合格者とのかかわりを考えると、必ずしも手放しで喜んでばかりはいられないようである。

ダブルスクールという言葉が、この世界では既に市民権を得ているようであるが、しかし、それは、実体を必ずしも適切に表現しているとは思われない。正確なことは分からないが、直観的にはダブルではなくシングルなのではないだろうか。残念ながら大学が従であるという意味において。そうした風潮は、学部学生のみならず大学院修士課程の院生にも瀰漫している。もちろん、これは、指導教授の方針等によるので一概には言えず、両立させるべく頑張っている院生も少なくないが、大学院の授業における議論についてゆけない不勉強な院生がいることも、残念ながら事実なのである。
このように、大学・大学院を軽視し受験勉強だけに専念しなければ、第二次試験に合格できないとしたら、これは、大きな問題である。

二．

大学卒業生というレッテルが社会でそれなりの意味を持ち得るとしたら、大学だけでしか形成し得ない何かを修得していなければならないであろう。それでは、その「何か」とは、一体何なのであろうか。既成の知識の記憶であろうか。たしかに、大学には豊富な知識が包蔵されており、その習得にもそれなりの意味があろう。しかし、そのことだけであれば、むしろ受験予備校のほうが適していると言えなくもない。

既成の知識の伝授は、大学にとり、いわば結果的付随的な機能にすぎないのではないか。本質的にはそうした既成の知識を素材にして、その歴史的成り立ち、あるいは現時点での意義・限界を探求することであろう。そして、その結果として知識の在り方を問い、知識の獲得の仕方を修得する点にこそ、大学の精髄があると思われる。そうであってこそ、激変する今日の経済秩序に即応した知識の創造が、可能になるのではないだろうか。

井尻雄士先生は、つとに“learn how to learn”つまり「学び方を学ぶ」ということの重要性を説かれているが、筆者も、まったく同感である。

大学のレーゾン・デートルとは、製品としての知識の授受にではなく、みずから原材料から製品たる知識を生産する過程の修得にこそあるのである。

日本の伝統音楽を国際的な視野から考察されている小泉文夫教授は、次のような興味深い事例につき言及されている。すなわち、アメリカのある小学校において、子供達全員が、エスキモー（イヌイット）につき言語・文化を含め衣食住全般にわたり幾日もかけて徹底的に勉強していた、という経験を披瀝されたうえで、「エスキモーのことをあれだけ勉強した子供達は、大人になって自分でインドの勉強をしようと思えば、学校ではインドのことをまったく習っていなくても、おそらく一人で充分にやれるはずです」（『日本音楽の再発見』講談社現代新書、一三〇ページ）、と結論されている。

三．

現代日本は、きわめて高度な技術に支えられて成立しているが、その技術の発展とは、ある意味でブラックボックス化の促進の過程と言えないでもない。最近、飲料水を得ることが水道の蛇口を捻るという操作としか結び付かない子供達が、増えていると言う。いわば自然現象的に水が得られるという理解しかなく、水源地から蛇口に至るまでのプロセスがすっぽり抜け、完全にブラックボックス化してしまっているわけである。これなども、技術の発展なるもののひとつの帰結であろう。

ところで、因果なことに、簿記・会計には、こうしたブラックボックス化の危険性が、本質的に付き纏っている。つまり一方、それに準拠しさえすれば批判から免れ得る「企業会計原則」が、他方では、かのゲーテをして「人間の精神が考え出したもののなかで、一番すばらしいものの一つ」とまで言わしめた複式簿記という用具が存在している。そのプロセスの論理に十分な理解がなくても、その約束さえ覚えてしまえば、何となく貸借対照表・損益計算書が、できあがってしまうのである。

本質的な意味での加法性の有無いかんによらず、「企業会計原則」に従って測定値を付与しさえすれば、とにもかくにも加算することができる。損益計算書と貸借対照表とに本質的にみて振替関係があろうとなかろうと、［損益勘定××、残高勘定××］と仕訳すれば、外形的には、振替を行なうことは可能なのである。

その意味では、会計（学）というのは、技術的制度的なものに強く規定され、ブラックボックス化への誘惑に常に曝されている領域なのである。

四・

今日、クルマはきわめて高度な技術的発展を遂げ、故障の心配は激減した。ハンドルを右に回せば車が右に回るという約束を覚え、それに習熟しさえすればよい。つまりクルマの内部構造は、ブラックボックス化してしまった。しかし、だからといって、教習所だけあればよいとは言えない。逆にごく簡単な故障ですら、何もなし得ないドライヴァーが多くなっている現在、そうした故障の修理のためにも、さらには一層の改良のためにも、ブラックボックス化された内部構造にかかわる修理工場は、かえってその重要性を増しているのである。

大学において、簿記・会計ひいては社会というブラックボックスを解明することは、永い目でみて会計士業にとり必要なのではないだろうか。

（『公認会計士三田会会報』第一六号、一九九二年一月）

# 第三回大学院生簿記・会計学研究報告大会案内状

一七世紀の西欧において、デカルトやF・ベイコン等によってその歩みを始めた近代科学は、一八・一九世紀には近代的自我の形成および近代社会の形成・発展に大きく貢献したが、二〇世紀にはその影の部分も露わになり、その功罪が問われるに至っている。そのような根源的な問題点を包蔵しつつも、科学理論には、現代社会においてもなお、確かな知識体系として大きな期待がかけられていることも事実であろう。すなわち、今日、合意に基づく社会形成という民主主義的価値観が広く浸透してきているが、それに伴い、そうした合意を可能ならしめるための根拠がどうしても必要になる。確かな知識体系としての科学理論に、その役割が期待されることになる。しかし、そのことは、会計学が何を何処まで主張し得るのか、ということについての責任倫理が厳しく問われるということでもある。こうした責任倫理に応え得るような、ヨリ確かな理論体系の構築が会計学者にも要請されているのである。もちろん、そのための捷径《しょうけい》などあり得ようはずがない。理論が誤り得るということを常に意識しつつ、自己とは異なる見解の存在に対して自己の見解を相対化して、それら異なる見解との真摯な相互批判によって、自己の学説を精錬化するより、道はないであろう。

この院生研究報告大会は、興津裕康（近畿大学）・笠井昭次（慶應義塾大学）を代表世話人として、多くの先生方のご協力のもとに、院生諸君に、議論する場を提供することを念願して企画されたものである。その趣旨のもとに、第一回は札幌学院大学・学校法人吉田学園、第二回は近畿大学において開催されたが、さいわい好評を博し、引き続き開催の要望が強いところから、第三回を慶應義塾大学にて引き受けたものである。この間、実に多くの先生方の御協力があったことを記しておきたい。とりわけ、無理なお願いにもかかわらず、快くお引き受けくださったコメンテーターの諸先生には、心よりお礼を申し上げたい。

（二〇〇一年九月五日・六日、慶應義塾大学三田キャンパスにて開催）

（付記）この院生大会は、院生諸君に議論の場を提供したいという興津裕康教授の真摯な思いに、私（笠井昭次）も賛同して、この二人を代表幹事として、毎年開催しているものである。

ただし、すべて、個人の自発的行為によって支えられており、組織的実体があるわけではない。また、徴収されるのは参加費（資料代）および懇親会費だけであり、それは実費であるから、会費収入といった資金母体があるわけでもない。したがって、コメンテーターの諸先生にしても、もちろん手弁当である。

そうしたことから容易に推察できるであろうが、当初は、けっして明確な展望があったわけではない。こうした議論の場に院生諸君が意義を見出し積極的に議論に参画するならば、かつ大学教員にそうした院生諸君の研究を育てようという意志があるならば、続くだろうし、それらがなければ、自然消滅するであろうが、それは成り行きに任せるとして、とりあえず、そういう場を設けることが重要なのではないか、ということで発足したのである。

さいわい、藤永弘教授（札幌学院大学）のご快諾により、一九九九年に、札幌学院大学・学校法人吉田学園で、第一回大会が開催されたのであった。そして、出席した教員・院生の強い要望により、以後、近畿大学（二〇〇〇年）、慶應義塾大学（二〇〇一年）、神戸大学（二〇〇二年）、そして立教大学（二〇〇三年）と毎年開催され、しかも、毎回一〇〇人近くの出席者があり、熱心に議論の華を咲かせるに至っている。

当初の懸念は、さいわい杞憂に終わった。それは、主催者のご努力に負っているが、コメンテーターの先生方の熱心なコメントのお蔭でもある。当該テーマに関する当代一流の専門家の方々が、ヴォランティアとしてコメントを引き受けてくださっているのである。しかも、報告者の報告並みの充実したコメントを用意してくださる方、さらには、それでも足りずに討論会後に直接対面指導に当ってくださる方等もおられ、報告者に、計り知れない有益なアドヴァイスを与えている。さらに、フロアーからの院生諸君の厳しい質問も、大きな刺激になっているようである。

院生の段階で、異なる前提（会計観）に立脚したまったく異なる理解が存在することをはっきりと知り、自己の見解を相対化できるところに、この院生大会のメリットのひとつがあると言ってよいであろう。そのことは、今日の会計学界の状況を考えるとき、きわめて大きな意義をもっているように思われる。すなわち、批判と非難とが混同されがちな日本にあっては、一般に論争というものが起こり難いが、我が国の会計学界も、その例外をなすものではなく、他学説との比較検討ということは、ことさらに回避されがちなのである。そのために、我が国における今日の会計学説は、その妥当性が論証されているとは言い難く、結果的には、独断論・独善論に陥ってしまっている。その意味では、仮説性が置き去りにされたまま、会計学説のドグマ化が進行していると言っても過言ではないだろう。

そうした比較検討の忌避が、一方、個々の会計学説の理論的欠陥を温存させ、その理論的根拠を脆弱なものにさせているし、他方、会計理論の全体としての進展を阻んでいるのである。

そうした研究風景を勘案するなら、院生段階で、自己の見解を相対化し、その自覚のもとに、自己の見解を精錬化してゆくことの重要性は、いくら強調しても強調しすぎることはないであろう。もしそうした研究が常態化するなら、将来、より豊かな会計理論の構築に、期待がもてるのではないだろうか。植物進化の鍵を握る異花受精といった意味において、院生大会は、それなりのレーゾン・デートルがあると言ってよいであろう。

（二〇〇二年九月五日記）

# 年賀状等

## ①一九九五年　年賀状

助手の頃、自分の論文にどうにも自信がもてませんでした。その原因は、研究不足にあり一〇年ほど一所懸命に勉強したら確信がもてるようになるのではないか、と漠然と思いなしていました。

私も研究を業としてから、一〇年どころか既に二〇年の余を数えるに至りました。しかし、最近、論文をものすたびに、ますます、このまま発表してよいのかというある種の後ろめたさを覚えます。必要な研究領域が幾何級数的に増えているのに、私の営みは、遅々として進まず算術級数的だからです。昨年、第三書『会計構造の論理』を公刊しましたが、そこで検討された学説など、九牛の一毛にしかすぎません。さらに社会科学・科学の地平線に視野を広げる必要性、および（学説の妥当性に関する論議が欠如している現状を考えれば）科学哲学にまで踏み込む必要性を痛感します。

私の慶應義塾大学での研究生活も、あますところ一〇年となりました。この間にできることは、たかが知れています。と言って沈黙してしまうことは、より一層の堕落かと思います。そうであれば、初心に戻り、後ろめたさと背中合わせを覚悟しつつ、論文を書き続けてゆかなければならない、と思っています。

皆様の御多幸を心からお祈りすると共に、本年の御教導をよろしくお願い申し上げます。

**②一九九五年　喪中欠礼状**

母そのが、本年三月に九一歳にて永眠いたしました。ただ子供達だけのために生きてくれた母でしたので、子供達だけで、三日三晩、まるで寝入っているかのような安らかな母の枕元にて、母のことを語り明かしながら野辺の送りとしました。そのため、皆様への御連絡は、控えさせていただきました。

ドイツ留学の二年間を除き、常に一緒に暮らしてまいりました母との別れは、たえがたく辛いものでした。しかし、本年は、予定された仕事が多く、それらに忙殺されました。例年なら苦痛の種である公認会計士二次試験委員に関する仕事も、今年ばかりは救いでした。また本学で一〇月に開催されました日本簿記学会第一一回全国大会の準備に追われましたが、そうした多忙さが悲しみを多少とも和らげてくれました。

皆様から本年賜りました御厚情に深謝し、明年の御厚誼をお願い申し上げます。

**③一九九七年　年賀状**

昨年は、恩師山桝忠恕先生の一三回忌追悼論文集を、先生を敬愛する皆様方と上梓し、念願が叶いましたし、個人的にも日本簿記学会第一二回全国大会の統一論題において、「会計構造理論の在り方を巡って」というテーマで研究報告させていただき、大変充実した年でした。

公認会計士二次試験の試験委員は、昨年で無事終了し、ホッとしているところです。この五年間、ほぼ一夏をこの仕事に当てなければならなかったことは、研究面では大きな痛手でした。しかし、思考力のテストを模索して全力投球したつもりですので、そのことには満足しています。

また昨年は、きわめて真摯に研究に打ち込む四人の大学院生に牽かれて、私も例年になく勉強しました。これらの成果を今年に生かしたいと思っています。

皆様の御多幸を心からお祈りすると共に、本年の御教導をよろしくお願い申し上げます。

## ④一九九八年　年賀状

昨年は、私にとり教育に研究に大変充実した一年でした。昨年の講義においても、私の最新の研究成果を講述し、毎週、受講生にコメントを提出してもらいました。少数ですが熱心な受講生を得て、彼らとのそうした文書での対話は大変楽しく、毎週の講義が待ち遠しくてなりませんでした。今年も、彼らの理解と共鳴とを得られるような理論の構築に励みたいと思っています。

それが研究面にも良い影響を与えたのか、執筆活動も順調に進み、貨幣性資産・費用性資産分類等に関する六編の論文を『三田商学研究』に、そして有価証券の測定規約に関する論文二編を『企業会計』（一九九七年六月号）および『ＪＩＣＰＡジャーナル』（一九九八年二月号）に寄稿しました。

皆様の御多幸を心からお祈りすると共に、本年の御教導をお願い申し上げます。

⑤一九九九年　年賀状

人間は他者によって生かされている、という思いをますます強くする昨今です。

昨年は、学会統一論題に関し、座長（簿記学会関東部会）・コメンテーター（簿記学会全国大会）・報告者（会計学会関東部会）の三者を担当するという得難い経験をし、大変勉強になりました。とりわけ座長役では、自分とは異なる三学説を徹底的に学ばせていただき視野が広がったばかりか、井原理代先生（香川大学）が座長をされたときの範に倣い、三学説の位置付けに関する座長総括を行ないましたが、その枠組は、今後の研究の大きな指針になりそうです。

論文は、「有価証券にかかわる損益の本質」（『会計』一九九八年一一月・一二月号）の他に、『三田商学研究』に五本を掲載しました。

皆様の御多幸を心からお祈りすると共に、本年の御教導をお願い申し上げます。

⑥二〇〇〇年　年賀状

昨年は、大変お世話になりました。お蔭さまで、私にとり意義深い一年でした。本来の研究領域である会計構造論については日本会計史学会ワークショップ「複式簿記とは何か」において、また近年の研究領域である会計測定論については日本会計研究学会全国大会統一論題「時価主義会計・監査の系譜と二一世紀への期待」において報告の機会をいただき、新旧の研究領域の集大成ができました。

そして永年の懸案でした、会計構造と会計測定とを統合した企業会計の全体像についての構想が漸く纏まり、この秋に『会計の論理』という書名にて出版する運びに至りました。これでやっと研究者の出発点に立ったという思いと共に、多くの方々によって生かされている有難さを覚えます。

今年も、よろしくお願いいたします。

**⑦二〇〇〇年　転居通知状**

このたび、下記の地に転居しましたので、お知らせいたします。

海を眺めながら原稿を書きたい、というのが年来の望みでした。しかし、結局は見果てぬ夢だろうと諦めていたところ、商学部の同僚樫原正勝先生のご紹介で、「見えるのはみんな海！」という絶好の地が見つかりました。毎日心ゆくまで海を堪能できそうですので、思い切って引っ越ししました。

とは言え、長いあいだ探しまわってやっと手に入れた石燈籠や秋を飾ってくれた錦木の紅葉が、もう見られなくなるかと思うと、さすがに惜別の情に堪えません。

彼らのためにも、新居で執筆に専心し、老いの一華を咲かせたいと思っています。

⑧二〇〇一年　年賀状

青のグラデーションをなす海原に直角に突き刺すヨットの白い帆群れ、地平線を覆い尽す雲の塊を茜色に染め上げた夕陽と影絵のごとく佇立する富士との無言の対話。こうした無作意の自然の息吹にふれますと、芭蕉ではありませんが、「あらたふ」（何と尊いことか）と手を合わせたくもなります。

昨六月に、葉山の岬に転居しましたが、窓外の、時のまに移ろい行く海の情景を日がな眺めつつ、上記のような感傷にひたっていますと、一日がかくも短いものであったのか、そんな実感です。また昨一一月には、ライフワークのひとつ『会計の論理』を公刊できましたので、残りの人生は、この枠組のもとで、現代会計の研究に専念したいと思っています。

旧年の御厚誼に感謝するとともに、本年の御教導をお願い申し上げます。

⑨二〇〇二年　年賀状

寒さが厳しくなるこの時期には、深々と雪をいただいた富士のくっきりとした偉容が印象的で、峻厳な寒気の中に屹立したその存在感に、圧倒されます。秋口には、ほんのりと冠雪した富士の頂きが、中空の茜色に染まった雲海に浮遊しているさまは、幻想的ですらあります。春夏には、さすがに姿を現すことは多くありませんが、それだけに、思いがけず、もやもやとした稜線が周囲に溶け込んだ朧ろな富士を見出すときは、その優美さに感動を覚えます。

こうした富士の諸相を楽しみながら、昨年は、穏やかな一年でした。しかし、さいわい、一昨年に公刊した拙著『会計の論理』を教材として行なった会計学の講義は、大変熱心な受講生に支えられ、私の研究それ自体にも、意義深いものとなりました。それをバネにして、今年は、時価主義の根拠を尋ねて、諸説の比較検討に邁進したいと思っています。

旧年の御厚誼に感謝するとともに、本年の御教導をお願い申し上げます。

### ⑩二〇〇三年　年賀状

葉山で三度目のお正月を迎えますが、毎年、新しい発見があります。とりわけ昨年は、海岸で群れをなして飛び交う赤トンボ達に何回も出会いましたし、また一軒の軒先に燕の巣を見つけました。三羽の雛が、口中ノドだらけにして母親に餌をねだっているさまを見たとき、思わず「小さな幸せ見っけ！」と叫んでしまいました。研究に明け暮れたこの三〇年というもの、心の余裕がなかったからでしょうか、ついぞ気が付きませんでしたが、私の生まれ育った下町では、燕が営巣した家には福が来ると言って歓迎したものです。何か幼い頃に戻ったような不思議な懐かしさを覚えました。

また日課である愛犬そのちゃんとの散歩の折、クルルーとまるで鳩のように鳴く地域猫と仲良しになりました。身体をスリ寄せてきてはゴロリと横になり、お腹を撫でてくれとせがむのです。私も、どうやら葉山の住人として認められたようです。

今年で、慶應義塾大学に勤務して、三〇年になりました。これも、ひとえに皆様のお蔭です。心から感謝申し上げると共に、ご多幸を祈念しています。

## ⑪二〇〇四年　年賀状

葉山に来てから、毎年、富士の諸相を楽しんでいますが、昨年は、富士に向かって泳ぐといった稀有な体験をしました。それは、八月の、時ならぬ台風が過ぎ去ったあとのことでした。この時期は、例年、夕方になると、「ひとッ風呂」ならぬ、「ひとッ海水浴」にゆくのが常ですが、この日も、蒸し暑さに誘われて、葉山海岸に行きました。しばし渚で身体を冷やしたあと、沖に向かおうとしたそのときでした。真紅の光背を背にした、影絵のような玄々とした富士が、眼に飛び込んできました。美しい。本当に綺麗でした。私は泳ぐのも忘れ、紅と玄とのコントラストに見惚れてしまいました。

さらに、昨年は、さいわい、身体の具合も良好でしたので、前年のカヌーに加えて、ウインド・サーフィンにも挑戦しました。一向にうまくなりませんでしたが、ひたすら、研究に明け暮れたこの三〇年間のいわばボーナスとして、大いに楽しみました。

今年で、慶應義塾大学での研究生活も終りですが、これも、ひとえに皆様のお蔭です。心から感謝申し上げると共に、ご多幸を祈念しています。

# Ⅸ　慶應義塾大学を修了する

# 退任の辞

私は、この三月で慶應義塾大学を退職する。研究・教育共に未熟なままに終わってしまい、慚愧にたえない。しかし、そうではあっても、終焉を迎えなければならない。やり直しがきかないことも、人生の厳しさなのであろう。

それはともかく、一九七九年春に創刊して以来、留学および二度の研究休暇を除き、原則として毎年二回ずつ発行したゼミナール会報も、通巻三三号の今号をもって、ピリオドを打つ。近々に随想集『三十年一日――百花誰が為に開く』を上梓する予定であるが、そこに収録されている拙文の多くは、この会報のために書き下ろしたものである。この会報のお陰で、慶應義塾大学における三〇年余の研究・教育生活の折々に私の感じたことが、ひとつの形として残ったわけである。会報係の諸君に、心から感謝しなければならない。

現在、いろいろ思うこともあるが、ここでは、退任を控えたこの一年間を振り返っておきたい。思い出深いことが、みっつあった。

＊　＊　＊

第一は、二〇〇三年七月八日（火）に、大阪経済大学七〇周年記念講演会の一環として開催された、「会計制度と市場」というテーマでの講演会において、斎藤静樹教授（企業会計基準委員会委員長）と共に、講演を行なったことである。斎藤教授は、周知のように、主観のれん説の提唱者であり、かつ金融資産の時価評価を含む現行会計制度の形成に中心的な役割を果たされた、我が国会計学界の第一人者である。この企画が持ち上がったとき、異端の少数説を唱え続けている私のような在野の研究者にはいささか重荷であった。しかし、得がたい機会であるので、有価証券の時価評価の根拠について、私の依拠する企業資本等式説と比較しつつ、主観のれん説を批判的に検討してみようと考え、思い切ってお引き受けしたのである。もっとも、当日の講演会においては、時間的制約もあって、残念ながら、報告はスレ違ったまま、議論には至らなかった（そのときの私の講演内容は、拙稿「会計理論における市場概念の位置づけ――主観のれん説と企業資本等式説との比較検討――」として『経理研究』（中央大学経理研究所）第四七号に掲載予定である）。

私の会計学的研究の到達点である、主観のれん説の理論的問題点に対する私見を、斎藤教授の眼前で報告できたことは、慶應義塾大学での研究生活の掉尾を飾るものであった。私のような野人にその異説を述べる機会を与えてくださったのは、大阪経済大学学長渡邉泉教授（会計史専攻）の学問的視野の広さと人間的度量の大きさとによるものである。同教授に、深く感謝したい。

第二は、二〇〇四年一月一四日（水）に会計研究室の主催で開催された「会計研究のアンビバレンス――たかが会計、されど会計――」と題する石川純治教授の講演会において、笠井理論の位置づけが語られたことである。井尻教授との出会いを発端とする同教授の学問遍歴、これまでの日本人研究者による研究蓄積の重視ひいては継承の重要性、会計学研究の在り方などに関する大局的な視点からの石川教授の熱演は、聴講者の大きくかつ深い感動をよんだが、そのなかで石川教授は、笠井理論の意義にも言及してくださったのである。同教授によれば、笠井理論の位置づけは「山桝理論の継承とそのいっそうの現代的展開」であり、その特徴は「徹底的に考え抜く」点にあるという。過分なご褒賞で身のすくむ思いであるが、私の退任ということを強く意識されて講演内容を入念にご準備くださったらしい。いつもながらの同教授のご配慮に、心よりお礼申し上げると共に、このたびは素直に石川教授のお言葉をいただいておきたいと思う。

そして第三は、二〇〇三年度のサマースクーリングの最終講義日に、はからずも受講者から花束をいただいたことである。今年度も、私はサマースクーリングの講義を担当したが、これが慶應義塾大学教授として最後のサマースクーリング講義かと思うと、さすがに感慨深いものがあったが、もちろん、講義内容自体には、ことさらに変わることはなく、例年のように進行した。このサマースクーリングでは、私は四時半に起き、途中、ファミレスで二時間ほど予習して講義に臨むことにしているが、今回そのことをお話ししたところ、今年度の受講生にはよほど印象深かったらしく、最終講義日（二〇〇三年八月七日）に、「先生、四時半に起きてまでして熱心な講義をしてくださり、本当に有難うございました」という挨拶とともに、花束をいただいた。暗赤色と白色のバラの群れに紫がかったピンクのユリが匂い立つ見事な花束であった。もちろん、そのような経験はなかったので、私はオロオロするばかりであったが、このうえなく嬉しかった（その経緯については『三色旗』第六七一号および六七二号でふれておいた）。

＊　＊　＊

退任する教授は、慣例的には「最終講義」を行なうことになっている。しかし私は、かねてから辞退するつもりでいたが、この一年間の前記のみっつのできごとにより、その思いを固めたのであった。「最終講義」においては、退任教授の研究業績の紹介、退任教授の講義、そして花束贈呈が、いわば三種の神器と言ってよいであろうか。しかし、私の場合、まったく偶然のことではあるが、したがって、順序はバラバラであったが、そのすべてが既に終わってしまったのである。石川教授は、拙論を私の次に知悉しておられ、笠井理論の位置づけをするとなると、同教授いじょうの適任者はいない。また、大阪経済大学の講演会で行なった、主観のれん説の理論的問題点に関する私見は、私の三〇年余にわたる慶應義塾大学での会計学研究のいわば総括である。正に、私の最終講義であった。さらに花束は、サマースクーリングでいただいてしまった。

最終講義に関する三種の神器は、既に揃ってしまったのである。そのうえに、この一〇年ほどというもの、つねに最終講義と思いなして行なってきた毎週の講義がある。私にとっては、それで、十分なのである。

慶應義塾大学で一期一会の縁を結んだ皆様方に、心からお礼を申し上げると共に、皆様方のご多幸を心から祈念したい。

（『交差点』第三三号（最終号）、二〇〇四年三月）

# おわりに――母を偲ぶ

いつのまにか母のやり方を踏襲している自分に、ふと気付く。毎朝、仏壇に供えるお水は、きまって、台所のふたつある蛇口の右側を使っているのだ。母は、生前、仏様には初水を差し上げなければいけないと言って、ふたつある蛇口を厳しく使い分けていた。日常生活のなかではどうしても水をつかわなくてはならない事態があるので、そのような使い分けを編み出したのであろう。亡き母のそうしたやり方を、私も自然に受け継いでいたのである。

母は、七年前に九一歳でその生涯を閉じた。覚悟はしていたものの、医者に、「何でも好きなものを食べさしてあげてください」と宣告されたときの切なさ、好物であったトンカツの小さく刻んだのを食事に出したことですぐに察知したのであろうか、「昭ちゃん、長い間、有難うね」と言われたときの切なさは、今でも忘れられない。しかし、時の経過と共に、母の面影も、しだいにおぼろになっているが、こうして母の流儀に従っている自分を見出すとき、母が私に残した刻印の大きさに、今更ながらに気付くのである。

そして、そうした母の刻印を辿ってゆくと、無償の行為が現に存在することを教えてくれたのが、やはり母であったということに思い至るのである。敗戦前後の困難な時代を、母は、ほぼ女手ひとつで、五人の子供を育て上げたのであった。とりわけ小児結核で医者にも見放された私のためにあらゆる手立てを講じてくれたようである。文字通り、夜の目も寝ずにという毎日であったようである。子供心に、無償の献身というものが現実に存在する、という原体験をもったわけである。

昨今、そうした原体験をもつことの重要性を痛感している。現代社会の根幹をなすのは、給付と反対給付あるいは権利と義務との均衡を図る代償の論理であろう。もちろん、良品の適正価格での売買あるいは権利に伴う義務の履行といったいわば交換の正義は、重要なことであるが、しかし、それだけでよいとは思われない。その根底に無償の行為についての理解が欠けていると、今日の殺伐とした世相のように、どこか歪んでくる。

母が偲ばれてならない。

（『慈光』第一〇八号、二〇〇二年七月）

## 掲載雑誌等一覧

1．笠井研究会関係（留学・研究休暇を除き、原則年２回発行）
『笠井研究会会報』第１号（1979年６月）～第４号（1981年３月）、
第５号（1984年10月）～第９号（1986年10月）
『大銀杏』第10号（1987年３月）～第19号（1992年９月）
『交差点』第20号（1994年10月）～第33号（2004年３月）

2．慶應義塾大学関係
『三田評論』：慶應義塾大学機関誌
『塾』
『塾内ニュース』
『慶應義塾大学報』

『三色旗』：慶應義塾大学通信教育部
『慶應通信』

『会計人への道』慶應義塾大学商学部会計研究室
『会報公認会計士三田会』公認会計士三田会
『慶應義塾大学商学部創立30周年記念号』商学部ゼミナール委員会

3．学外
『経理研究』中央大学経理研究所
『立教経済学研究』立教大学経済学研究会
『日本簿記学会ニュース』日本簿記学会
『企業会計』中央経済社
『慈光』神奈川県金沢区仏教会

笠井昭次（かさい　しょうじ）
慶應義塾大学商学部教授。
主な著書に『会計の論理』（税務経理協会、2000年）、『現代会計の潮流』（編著、税務経理協会、1996年）、『会計構造の論理』（税務経理協会、1994年）、『会計的統合の系譜』（慶應義塾大学出版会、1989年）、『会計構造論の研究』（同文舘、1986年）など。

三十年一日　百花誰が為に開く

2004年3月30日　初版第1刷発行

著者/発行者――――笠井昭次
制作・発売――――慶應義塾大学出版会株式会社
〒108-8346　東京都港区三田2-19-30
TEL〔編集部〕03-3451-0931
〔営業部〕03-3451-3584〈ご注文〉
〃　03-3451-6926
FAX〔営業部〕03-3451-3122
振替　00190-8-155497
http://www.keio-up.co.jp/
印刷・製本――――株式会社啓文堂


Printed in Japan　ISBN4-7664-1070-X